大国治理的法治基石

宪法素养提升十讲

李勇 / 著

中共中央党校出版社
国家行政管理出版社

图书在版编目（CIP）数据

大国治理的法治基石：宪法素养提升十讲 / 李勇著
. -- 北京：国家行政管理出版社：中共中央党校出版
社，2021.12

ISBN 978-7-5150-2558-2

Ⅰ．①大… Ⅱ．①李… Ⅲ．①宪法—研究—中国
Ⅳ．① D921.04

中国版本图书馆 CIP 数据核字（2021）第 229029 号

大国治理的法治基石：宪法素养提升十讲

责任编辑 任丽娜　牛琴琴
责任印制 陈梦楠
责任校对 张瑛琦
出版发行 中共中央党校出版社
地　　址 北京市海淀区长春桥路 6 号
电　　话（010）68922815（总编室）（010）68922233（发行部）
传　　真（010）68922814
经　　销 全国新华书店
印　　刷 天津鑫旭阳印刷有限公司
开　　本 787 毫米 × 1092 毫米　1/16
字　　数 180 千字
印　　张 15.5
版　　次 2022 年 1 月第 1 版　2022 年 1 月第 1 次印刷
定　　价 68.00 元

微信 ID：中共中央党校出版社　**邮　箱**：zydxcbs2018@163.com

序 从征服自然到征服自己

如果，一些人的财产或人身遭受其他组织或个人的无端伤害，也可能并非出于无端，但明显超出了必要的界限，这时，如果你本着“事不关己高高挂起”的心态，甚至莫名感到一丝庆幸甚至“窃喜”，并不担忧有朝一日自己也可能成为那个“弱者”，不担忧这些受到不公正待遇的人以后会以什么样的态度对待国家和社会，而是任由伤害别人或看到别人被伤害带来的“愉悦感”掩盖了这种力量可能对自己造成的伤害与痛苦，忽视了身在其中的人的无力感和无助感，那么你还没有做好读这本书的准备。

习近平总书记曾深刻指出，法治和人治问题是人类政治文明史上的一个基本问题，也是各国在实现现代化过程中必须面对和解决的一个重大问题。综观世界近现代史，凡是顺利实现现代化的国家，没有一个不是较好解决了法治和人治问题的。[①] 人类社会经历了从征服自然到征服自己的历史过程。而在这个历史过程中，宪法发挥了至关重要的作用，宪法是人类理性认知基础上防止悲剧重演的伟大发明，是人类对社会规律的伟大发现，是人类运用科学的制度来征服自己的宣言书。

天下原本无宪法，就如同没有电脑、手机、网络……宪法同这些“东西”一样，是人类的一项“发明”。我们知道，奴隶由于不对自己负责，以主人的思想为自己的思想，因此创造性很差、责任感不强、安全感缺失。唯有“人”才更有创造性，“天才只能在自由的空气里呼吸”[②]。宪法这项把人回归成为“人”的发明产生后，越来越多的“人”的能动性调动起来，人类的生产力被史无前例的提升。人类有了宪法后的二三百年间，创造了几千年从未有过的经济体量和社会文明。如果说，电脑、手机、网络是人类的伟大发明，那么宪法就是这些人类伟大发明中最伟大的发明。它是人

① 《习近平关于全面依法治国论述摘编》，中央文献出版社 2015 年版，第 12 页。

② 〔英〕约翰·密尔，许宝骙译 :《论自由》，商务印书馆 2019 年版，第 76 页。

类文明的集大成者、是人类文明的传播者、也是人类文明的维护者。

一种发明能够流传久远，是因其内在的合理性与科学性，是因其对人性的感知和人性的需要。从这个意义上讲，宪法又是人类对自身、对社会的最伟大的“发现”。

现实生活中，有的地方拆迁搞男女有别，唯有男人享受拆迁份额，女儿身则没有。有的地方为了震慑搞游街示众。这些情况如果在古代，被认为是“理所当然”“天经地义”，几乎没人提出异议。但在现代社会，就会引起很多人不舒适甚至反感。而这种不舒服，恰恰是现代文明的表现，也是国人对美好生活的新期待。

各国宪法的发展代表了人类社会关于权力与权利、权力与权力、权利与权利、权利与义务等的思考，依托宪法而形成的意识是人的一种独立自主、权利保护、防范权力滥用的意志……它促成了人类历史的大发展。权利平等、人有尊严、生而有依、病而有靠、老而有养，少而有教……这与封建国家负责收税维护国家政权，人被看作工具，无用则弃有很大不同。这是现代文明，宪法把这些文明固定下来。

现代国家都十分重视宪法，多数发达国家都有国家宪法日。学习宪法，在中国正在成为热潮。今天，除了宪法日，日常我们也在学习宪法，这是对文明的尊重，也是对自我的尊重。2016 年国家宪法日的时候，我和中央电视台法治频道的编导们一起研究讨论，拟定了“宪法与宪法思维”这个题目，介绍了宪法的概念和历史，建议形成用科学的制度来解决问题的思维习惯；2017 年则讨论了“宪法实施”，介绍了一些国家宪法实施中的经验教训，展望了我国宪法实施的前景与效果；2019 年讨论了“宪法的温度”，提出制度不仅要有刚度，还要有温度，制度的设计与执行也要遵循比例原则；2020 年讨论了民法典中的宪法精神，人不应该被物化，要破除“劳心者治人，劳力者治于人”的思维惯性。2021 年讨论了城市建设中的宪法精神，分析了人们亲近或疏离一个城市的宪法原因，为建设符合宪法精神的城市提出建议。

我将这些课程串联起来，并结合自己在中国大江南北工作调研，在五洲三十余个国家访学观察的成果，编撰成《大国治理的法治基石——宪法素养提升十讲》这本书。全书分为上下两篇，上篇为“宪法十讲”，讨论：宪法是怎么来的；中国宪法是怎么来的；宪法是什么；国家的一切权力属于人民；现代宪法以保护人权为主旨；政权是如何被组织；宪法的制定、解释与修改；宪法的实施；宪法意识要求不能“一刀切”；宪法意识要从小培养。下篇为“共天知宽”[①]，是旅途劳累、工作繁重、居家隔离人士的“必备良药”，读之可览列国、游南北，观察身边事，体察背后情。以故事、案例等形式讨论严肃的宪法问题，品评宪法事件，感受人类思想，为推动公民宪法意识的形成、推进国家治理体系和治理能力现代化提供支撑。

全世界所有国家，没有宪法之前，不管有多么灿烂辉煌、引以为傲的文明，总有很大一部分人活得不够安全、不够快乐、不够自尊……或者说不够幸福，而国家也都没能摆脱毛泽东与黄炎培窑洞里讨论过的历史周期率。后人把历史周期率总结起来，至少还可以概括为以下十个子定律：“兴勃亡忽”律、“统死放乱”律、“二三瓶颈”律、“包围而昏”律、“政怠宦成”律、“人亡政息”律、“兔死狗烹”律、“求荣取辱”律、“积累莫返”律、“富不过三”律……本书以宪法为线索，尝试回应上述“规律”的宪法原因。

宪法决不仅仅是那几十或几百个条文，今天我们看到的宪法也不是一蹴而就。因此，我编写本书，希望读者们更重视宪法演进逻辑中的原理。我选取有代表性、有启示、有趣味的内容展现给大家，介绍一些与宪法的产生密切相关的对大家思想有启发的经典名著，如洛克的《政府论》、伏尔泰的《论宽容》、卢梭的《社会契约论》、马克思与恩格斯的《共产党宣言》、密尔的《论自由》等，语言也尽量生动活泼，不那么“面目可憎”，让大家短时间里就能了解宪法思想史。

不同于历史上政权管理国家的状态，在我们期待的美好的宪法之治里，政府“不得不”以人民的利益为自己的利益，公民充满人性的关爱，深刻理解历史教训，以理性务实为主……从历史上看，宪法之治绝非易事，而是个奢侈品。有人甚至说，唤醒一个沉睡的民族，使之产生以往所没有的知识与独立思考和行动的能力，远比理解阴谋且津津乐道困难得多。而能否把这个奢侈品转化为老百姓的日用品，把“高深的学问”变为我们日常的谈资，既不自卑，也不自大地聊起政治、法治的议题，是这本书努力的方向。

人类史上有很多伟大的政治家、思想家，有很多伟大的书籍和思想，他们（它们）如同一颗颗耀眼的明星，照亮着人类前行的道路。但却没有一位“英雄”像宪法一样如此广泛地对世界文明和人类进步产生如此重要的影响。从这个意义上讲，天不生宪法，万古如长夜。

① “共天知宽”取自唐代诗人曹松“天地不同方觉远，共天无别始知宽”诗句。笔者在这里想表达的是，世界各国不同，又没那么不同。没有一国是“孤岛”，在治理上既有个性化特点，也有共识性规律。知天下之大不妄自尊大；知天下不同不妄自菲薄。

目 录
CONTENTS

下篇

共天知宽

上篇

宪法十讲

1 宪法是怎么来的?

一、宪法的鼻祖——大宪章

“横征暴敛，民不聊生”，一听到这 8 个字，我们就知道改朝换代的时候就快到了。可是从历史上看，即便是改了朝代，皇帝依然说一套做一套，人民没有财产安全感和人身安全感。一个王朝，通常是开头不错，偶有中兴，其后越来越差，最终土崩瓦解。

人类历史上原本没有人想到用宪法来防范权力滥用，就像原本没有人想到有一天可以使用手机一样。直到有那么一天……

公元 1199 年，约翰继位为英国国王，如果说他有什么特点的话，那就是他把人性中贪婪的一面释放得淋漓尽致。那时的英国，还只是打仗时才有征兵役之类的税赋。约翰当国王后，变得不管有无战事，都要征收兵役税，并且提高了税额。为了发明出能够收更多钱的办法，约翰可谓绞尽脑汁、别出心裁，比如要求每 9 名骑士要负担 10 名士兵的装备。他还经常给人家有钱的女人做红娘，不要认为这是好意，因为国王做红娘不嫁还不行，否则要交高额的罚款。约翰心狠手辣，翻脸无情。有个大臣天天拍约翰马屁，结果有一天言语不慎，马屁拍在马蹄子上了，遭到严惩，就此成了叛逆者，土地被没收。于是大臣跑了，国王就把他的妻儿关起来，将他们活活饿死。约翰这么会搜刮，全英国人都知道了。因为他的手不仅仅伸向有钱人，还伸向了教会和城市市民。全英国上下国民一个都不少。因此除了农奴，所有人都不满国王的统治（那时候的农奴是工具）。于是利益受到严重影响的贵族站到了皇帝的对立面，要求限制绝对的王权。反对约翰的战争打响了。这个故事不像历史上那些故事，一个皇帝被推翻，一个新朝代被建立。因为即便在军事上贵族集团取得了胜利，但英王仍然拥有强大的经济资源和广袤的领地，哪一方都没有吃掉对方的绝对把握，最后双方只好选择了妥协。

贵族们把一份事先拟好的羊皮纸交给了约翰。这就是人类历史上著名的《大宪章》，它规定了任何赋税须经“公意许可”，后来延伸为“无代表不纳税”，还规定了一些如立法这样的大事也应与全国人民普遍协商，议会制度的雏形因此奠定。还有诸如人民的财产权益要受到保护；未经宣判，不得逮捕、监禁人民；国王不得剥夺和迟延人民接受公正的裁判等条款。虽然英国的这部《大宪章》没有结束战争，其中所标榜的权利、自由、平等也都具有那个时代的局限性，但是给人们一个伟大的启示：即便是王也要在法律之下。自由平等的思潮自此开始被发扬光大。今天的宪法的源头可以追溯到此。

《大宪章》在当时没发挥多大作用，发布不久，教皇应约翰请求，宣告其作废。英国内战又起。有人或许会说，《大宪章》并没有真的实施，有什么用？虽然这个具有宪法雏形的文件没有真正实施，但是它的好，后世的人都记得啊！人类天然就有一种向着更好的方向努力的能力，《大宪章》中那些进步的思想后世又被重新提出来。17 世纪，英王横征暴敛，声称国王是上帝派到人间的最高权威。议会不同意他随意收税，他直接就把议会解散了。辛苦赚来的钱说抢走就抢走了，人们心疼啊！于是人们赋予《大宪章》以新的意义，用以反对封建专制王权。直到今天它仍是英国宪法的重要组成部分。加上 1628 年的《权利请愿书》、1679 年的《人身保护法》、1689 年的《权利法案》和 1701 年的《王位继承法》等共同构成了保护公民权利、限制王权的英国宪法最初的模型。

英国《大宪章》是英国于 1215 年订立的宪法，用来限制英国国王的绝对权力。《大宪章》要求皇室放弃部分权力，尊重司法过程，接受王权受法律的限制。

二、洛克论政府起源与菲尔麦论君权神授

英国立宪时期十分混乱，但伟大的思想家往往生于乱世，因为对现实的观察是思想的本源。17 世纪，洛克生活的时代，新旧势力在经历了近半个世纪阶级力量的反复较量及政权更替后，终以封建贵族与资产阶级和新贵族的妥协而走向资本主义。伴随着政治、经济和军事领域激烈斗争的是思想理论界长久的分歧，以及各派代表人物针锋相对的论战。洛克的《政府论》几乎是这一论战的缩影。

洛克在《政府论》一书中所倡导的理念，对整个人类世界产生了巨大的影响。其影响不仅体现在思想界，伏尔泰、孟德斯鸠、卢梭、杰弗逊等政治家、思想家和革命家莫不从《政府论》中吸取思想营养;《政府论》在实践中也发挥了巨大的作用，美国《独立宣言》、法国《人权宣言》等重要历史文献莫不充分体现了《政府论》的基本思想。

在《政府论》上篇中，洛克通过考察菲尔麦所依据的《圣经》，“以子之矛攻子之盾”，证明君权不是神授。这里，我们先介绍一下菲尔麦，他的《论父权制或国王的政治权力》“大概是君权神授理论至今为止最有系统的英文阐述”。他在该书中把《圣经》中的《创世记》的观点作为他君权神授的逻辑前提。他指出，君权的来源是父亲对子女的支配权，世界上的一切权力或是从父权派生，或是篡夺父权而来，此外再也找不出任何权力的其他来源。臣民对君主的服从关系来自子女对家长的从属关系，并且这种子女的从属关系，按照上帝的命令，是一切君主权力的本源。因为上帝的授予，亚当拥有了统治其妻子、儿女以及后裔的原始的统治权力。君主统治国家的权力是按照上帝赋予亚当的父权建立起来的。这与中国古代教导孩子不能和爸爸争论诉讼，弟弟不能和哥哥争论诉讼，最终落实到臣子不能和皇帝争论而形成的差序格局有异曲同工之妙。

我们再继续探讨洛克的观点。洛克认为：第一，亚当并不像菲尔麦等人所主张的那样，是基于父亲身份的自然权利或上帝的明确赐予，从而享有对其子女的支配权及对整个世界的统治权；第二，即使他享有这种权力，

他的继承人也无权世袭这种权力；第三，即使他的继承人可以世袭这种权力，但是由于没有自然法，也没有上帝的明文规定来确定在各种情况下谁是合法继承人，因而也无从确定应该由谁来掌握统治权；第四，即使这也已被确定，但是谁是亚当的长房后嗣，早已绝对无从查考，这就使人类各种族和世界上各家族之中，没有哪一个人比别人更有理由自称是最正宗的长房后嗣，从而享有世袭的权力。这是很有意思的论述。今天，大部分人都只看《政府论》下篇，其实在洛克那个时代，其上篇的意义一点不亚于下篇。君权不是神授的，权力要具有合法性。

《政府论》下篇，则系统地阐述了公民政府的真正起源、范围和目的。洛克认同社会契约理论，政府起源于契约，政府的存在“……没有别的目的，只是为了人民的和平、安全和公众福利”①。这个观点无疑是相当震撼的，以前政府建立在血缘和权力天授的基础上，保护公民权利依赖于君主和大臣的“良心”；而契约论要求政府有保护人民生存权、自由权和财产权的义务，否则就有被替换的风险。自由意味着每个人都可以按照他们认为合适的办法，决定他们的行动和处理他们的财产和人身，而毋须得到任何人的许可或听命于任何人的意志。当然这是自由的状态，却不是放任的状态，自由的唯一限制是自然法。权利因为人类本性中的美德而存在，是人类理性的象征。国家必须根据正式颁布的、长期有效的法律来统治，而不能依靠临时的专断命令来进行统治。法律一经制定，无论贫富贵贱，每个人都必须平等地服从，任何人不得以任何借口逃避法律的约束与制裁。在一切能够接受法律支配的人类的状态中，哪里没有法律，哪里就没有自由。立法权和执行权应该分立。洛克认为，立法权来源于人民的权力转让，人民的权力来源于自然法，所以立法权决不可以超出自然法。因此，立法权并不是对人民的生命和财产绝对的专断的权力，第一，它们应该以正式公布的既定的法律来进行统治，这些法律不论贫富、不论权贵和庄稼人都一视同仁，并不因特殊情况而有出入；第二，这些法律除了为人民谋福利这一最终目的之外，不应再有其他目的；第三，未经人民自己或其代表同意，决不应该对人民的财产课税；第四，立法机关不应该也不能够把制定法律的权力让给任何其他人，或把它放在不是人民所安排的其他任何地方。较

① 〔英〕约翰·洛克，叶启芳、瞿菊农译：《政府论》（下），商务印书馆1996年版，第80页。

霍布斯而言，洛克又往前走了一步。霍布斯认为人们将权利让渡之后，掌权者拥有不可变动的权力，且人们也不能加以过问；但是洛克则认为，既然国家权力是受人民委托来实现某种目的的，那它就必然要受那个目的的限制，当这一目的显然被忽略或遭受打击时，委托必然被取消，权力又回到当初授权的人民手中。“谁来判断君主或立法机关的行为是否辜负它们所受的委托？……人民应该是裁判者。”[①]

三、卢梭与《社会契约论》

以往，人民把国家的希望主要都寄托给了君主，希望能够有圣君贤相来管理国家，实现人民的幸福。与之相对的说法是：老百姓素质不高，能力不强，人品不好，一团糟等。今天我们都知道，社会之所以发展得这么快，恰恰不是一人之治，不是依靠一个人，而是因为大多数人都愿意为社会努力奋斗，不再把当官当成唯一的人生价值取向。人尽其才、物尽其用、地尽其力、货畅其流，不必追逐权力的高峰；因为在任何领域里都可以成为高峰。洛克论证了社会契约论，社会契约论的集大成者是卢梭。卢梭的《社会契约论》重新梳理了人类社会，他认为那些违背契约自由和契约精神的制度形式都是不合法的。社会本来是一个互利的契约，这为人类打破君主专制及宗教控制打开了思想的大门。后来的制度与思想进步多多少少都与此有关。

让－雅克·卢梭（Jean–Jacques Rousseau，1712 年 6 月 28 日 —1778 年 7 月 2 日），法国 18 世纪启蒙思想家、哲学家、教育家、文学家，民主政论家和浪漫主义文学流派的开创者，启蒙运动代表人物之一。主要著作有《论人类不平等的起源和基础》《社会契约论》《爱弥儿》《忏悔录》《新爱洛伊丝》《植物学通信》等。

① 〔英〕约翰·洛克，叶启芳、瞿菊农译：《政府论》（下），商务印书馆 1996 年版，第 149 页。

18 世纪的法国处于一个比较黑暗的时期，社会等级界限森严。人类历史上等级分明的时期都是大部分人过得不舒服、社会动荡、创造力差的时期，当然也往往是思想家活跃的时期。此时的法国，第三阶级由于无法生存而奋起反抗，第一阶级、第二阶级以政治叛乱等理由派军队进行镇压，整个社会非常混乱。卢梭自幼经历坎坷，广泛的阅读极大地开阔了他的视野，丰富了他的思想。他深深体会到自由和民主的可贵，毫不客气地指出社会种种弊病的根源不在人，而在于社会制度。

卢梭一直在讲一个现代国家的真理：国家到底是谁的？国家不是君主的，国家是人民的。《社会契约论》共分四卷，卢梭在书中先举了家庭的例子。家庭是人类最古老和自然的社会形态，在自然状态下，父亲管孩子，孩子也需要父亲的养育。但当孩子长大，到了理性的年龄，他就成了自己的主人。在社会关系中，首领相当于父亲，人民相当于孩子。人的天性是维护自身的生存，也有独立和自由的要求，只有为了自己的利益才会牺牲自由。即便如此，在历史上首领们也无法做到时时事事像父亲那么的有爱。卢梭批评了亚里士多德的“人不是天然平等的，有些人生来就是做奴隶的，而另一些人天生就是来统治的”[①] 的观点。他认为，亚里士多德把因果颠倒了，出生在奴隶制统治下的奴隶，当然是奴隶。但造成这种状态的原因是“奴隶们在枷锁的束缚下，失去了一切，甚至失去了脱离奴隶状态的愿望。如同尤利西斯的伙伴们喜欢他们浑浑噩噩的状态一样，奴隶们也喜欢他们的奴隶状态。可见，如果真有什么天然的奴隶的话，那是因为先有了违反天然的奴隶。强力造出了早先的奴隶,他们的懦弱使他们永远当奴隶”[②]。国王远不能供养他的臣民，反而只能从臣民那里取得他自身的生活供养。用拉伯雷的话来说，国王一无所有是活不成的。难道臣民在奉送自己人身的同时，又以国王也攫取他们的财产为条件吗？

“即使是最强者，如果他不把他的强力转化成权利，把服从转化成义务，他就不可能强到足以永远当主人。”[③] 强力并不构成权利，人们只是对合法的权力才有服从的义务。强力是如何转化为合法的权力的呢？在卢梭看来就是契约。因此奴隶制社会就是不可想象的、“不合法”的；因为契约要求各

① 〔法〕卢梭，李平沤译：《社会契约论》，商务印书馆 2011 年版，第 7 页。
② 〔法〕卢梭，李平沤译：《社会契约论》，商务印书馆 2011 年版，第 7 页。
③ 〔法〕卢梭，李平沤译：《社会契约论》，商务印书馆 2011 年版，第 8 页。

方互利，而奴隶制则要求一方无偿付出，另一方无度索取。因此社会契约是国家合法化的源头。“既然任何一个人对他的同胞都不拥有天然的权威，既然任何强力都不可能产生权利，于是，人与人之间就只有用约定来作一切合法权威的基础了。”① 契约一旦达成，公民就有义务服从公意。他又讲这个服从的目的无他，是因为人类从自然人进入公民社会后，变成了自己的真正主人，而不再是欲望的奴隶。只有遵循自己制定的法律，才是真正的自由。

《社会契约论》第二卷着重论述了主权、公意是否意味着全体一致，公意是否会犯错等问题。他说，法律的本质属性使任何人的一句话、个人意志都不是法律。法律是公民集团的准则，由法律联系的人民才是法律的制定者。但是公民也可能是盲目的，因此公民应该被教会发现自己的意志。他还特别提到了作为社会契约的重要内容的人民、宪法、财产等，认为财产是政治社会的真正基础，是公民订立契约的真正保障。

《社会契约论》第三卷阐述了政府及其运作形式。“立法权是国家的心脏，行政权是国家的大脑，大脑指挥各部分的运动。大脑可能瘫痪，但人可依然活着。一个人尽管是白痴，但他总是活着的。然而，心脏一旦停止跳动，任何动物都会死的。”② 所以立法权在谁的手里，谁就拥有了国家的最高地位，就决定了怎么样的生活状态。政府的角色是在公意的指示下实施法律。政府是主权者的执行人，而非主权者本身。政府中的执政者只是受委托来行使行政权力，他们是主权者的官吏，他们的职能不是契约的结果，而是以主权者的名义行使被托付的权力。他们从主权者那里接受命令，并将命令转达给国民；主权者可以根据自己的意愿限制、改变或收回行政权。这也是现代议会制的奠基性理论。

卢梭在《社会契约论》里明确提出了反对特权，这在那个时代并不容易。他说，如果主权者对一个臣民的要求比对另一个臣民的要求多的话，事情就变成个别的，他的权力也就不再奏效了。根本就不存在没有法律的自由，也不存在高于法律之上的任何人。

《社会契约论》第四卷特别谈到了投票和选举，特别提出了防范无异议表决和无效率。这是现代代议制的议事规则都在着力避免的。他还强调，

① 〔法〕卢梭，李平沤译：《社会契约论》，商务印书馆 2011 年版，第 10 页。
② 〔法〕卢梭，李平沤译：《社会契约论》，商务印书馆 2011 年版，第 100 页。

如果法律确实是公意的表达，那么公民有义务去遵守，即便他本人不同意这样的法律。现代很多人担忧卢梭的这种看法会不会以公意为名对少数的人之为人的尊严与权利造成戕害，其实这个问题，现代社会已经通过宪法所保证的基本权利和宪法的实施以及中立的司法裁决等得到适度解决。

如何培养有社会契约精神的公民？卢梭在《爱弥儿》中有所回答。它提出按人的生长阶段进行教育，让人们感受自然，培养理性。我还曾看过一本英国的小说，叫作《众生之道》。该书展现了维多利亚时代宗教家庭教育的虚伪，以及把人扭曲成为没有感情的“怪物”，无情地鞭挞了维多利亚时代宗教家庭中父母的自私和专制，并且以此来抨击他们所代表的宗教和教育。主人公恩斯特对父母始终抱有一种仇视态度，这是他父母造成的，不幸的是他的父母永远也意识不到这一点，一直自以为是天底下最好的父母。他们在对待子女方面的所作所为，令早先被父母管教得只会服从的恩斯特终于忍无可忍，决定和他们一刀两断。可见，卢梭在《爱弥儿》中所探讨的教育模式到100年后的英国仍然没有解决。

卢梭的很多思考今天仍然闪耀着智慧的光芒。比如卢梭提出，每个人都生而自由、平等，他只是为了自己的利益，才会转让自己的自由。真正的自由不是你想做什么就做什么，而是你不想做什么就不做什么。自由不仅在于实现自己的意志，更在于不屈服于别人的意志。《社会契约论》提出了“天赋人权和主权在民的思想”。此书一问世就遭禁止，卢梭本人也被迫流亡到英国。但《社会契约论》所提倡的民主理论却很快风靡全世界，为以后问世的美国《独立宣言》、美国宪法及权利法案、法国《人权宣言》及法国大革命时期的三部宪法，奠定了理论基础。法国的国家格言“自由、平等、博爱”便来自《社会契约论》。1789年法国国民代表大会通过的《人权宣言》中“社会的目的是为大众谋福利的”“统治权属于人民”等内容充分体现了《社会契约论》的精神。过去以血缘和宗教为纽带构筑的金字塔式的社会结构，逐渐被法律面前人人平等、强调每个人的尊严和自由的社会结构所影响和替代，也就是实现了梅因所讲的从身份纽带到契约关系的转变。

今天，巴黎的名人公墓先贤祠里，就有卢梭擎着火炬的形象，这象征着他的思想永远不灭。

四、英国宪法的变迁与马克思恩格斯的贡献

英国的宪法不是一朝完成，而是经历了数个世纪的演变。又因为不是一部宪法典，我们说这是人类历史上的第一部不成文宪法。英国因此被称为“人类宪法的母国”。当时的英国，生产力迅速发展，替代了彼时的世界霸主荷兰，号称“日不落帝国”。

经过伏尔泰、洛克、孟德斯鸠、卢梭等大师的思想熏陶和200年的启蒙运动，人类终于推翻了皇权专制，开启了资本主义时代。资产阶级虽然打破了王权至上，换来的却是金钱至上。之后资产阶级独霸了胜利果实。马克思、恩格斯吹响了无产阶级革命的号角，深刻批判了资产阶级取得政治经济利益后不顾无产阶级利益的现实，为后世普遍选举、社会福利乃至社会主义立国思想奠定了重要的思想基础。托克维尔曾在《旧制度与大革命》中指出，法国大革命远远没有达到预期的目标，反而使人们变得彼此相似但又漠不关心。资产阶级通过捐官脱离了农民，贵族由于失去统治权，也无法接触农民，一些有影响力的富有农民搬到了城市，剩下的农民感到自己被其他阶级遗弃。实际上这时候的欧洲大陆和英国也都大同小异，资产阶级革命并没有给包括农民在内的无产阶级带来普遍意义的政治权利和身份平等；特别是无产者既没有得到应有的财产也没有获得应有的权利，而权利意识在各国的改革中已经蓬勃兴起。随着资本主义的迅速发展，资本主义生产社会化与生产资料私有制之间的矛盾日益突出，这个基本矛盾在经济社会发展上派生出一系列的社会矛盾。比如，在消费上，生产无限扩大的趋势与劳动者支付能力相对缩小的矛盾；在生产上，个别企业中生产的有组织性与整个社会生产的无政府状态的矛盾等。这些社会矛盾的积累，反映在阶级关系上，就是资产阶级与无产阶级的矛盾升级。到19世纪30至40年代，这些矛盾发展到了空前尖锐的程度。英、法、德等国家的无产阶级开始发起独立的欧洲工人运动。1832年，在各种压力的影响下，特别是“法国七月革命”的成功，迫使英国通过改革法案，根据人口数量调整了议会的议席，选民资格也进一步的放开。但是议员的出身依然主要限

定为地主和有财富者，占人口多数的工人阶级仍然没有选举权。为此，英国爆发了“宪章运动”，无产者要求享有与有产者同样的普选权，主张21岁以上男子有普选权，选区大小和人数多少平等，选举由秘密投票决定，取消参选人员的财产限制。这一运动在整个欧洲都产生了重要的影响。在这些斗争中，无产阶级既提出了广泛的经济要求，也提出了鲜明的政治要求，表明无产阶级作为独立的政治力量已经登上历史舞台。原有的启蒙思想难以预见到资产阶级仍然不愿放权或者有新的特权阶层出现并妄图维持这种特权。正是在这种社会背景下，马克思、恩格斯在1848年出版了尝试解释说明当时社会情况并提出解决方案的、第一次全面系统阐述科学社会主义理论的《共产党宣言》。

马克思与恩格斯

马克思深刻地认识到，没有政治权利难有经济权利。因此，《共产党宣言》指出，共产主义运动的第一步是争得民主及政治上的权利。《共产党宣言》不但深刻地影响了世界的格局，成为社会主义国家的重要理论支撑，也深刻地影响了资本主义社会，使之不断完善和调整。各国社会保障体系的完善就深受马克思主义的影响，而民主化的改革也在各方的推动下不断发展。1858年，英国废除了议员财产限制，到19世纪70年代后期，又进一步扩大了选民资格，相继颁布了《秘密投票法案》《人民代表法案》等，但仍有财产限制，直到1918年改革，才允许21岁以上全体成年男子及30岁以上女性参加普选。1928年，英国终于打破女性年龄与男性不同的限制，并于1948年改革部分有财产者拥有多数选票的现实，真正落实了“一人一票”的制度。纵观各国公民参与选举的进程，不难发现其都经历了一个从皇帝官僚把持政府到议会财产歧视、性别歧视再到全民普选的酝酿发展的过程。

恩格斯在1888年英文版《共产党宣言》序言中说，“但是《宣言》是一个历史文件，我们已没有权利来加以修改。”[1] 他实际上在提醒我们经典著

① 《共产党宣言》，人民出版社2014年版，第14页。

作的时代局限性，同时也说明任何一门理论都需要与时俱进。《共产党宣言》具有极强的时代性和革命性，引领了一个时代的变迁，同时又是一个开放的和不断完善的理论体系。

19 世纪末 20 世纪初，英国又先后通过《人民代表法》《议席重新分配法》《取缔选举舞弊及非法行为法》等，实现和规范了普选权。英国近年来又进行法治体系的改革，把原来司法权逐渐从立法权中剥离出来，以防止立法权力专断。

经历了数个世纪，英国成为宪法国家。但至今，英国也没有一部完整意义的成文宪法，各种宪法理念与精神都蕴含在那些限制国家权力滥用，保护公民权利的宪法性文本、惯例甚至权威性著作的阐释中。英国学者认为，英国宪法纯属“自然形成”，英国宪法是任何作者都做不出透彻说明的一组智慧产物，它所具备的性质是其在几个世纪中逐渐积累而成的。在今天看起来，维护英国自由的不仅仅是分权，还有数个世纪的政治经验、逻辑和某些偶然事件，而民主在其中也发挥了重要的作用。

五、第一部成文宪法——美国宪法

在英国，当议会赢得彻底的胜利以后，人们却似乎忘记了下述观念：即任何权力都不应当是专断的，以及一切权力都应当为更高级的法律所限制。美国人摆脱了英国的殖民统治，构建了一个新的国家。这个国家怎么设计，争议很大。洛克、卢梭关于人性、契约、权力的分立与制衡的思想深深地影响了美国的立宪者。为了让人们接受有权力就容易滥用、权力应当制衡的思想，美国立宪者汉密尔顿、杰伊、麦迪逊发表了一系列文章，进行制度设计的说理工作，后编撰成那本著名的《联邦党人文集》。“人类社会是否真正能够通过深思熟虑和自由选择来建立一个良好的政府，还是他们永远注定要靠机遇和强力来决定他们的政治组织。”[①]《联邦党人文集》开篇就抛出了这个好问题：理性的制度构建能否最大限度地避免人类历史周期率一次又一次的重演？

---

① 〔美〕汉密尔顿、〔美〕杰伊、〔美〕麦迪逊，程逢如等译：《联邦党人文集》，商务印书馆 1980 版，第 3 页。

美国的宪法设计者希望能够通过设计制度的方式最大限度地避免权力的滥用。为了说服国会批准，他们用了 85 篇短小精悍同时逻辑严密的论文，论证了宪法的原理、原则和未来。后来，《联邦党人文集》被视为对美国制宪精神的最佳阐释，为后人展示了在制宪时刻什么是系统、健全和有效的政治思考。

任何科学的制度都首先来源于对人性的真切理解，不回避人性中的恶才能有机会展现人性中的善。汉密尔顿说，如果人都是天使，就不需要任何政府了；如果是天使统治人，就不需要对政府有任何外来的或内在的控制了。他说了两个意思：一是政府是必需的；二是政府权力必须受到制约。而这两个主张都基于同一个前提，即“人不是天使”，普通人不是天使，统治者也不是。纵观人类历史，虽然也有圣君贤相，但时时事事皆出凡入圣，至老无错，恐怕并不多见。因此，设计出即便是坏人也不能造成太大损害的制度是必要的。在美国宪法中，实现这一目标通过两种方式：纵向是联邦制模式，横向是三权分立模式。“权力必须要靠权力来制约，野心必须要用野心来对抗”，这是制度文明非常有创造性的观点。他们的观点最后得到了大多数人的认可，美国因此成为世界上第一个拥有成文宪法的国家。而条文仅仅是前提，宪法只能是一些概括性的语言，不可能一劳永逸，往往也不是无可挑剔，甚至会有一些缺陷，但千万不要忽视人类不断向好的能力，不要忽视被压迫者诉求自身利益的能力。正是这些愿望和诉求使宪法条文不断被修正，不断改革，并落实到实践之中。

不过美国宪法并非完美，它的权利法案是后来在多方压力下补进去的。此外，美国宪法当时没有把奴隶看成公民，司法权是在其后马伯里诉麦迪逊案中才实现了权力的制衡等等。但是，它开创了人类以深思熟虑来设计宪法的先河，成为人类第一部成文宪法。习近平总书记在 2015 年访美时就曾经讲道：“我青年时代就读过《联邦党人文集》、托马斯·潘恩的《常识》等著作，也喜欢了解华盛顿、林肯、罗斯福等美国政治家的生平和思想。”①

① 《十八大以来重要文献选编》（中），中央文献出版社 2016 年版，第 690 页。

六、欧洲部分国家宪法的产生

（一）法国

继美国之后，法国制定成文宪法。1791 年《法国宪法》是欧洲大陆最早的近代成文宪法，它将 1789 年《人权宣言》作为序言。由于关于人民主权、天赋人权的启蒙，经济被适度放开所产生的市场经济和独立性的偏好以及由于改革的不彻底性，使得君主之权没有被真正限制、政府之手仍然无处不在的矛盾一直无法有效调和。该宪法的制度设计在今天看来思考得不够周密，比如 1848 年宪法既不想效法英国议会至上，又不想全面学习美国总统制，于是确立一院制；后又仿效美国总统制，使得两大权力机关分权而无制衡，权利冲突又无从妥协。两会决而不断，创而不新，路易·拿破仑于 1851 年发动政变。从 1789 年到 1875 年间，法国共出现 15 部宪法，交替经历了 15 种不同政体；至少发生 4 次革命、2 次政变、3 次外国势力干预，被后世戏称为“宪法的华尔兹”。

（二）德国

在德国，1871 年德意志帝国宪法开始规定了一些公民的权利，如迁徙自由，秘密投票选举产生议会等。不过从这部宪法中可以清晰地看到它仍保留了大量君主的权力，如第二十五条、二十六条、二十七条规定，联邦议会与帝国议会的召集、开会、延会、闭会之权属于皇帝，建议并公布帝国法律及监督执行之权属于皇帝，甚至官吏的任命、委派、辞退的权力都属于皇帝；官员要对皇帝效忠。在这种君主居支配地位的政体下，所谓的议会立法只是批准政府的法案，在财政上即使议会否决政府的预算，政府也可照样实施不误。首相对皇帝负责，而不是对议会负责，议会没有实权。这与现代宪法所期冀的权力结构还有很大的差距。直到 1919 年《魏玛宪法》的确立，德国才开始现代意义上的宪法实践。德国魏玛共和国时期（1919—1933 年）的宪法，是德国历史上第一部实现民主制度的宪法。《魏玛宪法》

在德国的发展史上具有重要意义，它公开宣告君主专政政体在德国的终结，并按照资产阶级法制原则进行建设现代民主政权的初步尝试。1919 年的《魏玛宪法》被视为是一战后宪法的“楷模”。这部宪法规定了形式上比较完备的基本权利，增加了社会经济等方面的权力。不过这部被认为是那个时代代表作的宪法寿命却不长，很快就被法西斯“利用”而寿终正寝了。今天我们分析起来，这主要是因为一方面当时的老百姓宪法意识还不强，另一方面是宪法自身还存在缺陷。权力需要分立，但权力的中心只能有一个。这部宪法把议会和总统都放置在了权力中心，分立而无制约，更无合作。一个国家要想有效能，最终的负责机关只能是一个；否则，就会像德国魏玛共和国时期，掌权者只愿意相互批评，却很难形成建设性意见。国会党派林立，每届政府都短命且久议不决，人们盼望一个强有力的政府。魏玛共和国总统兴登堡被野心家希特勒所利用，加上激起的“人民激情”，最终走向了独裁。

二战结束后，德国人开始反思希特勒上台的原因，人们普遍认为存在为数众多的小党派是其中一项重要原因。德国著名政治学家阿诺利提出，在社会动荡时期，法西斯主义通过整合群众的力量，进而摧毁议会来镇压社会动荡。但是，这并不是一个长期的解决办法，唯有议会形式的政府才是社会稳定的长久之道。在别无选择的情况下，可以通过“改变”议会规则来排除革命暴动的可能性。德国于是对新的宪法——《德国基本法》进行了修改，比如给行政部门增加权力；利用选举门槛，阻止小党派进入议会；实施多种投票制度，进一步促使小的激进党派边缘化。总统不再由选民直选，改由两院产生；权力虚设，国家的权力中心是下院，是国家的主权机关，得票率不到 5% 的政党不能进入联邦议会；德国宪法法院有权进行合宪性审查。前几年，德国富裕的州主张独立出来，宪法法院直接判定这种主张违反宪法，声称宪法虽然设定各州有一定的独立性，但没有脱离联邦共和国的权力，从而维护了德国的统一。

七、亚洲部分国家宪法的产生

（一）日本

亚洲一些国家在欧洲列强的压力下相继立宪。日本是亚洲最早立宪的国家。日本人的学习能力很强，而亚洲人本身勤奋好学，加之如战争胜利等一些机缘，使得当时的日本逐渐崛起。

《明治宪法》作为日本历史上的第一部宪法，它促使日本打破了封建制度，但民主、自由的内容有限，天皇拥有绝对的权力，而且默许军部享有独立于内阁之外的军权。这既是日本封建军国主义残余的体现，也为其日后走上军国主义道路、发动法西斯战争提供了可能。二战后日本作为战败国，1947 年由美国主导制定了现行的《日本国宪法》，以天皇为名义元首，实行较以往更加完善的内阁制。其突出特点是在宪法中明确放弃战争，因此又被称为“和平宪法”。

（二）韩国

1894 年的“甲午更张”被认为是韩国近代化的起点，韩国由此进入法文化冲突与融合的阶段。1948 年的《大韩民国宪法》则是韩国文本宪法的开端，这一宪法以美国宪法为蓝本，被称为“一部自由色彩很浓的民主宪法”。但因为这部宪法与当时韩国社会整体氛围即执政者专制理念相左，并未得到真正实施。正如朴正熙调侃韩国企图移植美国的民主制度时说的，这就像一个 100 磅重的人借了一件 250 磅大汉穿的西服，企图竭力使自己穿得文雅老道。这个想法就如同一个婴儿没有经过妊娠期就发育成熟地生出来了。此宪法虽“美”，但制定后李承晚政府并未打算实施，而是不断加强镇压，操作选举，并于 1960 再次当选总统。学生和市民因此爆发了大规模游行示威，并迅速波及全国。李承晚最终下野。值得一提的是，这个时候的韩国非常贫穷落后，其 1962 年的人均国民收入仅 87 美元，属世界上最贫穷的国家，之后的各个政府并未稳定，而是先后经历了第二、第三、第四、第五共和国，才逐渐步入正轨，也就是今天所说的第六共和国。自此，韩国迅速发展，由落后国家一跃而成为世界先进的新兴工业化国家。韩国作为一个典型后发型的东方国家，其现代化的成功，被国际学术界誉为“韩国模式”。

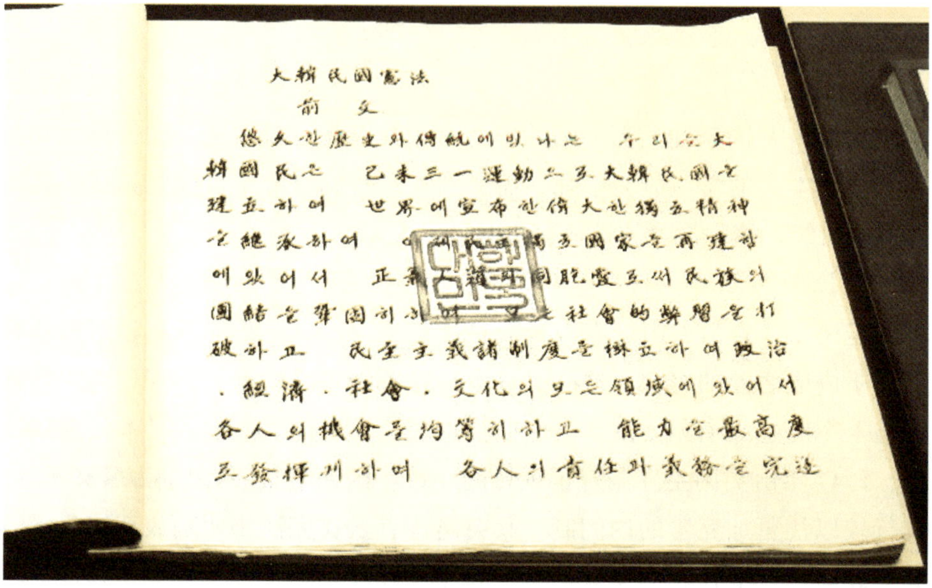
大韓民國憲法
前文
悠久한歷史와傳統에빛나는 우리들大
韓國民은 己未三一運動으로大韓民國을
建立하여 世界에宣布한偉大한獨立精神
을繼承하여 [illegible]獨立國家를再建함
에있어서 正[illegible]同胞愛로써民族의
團結을鞏固히하며 [illegible]社會的弊習을打
破하고 民主主義諸制度를樹立하여政治
·經濟·社會·文化의모든領域에있어서
各人의機會를均等히하고 能力을最高度
로發揮케하며 各人의責任과義務를完遂

《大韩民国宪法》

可见，没有哪个国家和地区注定落后，只要不因“衣服一时的大小”而踌躇不前，能够义无反顾地依照宪法精神勇于实践，就能不断释放劳动者的积极性、创造性和市场的活力，把宪法的精神与价值落到实处。

2 中国宪法是怎么来的？

一、清末民国立宪

了解了宪法的起源、诞生和发展，我们再来看看中国宪法的诞生之路。100 多年前的清朝末年，中国还是个后知后觉的国家，清王朝还在做着世界老大的美梦，不管谁来，都摆出“尔等都是属国，要向我磕头朝贡”的架势，不了解世界的变化。殊不知在那些国家里，权利都提倡平等，早不兴磕头那一套了。要知道，落后不一定挨打，再加上傲慢就很麻烦了。清王朝不是没有能人，痛定思痛之后，也做了几次宪法改革的努力，有意思地是这几次努力都跟我们的邻国日本有关。第一次是 1894 年甲午战争，日本战胜了大清王朝，1895 年签订《马关条约》。消息传来，举国震惊，康有为发动在京应试的举人联名上书光绪皇帝，痛陈民族危亡的严峻形势，提出拒和、迁都、练兵、变法的主张，史称“公车上书”，揭开了维新变法的序幕。但维新运动触及慈禧的权力，不愿放弃既得利益的慈禧把这次宪法性改革狠狠地扼杀了。

需要强调的是，早在 1894 年甲午战争之前，一些人就已经认识到了改革的重要性。李鸿章曾在 1863 年写给奕䜣（恭亲王）的信中以历史的眼光，提出了中国传统文化教育中学非所用的弊端，并提出了“穷则变，变则通”的变革思想和学习西方的基本策略。看日本，以前也是英法欺侮的对象，但他们君臣发愤为雄，到发达国家去学习。结果有一次，英国又去吓唬日本人，以兵临之；然而英国人所擅长的，日本人都会了，英国人没吓着日本人，自己逃跑了。李鸿章发现与日本比，清王朝慢了。不思进取是当时的清王朝最大的弊端，甲午战争清朝败得十分难看。八国联军 2 万人不到，北京清军十五六万，义和团团民五六十万，从兵力对比看，平均 40 个人在家门口堵他 1 个人。但八国联军 10 天内攻陷了北京，慈禧又跑了。这是多么痛的领悟啊！

特别是 1905 年那场日俄战争，最终促成清政府下定决心再次进行宪法改革。历史很有意思，日俄战争俄国失败后，沙俄也找到了宪法原因，沙皇尼古拉二世宣布进行宪法改革；此后 20 余天，清政府宣布预备仿行立宪。当时无论是社会精英还是统治上层都认为日本赢在了制度上。当宣布仿行立宪时，清王朝形势一片大好，人们都希望通过改革而非革命的方式改变社会。但是到了真改革的时候又坏了，那个《钦定宪法大纲》出台，从中根本看不出清王朝的诚意来。虽然抄日本明治宪法仿行立宪的本意是限制皇帝权力，结果却搞成用法律的形式把皇帝的极权给确定下来。虽有适度分权，但丝毫没打算把权力让渡出来，基本上等于一切照旧，只让老百姓好好履行法律义务。摄政王载沣的思考最具有代表性，他认为大清是他们辛苦打下来的，怎可拱手让与他人？他借改革之机把汉人的权力都收归了清政府，最后在 13 名国务大臣之中，汉族仅 4 人，满族 9 人，而皇族竟有 5 人，故人称“皇族内阁”。立宪派不干了，他们举行游行示威。皇族内阁于 1911 年 5 月 8 日成立，而 1911 年 10 月 10 日辛亥革命的一声枪响，朝野民众倒戈者众，可见清朝统治有多么不得人心。同年 11 月 3 日，清王朝匆匆忙忙出台了《宪法重大信条十九条》，除了大清帝国皇统万世不易以外，改变很大，国会也有了权力，也不要皇族内阁了，明确规定不得以命令代替法律。可惜晚了，《宪法重大信条十九条》充分说明清王朝不是不懂治国的道理，而是不愿做、不想做。改革是有窗口期的，抓不住就可能来不及了，结果是中国又经历了几十年的混乱。从 1912 年《中华民国临时约法》开始，1913 年“天坛宪草”、1914 年“袁记约法”、1923 年“贿选宪法”、1925 年《中华民国宪法草案》、1931 年《中华民国训政时期约法》、1936 年“五五宪草”和 1946 年《中华民国宪法》，这些宪法的频繁更迭是社会动荡的写照。国民党所希望的军政、训政，保姆式的管理向老百姓做主人过渡，结果“保姆”天天坐在别墅吃香喝辣，主人遭罪，最终还是没能逃过历史的周期率。

二、新中国宪法的产生与变迁

今天的中国正在法治道路上大步前进，既继承发扬中国历史上的优良传统，又吸收借鉴人类法治的共同文明成果，实现了中华民族从几千年封建专制政治向人民民主的伟大飞跃。

1949 年 9 月，《中国人民政治协商会议共同纲领》以及《中华人民共和国中央人民政府组织法》获得通过，对中华人民共和国成立之初的新民主主义国家制度及其政权组织做出了系统性规定，建立了全新的国家制度。《中国人民政治协商会议共同纲领》当时代行宪法。1954 年 9 月召开的第一届全国人大一次会议通过了《中华人民共和国宪法》，这是中华人民共和国的第一部宪法，它以根本大法的形式规定了我国的国体、政体、国家机构、公民基本权利和义务，并以此为依据制定了国家机构组织法，确立了新中国立法、司法制度，标志着社会主义法治道路的探索与实践取得重大突破。这部宪法的制定，经过了反复的讨论，它明确了公民的财产权保障，规定了人民法院独立进行审判，只服从法律。这部宪法以立法的形式巩固了中国人民革命的成果，反映了中国人民建设社会主义的共同愿望，为我国后来的民主建设与制度建设奠定了基础。

任何法律的实施都是一个逐步完善的过程，即使是作为根本大法的宪法，也经历了一个发展的过程。由于受“左”倾思想影响，1975 年宪法取消了权力的制约与监督，以对立的思维代替了平和的思维，“检察机关职权由各级公安机关行使”，从而使作为法制监督机关的检察机关名存实亡；而公安机关既可以对法院的审判活动进行监督，又可以自行决定逮捕、起诉，并且自己“监督”自己，从而取消了公、检、法三机关应有的制约关系；“公民在法律上一律平等”的规定也被取消了，宪法义务排在了宪法权利之前。此外还规定了一些“左”的城乡经济政策。1975 年宪法只确认社会主义的全民所有制和劳动群众的集体所有制。虽然允许非农业个体劳动者从事法律允许的不剥削他人的个体劳动，但“同时要引导他们逐步走上社会主义集体化的道路”，因而实际上是否认个体经济的存在。该宪法确认了人民公社"三级所有，队为基础"的经济体制，妨碍了农业生产力的发展。该宪法还确认了"不劳动者不得食"的原则，并且将1954年宪法中国家对公民的合法收入的保护改为"国家保护公民的劳动收入"，甚至取消了对公民私有财产继承权的保护。因此邓小平总结说："我们过去发生的各种错误，固然与某些领导人的思想、作风有关，但是组织制度、工作制度方面的问题更重要。这些方面的制度好可以使坏人无法任意横行，制度不好可以使好人无法充分做好事，甚至会走向反面。"① 经验和教训使我们党深刻认识到，法治是治国理政不可或缺的重要手段。习近平总书记反复强调："法治兴则国家兴，法治衰则国家乱。什么时候重视法治、法治昌明，什么时候就国泰民安；什么时候忽视法治、法治松弛，什么时候就国乱民怨。"②

1977年8月召开了党的第十一次全国代表大会。大会宣布"文化大革命"结束，要求动员一切积极因素，团结一切可以团结的力量，为在20世纪把我国建设成为伟大的社会主义强国而奋斗。1978年3月5日，第五届全国人民代表大会第二次会议通过了1978年宪法。由于受当时历史条件的限制，1978年宪法没有能够完全摆脱"左"的思想的影响，仍然存在许多问题，"解放思想，实事求是"的思想路线和"实践是检验真理的唯一标准"的原则还没有得到确认。此外，党的第十一届六中全会尚未召开，许多被"四人帮"颠倒了的政治理论和是非关系还有待重新探讨。因此，也就不可能正确地总结新中国成立以来社会主义革命和社会主义建设中的经验教训。

1979年7月，第五届全国人民代表大会第二次会议通过了新中国历史上第一部刑法典和刑事诉讼法典，人身自由的限制需要在法律的框架内。1979年9月，中共中央专门向全党发出了《关于坚决保证刑法、刑事诉讼法切实实施的指示》，第一次鲜明提出"实行社会主义法治"，深刻阐述了刑事司法法治工作的基本要求，并把刑法、刑事诉讼法能否严格执行上升到"直接关系到党和国家信誉"的高度加以突出强调。

经历了1978年宪法的修改，在总结中国历史正反两方面经验的基础上，1982年12月4日，我们国家迎来了一部具有里程碑意义的宪法，即现行的"八二宪法"。这部宪法与1954年宪法结构基本相同，继承和发展了1954年宪法的基本原则，调整和增加了部分章节，充分总结了社会主义建

① 《邓小平文选》第2卷，人民出版社1994年版，第333页。
② 《习近平关于全面依法治国论述摘编》，中央文献出版社2015年版，第8页。

设的经验，也注意吸收国际的经验，既考虑现实的需要，又考虑长远的发展，最终在第五届全国人大第五次会议上正式通过并颁布。它明确规定了中华人民共和国的政治制度、经济制度、公民的权利和义务、国家机构的设置和职责范围、今后国家的根本任务等，确定了四项基本原则和改革开放的基本方针。它规定，全国各族人民和一切组织，都必须以宪法为根本的活动准则，任何组织或个人都不得有超越宪法和法律的特权。这部宪法分为序言，总纲，公民的基本权利和义务，国家机构，国旗、国徽、首都五个部分。

“八二宪法”在序言中明确规定：“今后国家的根本任务是集中力量进行社会主义现代化建设。”“逐步实现工业、农业、国防和科学技术的现代化，把我国建设成为高度文明、高度民主的社会主义国家。”改革开放为中国特色社会主义法治和整个中国社会注入了活力。因此我们说，“八二宪法”在中国社会发展中具有里程碑意义。“八二宪法”颁布后，我国不再像历史上那样以年份修订宪法，而一律采取修正案的方式。1982 年后分别在 1988 年、1993 年、1999 年、2004 年及 2018 年对“八二宪法”进行了五次修改。五次修宪，内容很多，大家可以从此过程中清晰地看到中国社会的进步，增加对社会规律的认知。

没有财产权的保护，就没有为之普遍奋斗的动力，这就是人性。“文化大革命”中人们出勤不出力，表面上看热火朝天，实际上大部分人都在“磨洋工”。为啥啊？吃“大锅饭”不是给自己干，干多干少一个样。那时候有句顺口溜，说“外国有个加拿大，我们有个大家拿”。我再举个自己身边的例子，看看我姑娘就知道那时候的制度是不符合人性的。以前我领我家姑娘逛超市商场，不给她买东西，她就不乐意，哭着要买！她有了压岁钱之后，我就规定她如果要买那些我认为不该买的东西，就让她自己拿钱去买，九成时候她都不买了。花她爸爸的钱她不心疼，就是要买；轮到花自己的钱就不舍得了，这就是人性。而市场经济和财产保护也是基于这种人性特点而作制度设计。

“八二宪法”后，中国进入了一个崭新的阶段，经过 40 多年的努力，我国一跃成为世界第二大经济体。特别是党的十八大以来，以习近平同志为核心的党中央从坚持和发展中国特色社会主义、确保党和国家长治久安的战略高度，做出了全面推进依法治国的战略部署，提出了“科学立法、严格执法、公正司法、全民守法”的“新十六字方针”。这是中国人在国家治理理念上的一次巨大飞跃。

在之前，中国仅 8 亿人口但还有很多人吃不上饭；今天，14 亿多人口告别了绝对贫困。这是宪法促进经济社会各方面发展的生动写照。但是我们也应当看到，市场经济带来了一定的不公平，于是有人又想走回头路，认为计划经济时代才是最好的。恰恰相反，中国历史上没有一个时期比今天更好，大部分人不是“不患寡而患不均”，而是“不患寡而患不公”。市场经济所带来的问题可以通过民主法治来解决，而不是走回头路，不是回到让多数人饿肚子、社会无所适从的时代。有了党的坚强领导，我们中国人有智慧和能力可以让社会变得更好、更公平、更幸福。

我们知道，法治社会的变迁是一个过程，理解法治也要经历一个过程。人类开始有宪法也就 300 多年，但自此之后，人类发展明显进入了快车道。中国开始尝试拥有宪法是近 100 年来的事情，几经反复，才逐渐成熟。宪法的历史虽然不长，却给今天的我们留下了不少值得珍惜的丰富的经验教训。依法治国才是强国之路。

12 月 4 日是中国的宪法日，学习宪法、了解宪法的发展历程、感受宪法的精神，依然是国家宪法日的重要内容。

中国历次宪法修正案

中华人民共和国宪法修正案（1988 年）

（1988 年 4 月 12 日第七届全国人民代表大会第一次会议通过　1988 年 4 月 12 日第七届全国人民代表大会第一次会议主席团公告第八号公布施行）

第一条　宪法第十一条增加规定："国家允许私营经济在法律规定的范围内存在和发展。私营经济是社会主义公有制经济的补充。国家保护私营经济的合法的权利和利益，对私营经济实行引导、监督和管理。"

第二条　宪法第十条第四款"任何组织或者个人不得侵占、买卖、出租或者以其他形式非法转让土地。"修改为："任何组织或者个人不得侵占、买卖或者以其他形式非法转让土地。土地的使用权可以依照法律的规定转让。"

中华人民共和国宪法修正案（1993 年）

（1993 年 3 月 29 日第八届全国人民代表大会第一次会议通过　1993 年 3 月 29 日中华人民共和国全国人民代表大会公告第八号公布施行）

第三条　宪法序言第七自然段后两句："今后国家的根本任务是集中力量进行社会主义现代化建设。中国各族人民将继续在中国共产党领导下，在马克思列宁主义、毛泽东思想指引下，坚持人民民主专政，坚持社会主义道路，不断完善社会主义的各项制度，发展社会主义民主，健全社会主义法制，自力更生，艰苦奋斗，逐步实现工业、农业、国防和科学技术的现代化，把我国建设成为高度文明、高度民主的社会主义国家。"修改为："我国正处于社会主义初级阶段。国家的根本任务是，根据建设有中国特色社会主义的理论，集中力量进行社会主义现代化建设。中国各族人民将继续在中国共产党领导下，在马克思列宁主义、毛泽东思想指引下，坚持人民民主专政，坚持社会主义道路，坚持改革开放，不断完善社会主义的各项制度，发展社会主义民主，健全社会主义法制，自力更生，艰苦奋斗，逐步实现工业、农业、国防和科学技术的现代化，把我国建设成为富强、民主、文明的社会主义国家。"

第四条　宪法序言第十自然段末尾增加："中国共产党领导的多党合作和政治协商制度将长期存在和发展。"

第五条　宪法第七条："国营经济是社会主义全民所有制经济，是国民经济中的主导力量。国家保障国营经济的巩固和发展。"修改为："国有经济，即社会主义全民所有制经济，是国民经济中的主导力量。国家保障国有经济的巩固和发展。"

第六条　宪法第八条第一款："农村人民公社、农业生产合作社和其他生产、供销、信用、消费等各种形式的合作经济，是社会主义劳动群众集体所有制经济。参加农村集体经济组织的劳动者，有权在法律规定的范围内经营自留地、自留山、家庭副业和饲养自留畜。"修改为："农村中的家庭联产承包为主的责任制和生产、供销、信用、消费等各种形式的合作经济，是社会主义劳动群众集体所有制经济。参加农村集体经济组织的劳动者，有权在法律规定的范围内经营自留地、自留山、家庭副业和饲养自留畜。"

第七条　宪法第十五条："国家在社会主义公有制基础上实行计划经济。国家通过经济计划的综合平衡和市场调节的辅助作用，保证国民经济按比例地协调发展。""禁止任何组织或者个人扰乱社会经济秩序，破坏国家经济计划。"修改为："国家实行社会主义市场经济。""国家加强经济立法，完善宏观调控。""国家依法禁止任何组织或者个人扰乱社会经济秩序。"

第八条　宪法第十六条："国营企业在服从国家的统一领导和全面完成国家计划的前提下，在法律规定的范围内，有经营管理的自主权。""国营企业依照法律规定，通过职工代表大会和其他形式，实行民主管理。"修改为："国有企业在法律规定的范围内有权自主经营。""国有企业依照法律规定，通过职工代表大会和其他形式，实行民主管理。"

第九条　宪法第十七条："集体经济组织在接受国家计划指导和遵守有关法律的前提下，有独立进行经济活动的自主权。""集体经济组织依照法律规定实行民主管理，由它的全体劳动者选举和罢免管理人员，决定经营管理的重大问题。"修改为："集体经济组织在遵守有关法律的前提下，有独立进行经济活动的自主权。""集体经济组织实行民主管理，依照法律规定选举和罢免管理人员，决定经营管理的重大问题。"

第十条　宪法第四十二条第三款："劳动是一切有劳动能力的公民的光荣职责。国营企业和城乡集体经济组织的劳动者都应当以国家主人翁的态度对待自己的劳动。国家提倡社会主义劳动竞赛，奖励劳动模范和先进工作者。国家提倡公民从事义务劳动。"修改为："劳动是一切有劳动能力的公民的光荣职责。

国有企业和城乡集体经济组织的劳动者都应当以国家主人翁的态度对待自己的劳动。国家提倡社会主义劳动竞赛，奖励劳动模范和先进工作者。国家提倡公民从事义务劳动。”

第十一条　宪法第九十八条：“省、直辖市、设区的市的人民代表大会每届任期五年。县、不设区的市、市辖区、乡、民族乡、镇的人民代表大会每届任期三年。”修改为：“省、直辖市、县、市、市辖区的人民代表大会每届任期五年。乡、民族乡、镇的人民代表大会每届任期三年。”

中华人民共和国宪法修正案（1999年）

（1999年3月15日第九届全国人民代表大会第二次会议通过）

第十二条　宪法序言第七自然段：“中国新民主主义革命的胜利和社会主义事业的成就，都是中国共产党领导中国各族人民，在马克思列宁主义、毛泽东思想的指引下，坚持真理，修正错误，战胜许多艰难险阻而取得的。我国正处于社会主义初级阶段。国家的根本任务是，根据建设有中国特色社会主义的理论，集中力量进行社会主义现代化建设。中国各族人民将继续在中国共产党领导下，在马克思列宁主义、毛泽东思想指引下，坚持人民民主专政，坚持社会主义道路，坚持改革开放，不断完善社会主义的各项制度，发展社会主义民主，健全社会主义法制，自力更生，艰苦奋斗，逐步实现工业、农业、国防和科学技术的现代化，把我国建设成为富强、民主、文明的社会主义国家。”修改为：“中国新民主主义革命的胜利和社会主义事业的成就，是中国共产党领导中国各族人民，在马克思列宁主义、毛泽东思想的指引下，坚持真理，修正错误，战胜许多艰难险阻而取得的。我国将长期处于社会主义初级阶段。国家的根本任务是，沿着建设有中国特色社会主义的道路，集中力量进行社会主义现代化建设。中国各族人民将继续在中国共产党领导下，在马克思列宁主义、毛泽东思想、邓小平理论指引下，坚持人民民主专政，坚持社会主义道路，坚持改革开放，不断完善社会主义的各项制度，发展社会主义市场经济，发展社会主义民主，健全社会主义法制，自力更生，艰苦奋斗，逐步实现工业、农业、国防和科学技术的现代化，把我国建设成为富强、民主、文明的社会主义国家。”

第十三条　宪法第五条增加一款，作为第一款，规定：“中华人民共和国实行依法治国，建设社会主义法治国家。”

第十四条　宪法第六条："中华人民共和国的社会主义经济制度的基础是生产资料的社会主义公有制，即全民所有制和劳动群众集体所有制。""社会主义公有制消灭人剥削人的制度，实行各尽所能，按劳分配的原则。"修改为："中华人民共和国的社会主义经济制度的基础是生产资料的社会主义公有制，即全民所有制和劳动群众集体所有制。社会主义公有制消灭人剥削人的制度，实行各尽所能、按劳分配的原则。""国家在社会主义初级阶段，坚持公有制为主体、多种所有制经济共同发展的基本经济制度，坚持按劳分配为主体、多种分配方式并存的分配制度。"

第十五条　宪法第八条第一款："农村中的家庭联产承包为主的责任制和生产、供销、信用、消费等各种形式的合作经济，是社会主义劳动群众集体所有制经济。参加农村集体经济组织的劳动者，有权在法律规定的范围内经营自留地、自留山、家庭副业和饲养自留畜。"修改为："农村集体经济组织实行家庭承包经营为基础、统分结合的双层经营体制。农村中的生产、供销、信用、消费等各种形式的合作经济，是社会主义劳动群众集体所有制经济。参加农村集体经济组织的劳动者，有权在法律规定的范围内经营自留地、自留山、家庭副业和饲养自留畜。"

第十六条　宪法第十一条："在法律规定范围内的城乡劳动者个体经济，是社会主义公有制经济的补充。国家保护个体经济的合法的权利和利益。""国家通过行政管理，指导、帮助和监督个体经济。""国家允许私营经济在法律规定的范围内存在和发展。私营经济是社会主义公有制经济的补充。国家保护私营经济的合法的权利和利益，对私营经济实行引导、监督和管理。"修改为："在法律规定范围内的个体经济、私营经济等非公有制经济，是社会主义市场经济的重要组成部分。""国家保护个体经济、私营经济的合法的权利和利益。国家对个体经济、私营经济实行引导、监督和管理。"

第十七条　宪法第二十八条："国家维护社会秩序，镇压叛国和其他反革命的活动，制裁危害社会治安、破坏社会主义经济和其他犯罪的活动，惩办和改造犯罪分子。"修改为："国家维护社会秩序，镇压叛国和其他危害国家安全的犯罪活动，制裁危害社会治安、破坏社会主义经济和其他犯罪的活动，惩办和改造犯罪分子。"

中华人民共和国宪法修正案（2004年）

（2004年3月14日第十届全国人民代表大会第二次会议通过）

第十八条　宪法序言第七自然段中“在马克思列宁主义、毛泽东思想、邓小平理论指引下”修改为“在马克思列宁主义、毛泽东思想、邓小平理论和‘三个代表’重要思想指引下”，“沿着建设有中国特色社会主义的道路”修改为“沿着中国特色社会主义道路”，“逐步实现工业、农业、国防和科学技术的现代化”之后增加“推动物质文明、政治文明和精神文明协调发展”。这一自然段相应地修改为：“中国新民主主义革命的胜利和社会主义事业的成就，是中国共产党领导中国各族人民，在马克思列宁主义、毛泽东思想的指引下，坚持真理，修正错误，战胜许多艰难险阻而取得的。我国将长期处于社会主义初级阶段。国家的根本任务是，沿着中国特色社会主义道路，集中力量进行社会主义现代化建设。中国各族人民将继续在中国共产党领导下，在马克思列宁主义、毛泽东思想、邓小平理论和‘三个代表’重要思想指引下，坚持人民民主专政，坚持社会主义道路，坚持改革开放，不断完善社会主义的各项制度，发展社会主义市场经济，发展社会主义民主，健全社会主义法制，自力更生，艰苦奋斗，逐步实现工业、农业、国防和科学技术的现代化，推动物质文明、政治文明和精神文明协调发展，把我国建设成为富强、民主、文明的社会主义国家。”

第十九条　宪法序言第十自然段第二句“在长期的革命和建设过程中，已经结成由中国共产党领导的，有各民主党派和各人民团体参加的，包括全体社会主义劳动者、拥护社会主义的爱国者和拥护祖国统一的爱国者的广泛的爱国统一战线，这个统一战线将继续巩固和发展。”修改为：“在长期的革命和建设过程中，已经结成由中国共产党领导的，有各民主党派和各人民团体参加的，包括全体社会主义劳动者、社会主义事业的建设者、拥护社会主义的爱国者和拥护祖国统一的爱国者的广泛的爱国统一战线，这个统一战线将继续巩固和发展。”

第二十条　宪法第十条第三款“国家为了公共利益的需要，可以依照法律规定对土地实行征用。”修改为：“国家为了公共利益的需要，可以依照法律规定对土地实行征收或者征用并给予补偿。”

第二十一条　宪法第十一条第二款“国家保护个体经济、私营经济的合法的权利和利益。国家对个体经济、私营经济实行引导、监督和管理。”修改为：“国家保护个体经济、私营经济等非公有制经济的合法的权利和利益。国家鼓励、支持和引导非公有制经济的发展，并对非公有制经济依法实行监督和管理。”

第二十二条　宪法第十三条“国家保护公民的合法的收入、储蓄、房屋和其他合法财产的所有权。”“国家依照法律规定保护公民的私有财产的继承权。”修改为：“公民的合法的私有财产不受侵犯。”“国家依照法律规定保护公民的私有财产权和继承权。”“国家为了公共利益的需要，可以依照法律规定对公民的私有财产实行征收或者征用并给予补偿。”

第二十三条　宪法第十四条增加一款，作为第四款：“国家建立健全同经济发展水平相适应的社会保障制度。”

第二十四条　宪法第三十三条增加一款，作为第三款：“国家尊重和保障人权。”第三款相应地改为第四款。

第二十五条　宪法第五十九条第一款“全国人民代表大会由省、自治区、直辖市和军队选出的代表组成。各少数民族都应当有适当名额的代表。”修改为：“全国人民代表大会由省、自治区、直辖市、特别行政区和军队选出的代表组成。各少数民族都应当有适当名额的代表。”

第二十六条　宪法第六十七条全国人民代表大会常务委员会职权第二十项“（二十）决定全国或者个别省、自治区、直辖市的戒严”修改为“（二十）决定全国或者个别省、自治区、直辖市进入紧急状态”。

第二十七条　宪法第八十条“中华人民共和国主席根据全国人民代表大会的决定和全国人民代表大会常务委员会的决定，公布法律，任免国务院总理、副总理、国务委员、各部部长、各委员会主任、审计长、秘书长，授予国家的勋章和荣誉称号，发布特赦令，发布戒严令，宣布战争状态，发布动员令。”修改为：“中华人民共和国主席根据全国人民代表大会的决定和全国人民代表大会常务委员会的决定，公布法律，任免国务院总理、副总理、国务委员、各部部长、各委员会主任、审计长、秘书长，授予国家的勋章和荣誉称号，发布特赦令，宣布进入紧急状态，宣布战争状态，发布动员令。”

第二十八条　宪法第八十一条“中华人民共和国主席代表中华人民共和国，接受外国使节；根据全国人民代表大会常务委员会的决定，派遣和召回驻外全权代表，批准和废除同外国缔结的条约和重要协定。”修改为：“中华人民共和国主席代表中华人民共和国，进行国事活动，接受外国使节；根据全国人民代表大会常务委员会的决定，派遣和召回驻外全权代表，批准和废除同外国缔结的条约和重要协定。”

第二十九条　宪法第八十九条国务院职权第十六项“（十六）决定省、自治区、直辖市的范围内部分地区的戒严”修改为“（十六）依照法律规定决定省、自治区、直辖市的范围内部分地区进入紧急状态”。

第三十条　宪法第九十八条“省、直辖市、县、市、市辖区的人民代表大会每届任期五年。乡、民族乡、镇的人民代表大会每届任期三年。”修改为：“地方各级人民代表大会每届任期五年。”

第三十一条　宪法第四章章名“国旗、国徽、首都”修改为“国旗、国歌、国徽、首都”。宪法第一百三十六条增加一款，作为第二款：“中华人民共和国国歌是《义勇军进行曲》。”

中华人民共和国宪法修正案（2018年）

（2018年3月11日第十三届全国人民代表大会第一次会议通过）

第三十二条　宪法序言第七自然段中“在马克思列宁主义、毛泽东思想、邓小平理论和‘三个代表’重要思想指引下”修改为“在马克思列宁主义、毛泽东思想、邓小平理论、‘三个代表’重要思想、科学发展观、习近平新时代中国特色社会主义思想指引下”；“健全社会主义法制”修改为“健全社会主义法治”；在“自力更生，艰苦奋斗”前增写“贯彻新发展理念”；“推动物质文明、政治文明和精神文明协调发展，把我国建设成为富强、民主、文明的社会主义国家”修改为“推动物质文明、政治文明、精神文明、社会文明、生态文明协调发展，把我国建设成为富强民主文明和谐美丽的社会主义现代化强国，实现中华民族伟大复兴”。这一自然段相应修改为：“中国新民主主义革命的胜利和社会主义事业的成就，是中国共产党领导中国各族人民，在马克思列宁主义、毛泽东思想的指引下，坚持真理，修正错误，战胜许多艰难险阻而取得的。我国将长期处于社会主义初级阶段。国家的根本任务是，沿着中国特色社会主义道路，集中力量进行社会主义现代化建设。中国各族人民将继续在中国共产党领导下，在马克思列宁主义、毛泽东思想、邓小平理论、‘三个代表’重要思想、科学发展观、习近平新时代中国特色社会主义思想指引下，坚持人民民主专政，坚持社会主义道路，坚持改革开放，不断完善社会主义的各项制度，发展社会主义市场经济，发展社会主义民主，健全社会主义法治，贯彻新发展理念，自力更生，艰苦奋斗，逐步实现工业、农业、国防和科学技术的现代化，推动物质文明、政治文明、精神文明、社会文明、生态文明协调发展，把我国建设成为富强民主文明和谐美丽的社会主义现代化强国，实现中华民族伟大复兴。”

第三十三条　宪法序言第十自然段中“在长期的革命和建设过程中”修改为“在长期的革命、建设、改革过程中”；“包括全体社会主义劳动者、社会主义事业的建设者、拥护社会主义的爱国者和拥护祖国统一的爱国者的广泛的爱国统一战线”修改为“包括全体社会主义劳动者、社会主义事业的建设者、拥护社会主义的爱国者、拥护祖国统一和致力于中华民族伟大复兴的爱国者的广泛的爱国统一战线”。这一自然段相应修改为：“社会主义的建设事业必须依靠工人、农民和知识分子，团结一切可以团结的力量。在长期的革命、建设、改革过程中，已经结成由中国共产党领导的，有各民主党派和各人民团体参加的，包括全体社会主义劳动者、社会主义事业的建设者、拥护社会主义的爱国者、拥护祖国统一和致力于中华民族伟大复兴的爱国者的广泛的爱国统一战线，这个统一战线将继续巩固和发展。中国人民政治协商会议是有广泛代表性的统一战线组织，过去发挥了重要的历史作用，今后在国家政治生活、社会生活和对外友好活动中，在进行社会主义现代化建设、维护国家的统一和团结的斗争中，将进一步发挥它的重要作用。中国共产党领导的多党合作和政治协商制度将长期存在和发展。”

第三十四条　宪法序言第十一自然段中“平等、团结、互助的社会主义民族关系已经确立，并将继续加强。”修改为：“平等团结互助和谐的社会主义民族关系已经确立，并将继续加强。”

第三十五条　宪法序言第十二自然段中“中国革命和建设的成就是同世界人民的支持分不开的”修改为“中国革命、建设、改革的成就是同世界人民的支持分不开的”；“中国坚持独立自主的对外政策，坚持互相尊重主权和领土完整、互不侵犯、互不干涉内政、平等互利、和平共处的五项原则”后增加“坚持和平发展道路，坚持互利共赢开放战略”；“发展同各国的外交关系和经济、文化的交流”修改为“发展同各国的外交关系和经济、文化交流，推动构建人类命运共同体”。这一自然段相应修改为：“中国革命、建设、改革的成就是同世界人民的支持分不开的。中国的前途是同世界的前途紧密地联系在一起的。中国坚持独立自主的对外政策，坚持互相尊重主权和领土完整、互不侵犯、互不干涉内政、平等互利、和平共处的五项原则，坚持和平发展道路，坚持互利共赢开放战略，发展同各国的外交关系和经济、文化交流，推动构建人类命运共同体；坚持反对帝国主义、霸权主义、殖民主义，加强同世界各国人民的团结，支持被压迫民族和发展中国家争取和维护民族独立、发展民族经济的正义斗争，为维护世界和平和促进人类进步事业而努力。”

第三十六条　宪法第一条第二款“社会主义制度是中华人民共和国的根本制度。”后增写一句，内容为：“中国共产党领导是中国特色社会主义最本质的特征。”

第三十七条　宪法第三条第三款“国家行政机关、审判机关、检察机关都由人民代表大会产生，对它负责，受它监督。”修改为：“国家行政机关、监察机关、审判机关、检察机关都由人民代表大会产生，对它负责，受它监督。”

第三十八条　宪法第四条第一款中“国家保障各少数民族的合法的权利和利益，维护和发展各民族的平等、团结、互助关系。”修改为：“国家保障各少数民族的合法的权利和利益，维护和发展各民族的平等团结互助和谐关系。”

第三十九条　宪法第二十四条第二款中“国家提倡爱祖国、爱人民、爱劳动、爱科学、爱社会主义的公德”修改为“国家倡导社会主义核心价值观，提倡爱祖国、爱人民、爱劳动、爱科学、爱社会主义的公德”。这一款相应修改为：“国家倡导社会主义核心价值观，提倡爱祖国、爱人民、爱劳动、爱科学、爱社会主义的公德，在人民中进行爱国主义、集体主义和国际主义、共产主义的教育，进行辩证唯物主义和历史唯物主义的教育，反对资本主义的、封建主义的和其他的腐朽思想。”

第四十条　宪法第二十七条增加一款，作为第三款：“国家工作人员就职时应当依照法律规定公开进行宪法宣誓。”

第四十一条　宪法第六十二条“全国人民代表大会行使下列职权”中增加一项，作为第七项“（七）选举国家监察委员会主任”，第七项至第十五项相应改为第八项至第十六项。

第四十二条　宪法第六十三条“全国人民代表大会有权罢免下列人员”中增加一项，作为第四项“（四）国家监察委员会主任”，第四项、第五项相应改为第五项、第六项。

第四十三条　宪法第六十五条第四款“全国人民代表大会常务委员会的组成人员不得担任国家行政机关、审判机关和检察机关的职务。”修改为：“全国人民代表大会常务委员会的组成人员不得担任国家行政机关、监察机关、审判机关和检察机关的职务。”

第四十四条　宪法第六十七条“全国人民代表大会常务委员会行使下列

职权”中第六项“（六）监督国务院、中央军事委员会、最高人民法院和最高人民检察院的工作”修改为“（六）监督国务院、中央军事委员会、国家监察委员会、最高人民法院和最高人民检察院的工作”；增加一项，作为第十一项“（十一）根据国家监察委员会主任的提请，任免国家监察委员会副主任、委员”，第十一项至第二十一项相应改为第十二项至第二十二项。

宪法第七十条第一款中“全国人民代表大会设立民族委员会、法律委员会、财政经济委员会、教育科学文化卫生委员会、外事委员会、华侨委员会和其他需要设立的专门委员会。”修改为：“全国人民代表大会设立民族委员会、宪法和法律委员会、财政经济委员会、教育科学文化卫生委员会、外事委员会、华侨委员会和其他需要设立的专门委员会。”

第四十五条　宪法第七十九条第三款“中华人民共和国主席、副主席每届任期同全国人民代表大会每届任期相同，连续任职不得超过两届。”修改为：“中华人民共和国主席、副主席每届任期同全国人民代表大会每届任期相同。”

第四十六条　宪法第八十九条“国务院行使下列职权”中第六项“（六）领导和管理经济工作和城乡建设”修改为“（六）领导和管理经济工作和城乡建设、生态文明建设”；第八项“（八）领导和管理民政、公安、司法行政和监察等工作”修改为“（八）领导和管理民政、公安、司法行政等工作”。

第四十七条　宪法第一百条增加一款，作为第二款：“设区的市的人民代表大会和它们的常务委员会，在不同宪法、法律、行政法规和本省、自治区的地方性法规相抵触的前提下，可以依照法律规定制定地方性法规，报本省、自治区人民代表大会常务委员会批准后施行。”

第四十八条　宪法第一百零一条第二款中“县级以上的地方各级人民代表大会选举并且有权罢免本级人民法院院长和本级人民检察院检察长。”修改为：“县级以上的地方各级人民代表大会选举并且有权罢免本级监察委员会主任、本级人民法院院长和本级人民检察院检察长。”

第四十九条　宪法第一百零三条第三款“县级以上的地方各级人民代表大会常务委员会的组成人员不得担任国家行政机关、审判机关和检察机关的职务。”修改为：“县级以上的地方各级人民代表大会常务委员会的组成人员不得担任国家行政机关、监察机关、审判机关和检察机关的职务。”

第五十条　宪法第一百零四条中“监督本级人民政府、人民法院和人民检察院的工作”修改为“监督本级人民政府、监察委员会、人民法院和人民检察院的工作”。这一条相应修改为：“县级以上的地方各级人民代表大会常务委员会讨论、决定本行政区域内各方面工作的重大事项；监督本级人民政府、监察委员会、人民法院和人民检察院的工作；撤销本级人民政府的不适当的决定和命令；撤销下一级人民代表大会的不适当的决议；依照法律规定的权限决定国家机关工作人员的任免；在本级人民代表大会闭会期间，罢免和补选上一级人民代表大会的个别代表。”

第五十一条　宪法第一百零七条第一款“县级以上地方各级人民政府依照法律规定的权限，管理本行政区域内的经济、教育、科学、文化、卫生、体育事业、城乡建设事业和财政、民政、公安、民族事务、司法行政、监察、计划生育等行政工作，发布决定和命令，任免、培训、考核和奖惩行政工作人员。”修改为：“县级以上地方各级人民政府依照法律规定的权限，管理本行政区域内的经济、教育、科学、文化、卫生、体育事业、城乡建设事业和财政、民政、公安、民族事务、司法行政、计划生育等行政工作，发布决定和命令，任免、培训、考核和奖惩行政工作人员。”

第五十二条　宪法第三章“国家机构”中增加一节，作为第七节“监察委员会”；增加五条，分别作为第一百二十三条至第一百二十七条。内容如下：

第七节　监察委员会

第一百二十三条　中华人民共和国各级监察委员会是国家的监察机关。

第一百二十四条　中华人民共和国设立国家监察委员会和地方各级监察委员会。

监察委员会由下列人员组成：

主任，

副主任若干人，

委员若干人。

监察委员会主任每届任期同本级人民代表大会每届任期相同。国家监察委员会主任连续任职不得超过两届。

监察委员会的组织和职权由法律规定。

第一百二十五条　中华人民共和国国家监察委员会是最高监察机关。

国家监察委员会领导地方各级监察委员会的工作，上级监察委员会领导下级监察委员会的工作。

第一百二十六条　国家监察委员会对全国人民代表大会和全国人民代表大

会常务委员会负责。地方各级监察委员会对产生它的国家权力机关和上一级监察委员会负责。

第一百二十七条　监察委员会依照法律规定独立行使监察权，不受行政机关、社会团体和个人的干涉。

监察机关办理职务违法和职务犯罪案件，应当与审判机关、检察机关、执法部门互相配合，互相制约。

第七节相应改为第八节，第一百二十三条至第一百三十八条相应改为第一百二十八条至第一百四十三条。

3 宪法是什么？

一、通过科学的制度管理国家的思维方式和治理方法

宪法这个词古代就有，主要指一般的法律、禁令等，偶尔也会有体现“最高的法律”那么一点点端倪的文字表述，但与现代意义的宪法，基本上可以说是两码事。因为古代宪法基本没有限制国家权力和保障公民权利的意思。“凡权利无保障和分权未确立，就没有宪法”（人权宣言）。这个宪法来源于欧美，就像苹果、土豆、电脑不是中国产的或发明的，但我们吃起来、用起来也一点问题都没有一样。只要是好的，人类向好的本性决定了相互借鉴是必然的，就像我们中国的四大发明西方也都用上了。即便是欧洲早期的宪法，我们也能看到，他们只是决定公共权力的行使方式和基本安排，没打算保障公民的权利。最早的宪法其实就是统治阶级内部的一种利益分割的协议，开始时，是约束君主的权力，比如《大宪章》，再后来是作为君主与国民的契约。

宪法和有限政府、平等、自由等都有关系。从这个意义上讲，似乎宪法只能感觉却很难定义。宪法实际上是人类理想的展现，具有很强的理想性，但可以肯定的是，宪法绝不仅仅是特定阶级的工具。

通常我们说，宪法就是防范国家权力滥用，保障公民权利并能够得以实施的根本法。宪法的根本性和重要性主要体现在四个方面：第一，确立了国家政权的合法性，是国家与公民关系的总契约；第二，宪法内容涉及公民最重要的权利以及国家政治制度的基本设计，是治国理政的总章程；第三，宪法体现了人类的最高理性，具有最高的法律效力，是国家的根本法；

第四，宪法是实现人皆幸福的一整套科学的制度安排，是各种规则的“元规则”。

二、宪法是国家与公民关系的总契约

我们知道，从古至今，任何一个政权都需要证明自己的合法性，为什么？因为它要解决凭什么老百姓要接受它的管理的问题。在古代社会，中外概莫能外，都把这个合法性的源头交给了天神！古代中国的皇帝又称为“天子”，太监念圣旨的时候都先说“奉天承运，皇帝诏曰”。他咋不直接说皇帝说什么呢？因为它要显得“合法”。皇帝是上天派来的，这是古代政权合法性的来源。一个草根出身的人当上了皇帝，都必须跟“天”找到某种联系，比如找个异象。刘邦为了证明自己是真命天子、他的统治具有合法性，就说自己是母亲和龙生的孩子。《汉书·高帝纪》记载：其母有一次在水塘堤坝上闭目小憩，梦与天神不期而遇。逢上雷电交加，天色阴暗，其父太公到塘坝接应其母，只见一条蛟龙蟠于母身。随后其母就怀孕了，生下了汉高祖。这可能吗？当然不可能，这只是在那个社会状态下，说服百姓信服统治权的手段。再比如，朱元璋也是如此宣扬自己的出身，说朱元璋出生时红光满天，街坊邻居都以为

朱元璋，幼名重八，参加农民起义军后改名元璋，字国瑞，元末农民起义军首领，明朝开国皇帝，史称明太祖，卓越的军事家、战略家、统帅。

老朱家着火了呢，结果朱元璋降生了，由此证明他注定要当皇帝。这些当上皇帝的人咋不说谁的武力强谁就该坐天下呢？他们可没那么傻，那样说不是鼓励别人攒武力，拼实力，推翻他的统治吗？

通过这些方式，古代的帝王完成了他们从人到神的转换。他们想说明的是你们是一般人，而我不是一般人，我是神的后代，你们哪能干得过神啊！百姓相信服从，统治就相对稳定了。不仅是古代中国，外国也都一样。他们最初也是通过神赋予权力这种方式来解决统治合法性问题。有人可能会提出，人家有汉谟拉比法典啊，他们是靠法律来进行统治的。可是大家别忘了，汉谟拉比在搞法典时说太阳神把权力交给了他，让他用法典来统治世人。他们叫君权神授，神把权力授给了世俗的国王。也正因为如此，在古代欧洲，宗教和世俗的国王为了争夺权力经常干仗。

但是依靠这种办法建立起的合法性总归不太靠谱。当人民利益普遍受损的时候，历史上总有聪明人或者野心家跳出来说自己也是上天的娃，要替代现在的统治者，以神反神。“苍天已死，黄天当立”，这是东汉末期黄巾起义军所用的口号，意思是你那个天太坏了，已经死了或者早该死了，轮到我了，黄天当立了。元末，人们在河道里埋设独眼石人，石人背刻“莫道石人一只眼，此物一出天下反”，然后四处散布童谣。治河民工在河道上挖到石人，看到石人背上的石刻，以为造反时机到了。连梁山好汉那帮“粗人”都鼓捣了一块天降陨石，刻上蝌蚪文，谁都不认识，然后找个老道解释成“替天行道，忠义两全”，连108将的座次上天都排好了，免得谁前谁后有争议。诸如此类的做法不一而足，都是统治者在给自己改朝换代或者管理提供证据。所以即使是古代，用上天授权也不能保证社会不动乱，也不能保证政权不被颠覆，更何况在今天，能被这种胡说八

“窑洞对”是毛泽东和黄炎培在延安窑洞关于历史周期率的一段对话。“窑洞对”，又称“延安对”，被后人引用为关于政权建设的经典之谈。

道忽悠的人更是屈指可数了。

我们看历史，全世界所有国家，包括中国在内，在有宪法之前几乎都有过引以为傲的辉煌过去，但都没能摆脱毛泽东与黄炎培在窑洞里讨论过的历史周期率——“其兴也勃焉，其亡也忽焉”，《左传》和《新唐书》也都说过类似的话。后人把历史周期率总结起来，至少还可以分为以下十个子定律：

一、“兴勃亡忽”律

“禹、汤罪己，其兴也勃焉；桀、纣罪人，其亡也忽焉”。

二、“统死放乱”律

不管则权乱，严管则不作为。

三、“二三瓶颈”律

历代王朝当它传位到第二代、第三代时，就到了瓶颈时期。如秦、隋、三国魏晋南北朝、五代十国等。

四、“包围而昏”律

“无论是何等样人，一成为猛人，则不问其‘猛’之大小，我觉得他的身边便总有几个包围的人们，围得水泄不通。那结果，在内，是使该猛人逐渐变成昏庸，有近乎傀儡的趋势；在外，是使别人所看见的并非该猛人的本相，而是经过了包围者的曲折而显现的幻形。”“中国之所以永是走老路，原因即在包围。”（鲁迅《扣丝杂感》）

五、“政怠宦成”律

“官怠于宦成，病加于少愈，祸生于懈惰，孝衰于妻子。”（《说苑·敬慎》）会“玩”的皇帝与“平平安安占位子，忙忙碌碌装样子，疲疲沓沓混日子”的官员相伴而生，相得益彰。

六、“人亡政息”律

“其人亡，则其政息。”

七、“兔死狗烹”律

“狡兔得而猎犬烹，高鸟尽而强弩藏。”（《淮南子·说林训》）。

“蜚鸟尽，良弓藏；狡兔死，走狗烹。”（《史记·越王勾践世家》）。

八、“求荣取辱”律

古代实现人生价值途径有限，求荣得荣享终生并不容易。清官、能官难功成，贪官、庸官难善终。

九、“积累莫返”律

历代税赋改革，每改革一次，税就加重一次；农民种粮食却要等生产的产品卖了之后用货币交税，中间受商人的层层剥削；不管土地好坏都统一征税。明税轻，暗税重，横征杂派无底洞。

十、“富不过三”律

难有富过三代之家族，除了自身原因外，国家、社会的原因也很多。

各个朝代兴亡转替，这到底是历史的必然，还是制度的漏洞？是人性的泯灭还是道德的沦丧？

当一个国家、一个皇帝想要称王图霸时，他会把利益让渡给老百姓，减少老百姓负担，给钱、给粮、给地，通过立法的形式把国家的发展与百姓的利益勾连在一起，老百姓愿意为之而奋斗，这个朝代就兴起了。但一旦坐稳了江山，老百姓的利益就变得不那么重要了，开始增加徭役赋税，钱要回去了，地要回去了，女人都给抢走了。这种情况特别容易发生在第二代、第三代皇帝中。当然，这种危机挺过去了会相对平稳地发展一段时间，一段时间之后，对上的体制造就了“聪明人”把眼睛只往上看，排除对己不利的信息，只讲好话，不能实事求是，皇帝的眼界受阻。久而久之，官员就失去了为民服务的动力。当然也会有些有远大抱负的执政者愿意去奉献自己的全部精力，着手改革，去除沉疴。但这又会得罪一大批人，毕竟没有哪个程序可以帮助统治者了解老百姓到底想要啥，这些改革都是顶层的思考。改革者没了或者失去了皇帝的支持，再好的改革都会变成昙花一现。眼睛往下看，看老百姓，我们称之为“接地气”，而有些官员眼睛只往上瞅，所以难免没有那么务实。有时候为了彰显自己，还把力气使大了。力气一使大了，社会活力就不足，经济又衰落下去了。其中，有的官员溜须拍马的本事一流，干事业能力则一般，而拍马者失手的也比比皆是。并非没有能忍的，但在野心家的“摇篮”中，功臣良将得善终不容易。其在经济领域的体现就是税收不断增加，即便有人发了财也不会感到安全。一方面，得来的财富本就不是公平竞争的结果；另一方面，政治斗争的风云诡谲往往使经济没有那么强的稳定性。这种不安全感不仅仅在官员中，也在普通老百姓中，法治未建立，人人不安全。权力的不确定性带来利益的不确定性。你或许说，权力是确定的啊，代代相传！因为血缘而传承的权力，显然在逻辑上很难代表能力和群众利益。因此这种情形，即便是皇权的拥有者也难以真正自信。

整体而言，出现此种历史周期率的原因很复杂。一方面是老百姓参与不到立法决策中去，自己的利益没有代言人。在那个时候，法律不会经常性、永久性地保护百姓的利益，百姓在遇到问题的时候，只能寄希望于具体的办事官员，也就是过去说的县官、巡抚等官员，期待他们能凭借个人良知，秉公执法。也就是说百姓的利益更多的是依靠个别人的力量来维护，而不是代表理性的法的力量来保障。

如果一个社会无法实现公平，得利的人总是那些不考虑他人利益和不按照规则办事的人，那么这个社会里的好人就会越来越少，坏人就会越来越多。社会将会变得没有公平正义、没有规则、没有底线，每一个人，主要是普通老百姓都是失意者，当然也可能是玩弄权术的人。那样人们活得多累啊！

宪法的诞生正是为了避免这些悲剧。日本有个著名的宪法学者杉原泰雄说得好，宪法是对充满苦难的生活经验的批判和总结……宪法的历史充满了人类在各个历史阶段为摆脱生活上的痛苦而显示出来的聪明才智。我们学习宪法就是为了学到这些聪明才智，为了避免失败而未雨绸缪。为什么宪法能够避免这些悲剧呢？因为宪法首先是一个社会的总契约，在这个契约里，国家有义务保护公民的权利，实现社会公平和人民幸福；公民有义务接受治理，遵守规则。这个逻辑不能乱，国家为人民服务，人民接受治理。所以你看各国宪法的前几条都规定国家的一切权力属于人民，国家有义务维护公民的权利，促进社会的公平正义，实现人民的幸福，等等。公民不可能推翻一个自己掌权又保护自己利益的政权。宪法是国家与公民关系的总契约，这也是现代国家合法性的来源，是一个国家长治久安的基础。大多数宪法的宗旨都是建立一种机制，依靠这种机制，人民的愿望可以决定政府的性质。

宪法是现代国家确立的基础，它不但解决了政权的合法性问题，还有效地保护了公民权利，改变了几千年来的传统思维。

三、宪法是治国安邦的总章程

为什么宪法能治国安邦？著名哲学家波普有一句话说得好——我们需要的与其说是好的人，还不如说是好的制度。我们渴望得到好的统治者，历史的经验向我们表明，我们不可能总找到这样的人。正因为这样，设计一种即使出现坏的统治者也不会给社会和百姓造成太大损害的制度是必要的。而宪法正是通过平衡权力，防止国家权力滥用，通过科学的制度使人们不会受到国家、集体和他人权力的侵害。它通常规定了国家最顶层的制度设计，规定了人之为人的那些不该受到侵犯的权利，包括民主、自由、平等、人的尊严等那些人类最美好的向往。公民的权利不会受到来自国家、集体和他人的侵犯，人们就能够活得简单幸福，一个国家就会长治久安，一个社会就会生机勃勃，充满活力和创造力。

没有宪法之前什么样？那时的社会基本上就是“狭路相逢勇者胜”“赢者通吃”“走别人的路让别人无路可走”……换个皇帝，换组人马，继续重复昨天的故事，社会中的大多数人活得都很不幸。所以会有宗教告诉人们，人世皆苦，忍受吧，这就是生活。好好听话，下辈人就可以做人上人了。人们忍受着压迫，疲于奔命，哪有多少创造性呢？如果没有国际竞争，这样的状态比较稳定也就罢了，一旦有来自先进国家的竞争，劣势就显现出来了。

回想一下，人类社会在什么时候发展得最快？人们不用再坐着马车花费数周时间进京？人们坐在家里就可遍览天下之事了？人体的器官通过3D技术可以打出来，甚至连看电影都可以用虚拟技术了？这一切正是发生在工业革命以后的近300年。这300来年，我们看到一个又一个新奇的技术被发明创造，而过去人类至少有5000多年文明史都没有这么多创造发明。到底人类这三四百年发生了什么变化？有什么内在的规律呢？同样是人，为什么突然之间人类的创造性就增强了？

我认为是因为宪法诞生了。宪法通过制度和规则的形式保障了人们的人身安全，人不会随意被奴役或者强制；宪法通过制度和规则的形式明确了产权制度，人们不需要担心依靠勤奋努力以及聪明才智所获得的财产被更有权力的人随时掠夺走；宪法通过制度和规则的形式肯定了人之为人的自由与权利，使人的天性得到解放，不再像没有宪法以前，大部分人处于被管理甚至被奴役的状态，不能充分进行发明创造。有能力的人把精力放在博取功名上，攫取权力、到达权力的巅峰是大部分人特别是读书人人生价值的主要取向。之前的社会制度实际上在直接或者变相地鼓励人们当官。之所以称其为直接鼓励，是因为社会资源的拥有者都是官员，因此人们相信“万般皆下品，唯有读书高”“学而优则仕”。所谓变相鼓励，则是在这样的社会中不当官就没地位、没尊严，无法享受公平权力，自然就会选择去当官。明代的李时珍就是三次科举不中、用功过度差点丧命也考不上，没办法才去当大夫的；宋应星五次科举不中，没办法，去写《天工开物》了；徐霞客也是多次科举不中，没办法，去游山玩水去了，玩着玩着就写了游记。试想该有多少李时珍、宋应星、徐霞客因为中了科举而丧失了创造能力。再加上明朝实行八股取士，八股取士什么特点？就是不能有自己的思想，必须没创新，否则一定录不上。考试只限四书五经，答卷的文体必须按照死板的形式，分成八个部分，从内容到形式严重束缚了应考者，结果使许多读书人只管埋头攻读经书，学到的东西根本用不上，说的话全篇一律，要么是假话，要么是空话，要么是废话，要么是故作高深谁都听不懂的话。他们做了官，顺理成章地成为顺应皇帝统治的奴仆。明代实行八股取士与秦始皇焚书坑儒殊途同归，但隐藏得更深了。明朝时期的专制制度已经阻碍生产力的发展，并呈现颓势；而统治者没有这个眼界顺应世事变化，还采取了更为强化的控制手段，以继续其专制统治。因此，八股之祸，对国人而言，尤烈于焚书坑儒。毕竟焚书坑儒是在秦王朝，那时中国与世界的竞争不明显；而到了明朝，航海成为可能，人口可以大规模的流动，国与国之间的竞争已经初见端倪。而这个时候我们社会发展慢了，原来积累下来的竞争优势渐渐消失殆尽。正如托克维尔在比较大革命前的法国和美国时说，专制社会长于保守而短于创新。生产力的发展要求尊重人之为人的权利，欧美国家这时开始认真思考人性到底如何，并不断改进制度，制定并完善宪法，以明确的制度形式保护人之为人的权利，使人们可以基于自己的兴趣、爱好和特长来干事情，当官不再是人们唯一的价值取向。各行各业有天赋的人很容易脱颖而出，社会的创造性自然会增强。我们知道，大部分人都是有潜能的，但大部分奴隶却没有。人不再是工具之后，他们的聪明才智被史无前例地激发出来，生产力也跨越式大发展了。而宪法国家出现之后，人们不再需要登到权力的巅峰，因为他可以在自己的领域成为高峰。宪法规定的内容至关重要，宪法赋予人们平等的权利，所以我们说宪法是治国安邦的总章程。

四、宪法是国家的根本法

宪法凝结了人类的经验、教训和理性，是对导向人类文明的自然规则的确认。它规定了国家的根本制度、根本任务和国家生活中最重要的原则，因此而被称为根本大法。较普通法律而言，它的效力更高，制定和修改的程序更严。

它不仅仅需要考虑制定宪法的这一代人的利益，还要考虑后世几代人的利益。比如对于当代人来讲，如果把全部资源用尽，不顾环境恶化，所有的利益都归于我们这代人，这样我们这代人享受了，利益最大化了，但把问题留给了后代人，这对于后代人是不公平的。宪法要管这种做法，许多国家的宪法都规定了自然资源和环境保护的权利和义务。

宪法还要考虑不能造成多数人对少数人的暴政，不能只顾多数人的利益而不考虑少数人的利益，不能像古希腊雅典城邦陪审团多数人投票杀了苏格拉底那样，多数人想杀谁就杀谁。宪法凝聚人类的理性，它确认了人类的生命权、财产权、自由权等，它不是为了一时或一群人的利益，而是为了一个国家和公民的、永久的、共同的利益而制定的，因此宪法具有根本法的地位，具有最高的法律效力，违反宪法的法律和行为都归于无效。为了确保这一规则，各国都设计了符合自己国情的违宪审查机构或者宪法监督机构。

我们说宪法是根本法还在于它有更为严格的制定和修改程序，而不能说改就改。有的国家把宪法当成儿戏，法律条文朝令夕改，名义上有宪法，但不是一个真正的立宪国家。现代宪法制定和修改程序都会很困难。有的国家宪法规定，国会在两院议员 2/3 多数认为必要时，可提出宪法的修正案；有的国家规定，公民联署才可以提出议案。在审议程序的设定上，通常设定高额的法定出席人数，或设定高额的赞成人数。如比利时宪法规定，修宪程序中，两院任何一院的出席人数如未达全体议员的 2/3，不得进行表决；未获 2/3 多数票赞成不得通过任何修正案，甚至还成立了特别制宪会议来做出议决。还有国家规定需要经过公民复决。当然，公投并非所有国家普遍采取的一种做法，只有在极特殊情况下使用。我国宪法的修改也很不容易，我国按照规定拥有修宪提案权的主体只有两个：一是全国人大常委会，一是“五分之一以上”的全国人大代表。除此之外，任何政党、社会团体、国家机关不得提出修宪动议进行宪法修改。通过还必须经由全国人大全体代表的 2/3 以上多数同意才行。这里大家也要注意，宪法不是不可修改，宪法从来不是社会进步的阻力；恰恰相反，宪法一直都是社会进步的动力或者对社会的进步予以认可和关照。

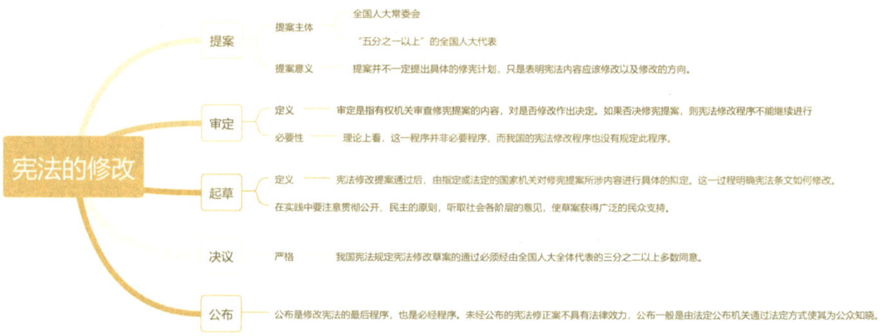

宪法修改程序

五、宪法是一套科学的制度设计

讲完了前面的内容，有人或许会问，宪法是总契约，宪法是总章程，宪法是根本大法，宪法到底是什么？其实宪法就是为了确保国家治理科学化、人权得到保障而设计的一整套科学的顶层制度设计。一部科学的宪法，可以设计出一套有效的制度来消解不满，促进社会公平、社会创新和长治久安。

宪法是一个很周详的总体考虑，比如，为了保障代表人民的代表执行职务，代表人民利益讲话不被恶意打击，各国宪法都有保护代表的措施。

比如《中华人民共和国全国人民代表大会和地方各级人民代表大会代表法》规定，县级以上的各级人民代表大会代表，非经本级人民代表大会主席团许可，在本级人民代表大会闭会期间，非经本级人民代表大会常务委员会许可，不受逮捕或者刑事审判。如果因为是现行犯被拘留，执行拘留的机关应当立即向该级人民代表大会主席团或者人民代表大会常务委员会报告。

宪法不仅仅指宪法文本，还包括将之具体化的一系列宪法性的法律，如选举法及有关言论、游行、示威自由等的法律。此外，一些宪法的惯例和判例也发挥着宪法的作用，比如在我国，修宪建议由全国人大提出，“八二宪法”后我国采用修正案的方式修改宪法；宪法修正案要与民主党派协商，由全国人大主席团公布等。

反观历史，人类从原始社会发展到有国家社会，世界上的文明古国，如古巴比伦、古埃及、古印度，当然也有中国，曾经最强大。一般来看，古埃及更早，古巴比伦更强。可是我们知道，古巴比伦在两河流域，也就是现在的伊朗、伊拉克等国，也是最乱的地方。过去强大的国家，不见得现在依然强大，更与未来是否强大没有关系。就像我们小学、初中学习好，不代表大学就能学习好，也不必然带来事业的成功；而事业的成功取决于能否掌握该行业的规律，并能够按照规律办事情。开篇提到，宪法的产生与发展促进了人类生产力前所未有的大发展。习近平总书记引用了古代思想家韩非子的一句话，“国无常强，无常弱。奉法者强则国强，奉法者弱则国弱”[①]。即便是在古代社会也是如此。古巴比伦的汉谟拉比发现，用法典来管理国家，更能够让人们知道什么可以干，什么不能干，让人们心往一处想、劲儿往一处使。正是从那时候开始，用法律管理国家比想咋干就咋干更能推动社会快速发展，由此缔造了古巴比伦的辉煌。战国时哪个国家依赖法律来管理，哪个国家就能发展起来。秦国从最弱的国家变为最强的国家，很大程度上是采用了法制而不是原来的“刑不可知、威不可测”的人治方式。当然今天我们讲的“法”与韩非子的那句话里的“法”还是有很大区别的。那个时候的法是为老百姓定的法，而现代的法律是给全体社会公民定的法律，无论你是普通公民还是国家领导人，都要按照宪法和法律办事情，没有人有突破法律的权力。这也是典型的宪法思维，只有如此，

① 《十八大以来重要文献选编》(中)，中央文献出版社 2016 年版，第 56 页。

人们才会相信法律。法律不会自然而然变成人们的信仰，只有当它有用，能够一视同仁，解决我们身边出现的各种问题和纠纷时，法律才会逐渐变成人们的信仰。

《中共中央关于全面推进依法治国若干重大问题的决定》中指出："坚持依法治国首先要坚持依宪治国，坚持依法执政首先要坚持依宪执政。"就是要建立起一种用科学的制度来解决社会问题的思维习惯和治理方式。坚持宪法法律至上，健全法律面前人人平等保障机制，维护国家法制统一、尊严、权威，一切违反宪法法律的行为都必须予以追究。不断加强宪法实施和监督，落实宪法解释程序机制，推进合宪性审查工作，加强备案审查制度和能力建设，依法撤销和纠正违宪违法的规范性文件。

宪法是人类经验教训的总结，是顺应历史潮流、符合人类社会规律的伟大发现，是人类用制度来解决权力滥用问题，激发人的天性，促成社会秩序的伟大发明。宪法这项元规则至少含有以下几个基本要素：人民是国家的主人，政府活动在宪法法律的权限内；尊重和保障人之为人的权利；宪法是可以实施或者实现的。

人类大致经历了崇拜与"神"接触的人，与"权"接触的人，与"钱"接触的人，随着宪法和民主法治的发展，社会保障的完善，"文明"的人才会赢得更多尊重，在此条件下我们才会更加幸福。

4 国家的一切权力属于人民

一、原始社会就有民主的能力

马克思很推崇的美国民族学家摩尔根在其人类学著作《古代社会》里，对原始社会有较多论述。他认为，制度基于习惯产生，缘出自然。原始人遇到事情都是“有商有量”，在氏族会议上，氏族里的每个成年男女都有发言权和表决权。酋长由氏族会议选举和罢免。在易洛魁人的部落里，人们给当选的酋长戴上兽角，被罢免或去世的时候，就把兽角摘下。一些诸如血亲复仇等大事，由氏族会议讨论通过。随着部落联盟的形成，指挥联合集团军事行动的指挥官——将军（“大战士”）开始出现，并逐渐成为国王的萌芽。有意思的是，易洛魁人为防止一人专权，还特意设立了两名军务

易洛魁人，北美洲印第安人的一支。原分布在密西西比河以西，后迁到安大略湖和伊利湖一带。使用易洛魁语，属印第安语系霍卡－西乌语族。信仰多神和自然崇拜。

酋长，以便互相牵制。与罗马人废止列克斯（Rex）之职后任命两名行政长官如出一辙。根据摩尔根的考察，即便到了氏族社会后期，除了一些暂时的暴政政府外，也一直处于“军事的民主政治之中”，各部落也都保留有地方自治权。虽然并非现代意义规范化的民主，仅是一种“原始形态”，但我们也可以看出，人类很早就具备了民主化的能力。

二、奴隶、封建社会权力是皇帝的，皇帝的权力是“神”授的

随着利益的扩大与分化，建立在领土和财产基础上的政治国家逐渐产生。拥有权力就拥有更多的特殊利益，获得权力的统治者就面临着向臣民解释“为什么这个权力必须归他而不是别人”的合法性的命题。古代社会的君主，无论中外，都在想方设法论证君权是上天授予给他的。这招在蒙昧时代还是挺管用的，让老百姓拗着“上天”来，那不是光会个武功就能做到的。历史上从来没有匮乏过为皇帝论证“皇帝是上天授权的史实”。古代社会最大的两件事是祀与戎，一个指祭祀，一个指打仗。打仗能理解，祭祀今天或许不能理解，因为这解决了历代皇朝的合法性问题。无论是夏朝神化大禹，“有夏服（受）天命”（《尚书·召诰》），还是商朝的“天命玄鸟，降而生商”（《诗经》），他们都不约而同地把自己的权力与上天结合在一起。因为那时人类对自然的奇异现象还没有能力解释。神化，这种思路在中外都发挥了一定的作用。古埃及的法老、古巴比伦的领袖，都声称自己是“日月授权”，查士丁尼在自己统治的后期，特别关注神学，也为自己的合法性寻找理论支撑。既然权力天定，那么权力，主要是最高的权力就可以变得无限大。人民应该绝对服从，听话的才是好臣民。

一旦社会贫富差距巨大，民不聊生，“新神”的故事就会被提起。提这种事的有时候是野心家，有时候或者就是寄托了一些人的美好愿望。西汉末年就是如此，《汉书·眭弘传》记载了公元前 78 年（元凤三年），泰山脚下突降大石。有人说泰山是神山，与天子有感应，天子应该换人了，皇帝也应该顺应天人感应，让出帝位。当然统治者将之解释为“妖言惑众”。“妖言惑众”这个词就是从这儿来的。到了汉哀帝时，国家更加混乱，王莽

作为一个“好演员”，赋闲在家演了一场“大义灭亲”，深深打动了全社会。当时社会“异象”迭出，一些现象又被理解为祥瑞之兆。南越人进贡了一只白雉，两只黑雉，于是人们发现《尚书》记载周朝时也曾有过这样的“周成白雉之瑞”。后来，祥瑞之兆越来越多，“突然刮狂风”说明王莽应该当皇帝，“突然出个奇石”说明王莽应该当皇帝，“突然出口深井”说明王莽应该当皇帝……这么多天象说明王莽应该真是个天命之子了吧？王莽真的当了皇帝后，不知是真的理想主义者还是把自己也忽悠得信以为真，随心所欲地搞复古改制，将不依附他意志的动不动就定罪。百姓在能不能生活下去与上天之命的抉择中还是义无反顾地选择了活下去。各地纷纷起义后，王莽站在高高的祭坛上仰天长呼：“皇天既命授臣莽，何不殄灭众贼？即令臣莽非是，愿下雷霆诛臣莽。”可见天降的祥瑞也不是那么靠谱，王莽也从众望所归变成了人人唾弃。白居易有一首诗讲得有趣：“周公恐惧流言日，王莽礼贤下士时；若是当时身便死，自古忠佞有谁知？”

“拍马屁”这事儿大家不要以为是中国特有的，扣上“中国几千年就那样了”的帽子。其实不然，这些做法是皇权制下共同的特点。对上负责就会孕育那些于己有利便拍马屁的人。为此我还做了论证工作，比如我之前讲过的英国的菲尔麦。

皇权制并非社会利益最大化的选择。皇权制下，社会之所以发展慢，很大程度上是因为大部分人都没有什么积极性和主动性，毕竟国家不是他们的。清朝末年，鸦片战争，清军舰船被击沉，岸上观看的老百姓有的人不仅不哀痛叹息，反而鼓掌。德国侵略军来到海岸边的时候，由于积水过多就不想下船。他们恰好看见了海岸上有一些平民，于是就花钱让这些平民背其过河，老百姓乐于挣钱，有不少百姓就收钱去背德军。历史经验表明，指望奴隶素质高是不现实的。而在国外，也发生过这样的事。

在封建社会差序格局下，为了使受压迫的人们安于现状，或许有一些人就是那么认为的，希望统治者和被统治者各安其位。

三、近代开始思考人的本性和政治权利的关系

受启蒙思想的影响，各国纷纷推翻了殖民或君主的统治，建立了民主

共和国。大革命之后的法国，王权已经被推翻，但是社会仍动荡不已，新旧政治力量交织在一起。1830 年“七月革命”爆发后，托克维尔被指与波旁王朝有染。为避免“七月革命”余波的冲击，他与好友博蒙一起向司法部请求，要求去美国考察研究那里的新监狱制度。当时法国的民主诉求被旧势力暂时压制了下去。但是，政治敏锐性很强的托克维尔已经意识到，民主是一种势不可挡的历史潮流，旧有的等级制迟早会进入历史的“故纸堆”，人人身份平等的新时代终将来临。他希望能从经历过这场革命的国家中找出一个使革命发展得更完满和更和平的方案，从而辨明革命自然应当产生的结果，如有可能，再探讨能使革命有益于人类的做法。他试图寻找民主形象本身和它的倾向、特点、偏见以及激情，从而了解它的发展能给我们带来什么样的恐惧或希望。这是托克维尔去美国考察的真正目的，也是他写作《论美国的民主》的动因。他的这本著作带有很强烈的社会责任感，希望能够客观中立地去考察这个国家的民主运行及存在的问题。

1831 年 4 月，托克维尔一行来到美国。那时的美国正处在深刻而广泛的变革时期，1787 年，美国各地结成联邦的只有东部 13 个州，1831 年又多了 11 个州，其中有 2 个州，即路易斯安那和密苏里，其领土已经延伸到密西西比河以西。托克维尔他们在美国考察了 9 个月，于 1832 年 2 月离开。《论美国的民主》上、下卷分别于 1835 年和 1840 年出版，讨论了美国的政治制度并进行了社会学分析。

阿历克西·德·托克维尔（1805 年 7 月 29 日—1859 年 4 月 16 日），法国历史学家、政治家，社会学（政治社会学）的奠基人。

评价一个学者思想和理论的好坏，最重要的标准是看社会能否最终按照他的预见发展或者看他提供的解决方案对社会的发展是否具有进步而积极的意义。托克维尔的著作《论美国的民主》让人敬佩不已，作者以其敏锐的观察力对刚刚发展的美国，进行了短时间的考察，提出了一些著名的而且后来果真应验的社会学预测。比如里面提到美国南北必有一战；美国可能会将当时属于墨西哥的德克萨斯吞并；美国政策未来会对内软对外硬；在那一片有众多流氓和因罪受罚的人到达的国土上民众会变得越来越好等。二战后世界范围内掀起了研究托克维尔的热潮，后世有人称托克维尔为预言家的鼻祖，卡连斯基称他为未来学的奠基人。托克维尔是一个难得的观察家，他出身贵族，却能够敏锐地观察底层社会。他既有知识也有经验，在写作《论美国的民主》的时候，还不到30岁。我略举几例，大家可以感受一下。

托克维尔首先认为，民主这个潮流势不可挡，因为人对平等的要求势不可挡。它每时每刻都在摆脱人为的阻挠，所有的事和所有的人都能帮助它前进。

托克维尔说，民主的缺点马上就可以察觉，而其优点只有经过长期观察才能发现。民主的法治一般趋向于照顾大多数人的利益，因为它来自公民之中的多数。公民之中的多数虽然可能犯错误，但它没有与自己对立的利益。贵族的法治与此相反，它趋向于使少数人垄断财富和权利；因为贵族生来总是少数。因此，一般可以认为民主立法的目的比贵族立法的目的更有利于人类，即使民主社会将步入贵族社会那样的富丽堂皇，苦难也不会太多。托克维尔认为，在民主社会，享乐将不会过分，而福利将大为普及。国家将不会那么光辉和荣耀，而且可能不那么强大，大多数公民将得到更大的幸福。中央集权长于保守短于创新，一旦社会发生动荡，政府将失去控制力。整体而言，民主政府尽管有许多缺点，但它仍然是最能使社会繁荣的政府。

托克维尔观察到，在美国担任公职的往往不是杰出之士。其一，杰出人才会追求财富而不屑于当官；其二，民众也不会选举他们，因为民众不信任他们。这也是早期的美国较其他欧洲国家商业更发达的一个重要原因。联邦政府的公务员薪俸与民众持平，托克维尔认为这是民主制度的体现，因为普选之下国家的财政支出受广大低收入人群的监督。这样政府既没有承担过多公务员薪水的负担，又没有维持过大军队的支出，从而拥有巨大的财富可以用来进行公共资源建设而不必增加赋税。

福利的提高、文化的普及、社会性的加强、对人的苦难的同情、人的主动精神和活动能力的提升是民主的好处，但是，它也会造成一些问题，比如法制不稳定，统治者的才能低下，过于强调划一，追求福利过度；尤其严重的是有走向暴政的风险。在民主社会中如何使自由得到有效的保障，是托克维尔美国民主观的核心问题。结合对美国社会实际的考察，他提出可以通过在民主社会中实行联邦制、三权分立、地方自治、结社自由和新闻出版自由等一系列措施来保证自由，防止多数的暴政。

托克维尔认为，民主另一个主要弊端是个人主义。个人主义是民主主义的产物，并随着身份平等的扩大而发展。在贵族制国家，家庭的情况数百年不变，而且往往一个家庭在同一地方居住，数世同堂。每个人几乎都知道祖先的身世，并对祖先表示尊崇。贵族制度还可以产生把每个人同其他多数同胞紧密联系起来的效果。贵族制度能够把所有公民，从农民到国王，结成一条长长的锁链；而民主制度则打断了这条锁链，使其环环脱落。随着身份的日趋平等，大量的个人出现，这些人无所负于人，也可以说无所求于人。他们习惯于独立思考，认为自己的命运只操于自己的手里。每个人遇事总是只想到自己，而最后完全陷入内心的孤寂。托克维尔观察到，为解决这个问题，美国用自由制度对抗个人主义，让人们普遍参与国家的治理。当公民全都参加国家的治理工作时，他们必然会走出个人利益的小圈子。一旦人们都去参加公共的工作，每个人都会发现自己不能像最初以为的那样可以离开他人而独立；而为了得到他人的帮助，就得经常准备帮助他人。一个人很难放弃自我去关心整个国家的命运，因为他不太理解国家的命运会对他个人的境遇会产生什么影响。但是如果要修筑一条公路通到他的家园，他马上会知道这件小公事与他的大私事之间的关系，而且不必告诉他，他就会发现个人利益和全体利益之间存在着紧密的联系。因此，如果让公民多管小事而少操心大事，他们反而会关心公益，并感到必须不断地互相协力去实现公益。地方性自由可使大多数公民重视邻里和亲友的情谊，所以他会抵制那种使人们互相隔离的本能，而不断地导致人们恢复彼此协力的本性，并迫使他们互助。当时的美国居民享有的自由制度，以及他们可以充分行使的政治权利，使每个人时时刻刻从各个方面都感到自己是生活在社会里的。因此，托克维尔认为在这样的民主国家里，人会变得越来越好，他们的利益和他们的同情心，使他们产生了在必要的时候进行互相援助的信念。身份越是平等，人们也就越是明白这种互相支援的义务。在民主国家里，没有人会广为施舍，但可以经常帮助别人。每个人很少有效忠精神，但大家都乐于助人。

托克维尔肯定了美国立宪者的伟大，设计了“控制与反控制”的制度。美国宪法虽好，但也不能夸大它的作用，当时移民到美国的欧洲人认为美国的特殊自然环境造就了美国的独特民主。托克维尔考察后认为，维护美国民主制度的因素有三个：自然环境、法制和民情。美国民主政府所取得的成就，也有很大一部分应归功于法制，但他不认为美国的法制是其获得成功的最主要原因。按照贡献，民情最重要，其次才是法制，再次是自然环境。而民情主要是自治制度、培养公共事务的能力与觉悟。乡镇自治的传统是美国人的“人民主权”和“公民自由”原则的根源。美国各种各样的地方性法律，就是把公民永久无法满足的野心限制在一个狭小的范围内，使同样的一些可能破坏国家的民主激情转化为为地方造福的激情。

托克维尔还有另外一本书在中国深受推崇，即《旧制度与大革命》。这本书依然体现了托克维尔作为一个学者敏锐的观察力和强烈的社会责任感。《旧制度与大革命》出版于1856年，探讨的是法国大革命，在原有的封建制度崩溃之时，因并未带来预期的结果，而致使执政者与民众间的矛盾公开化，社会动荡愈演愈烈。托克维尔通过对大量史实的分析，揭示了旧制度与大革命的内在联系。法国大革命似乎要摧毁一切旧制度，然而却不知不觉地从旧制度中继承了大部分情感、习惯、思想，一些原以为是大革命成就的制度其实是旧制度的继承和发展。有人说，《旧制度与大革命》说明了改革是革命的诱因。但是我认为，《旧制

《自由引导人民》是法国画家欧仁·德拉克罗瓦为纪念1830年法国七月革命而创作的一幅油画。画面展示的夺取七月革命胜利关键时刻的巷战场面，以浪漫主义的手法巧妙地将写意和写实结合起来，歌颂了以工人、小资产阶级和知识分子为参加主体的七月革命，该作品成为代表法兰西民族精神的标志。

度与大革命》讲的是改革得不彻底才是革命的诱因。托克维尔在书中指出，过去专制社会资源都掌握在法国贵族的手中，人们比较容易管理，但是改革激发了人们的利益心，而政府之手仍然无处不在，不愿简政放权，才是革命的原因。

托克维尔的这两本书展现了两幅画卷，一幅呈现的是风格较为明快的美国民主的图景，社会充满活力，洋溢着自治精神；另一幅是带有悲怆色彩的法国民主的图景，平等化进程伴随着中央行政集权的扩张，个体相互疏离，社会机体羸弱被动，缺乏自组织能力。我们能感到托克维尔对当时法国政治风气的忧心忡忡和对更加合理地构建法国民主制度的热切期盼。

托克维尔因为在《论美国的民主》中预测到美俄将成为世界大国，而在二战后名噪一时，许多人把他当成预言家的鼻祖。我们说，托克维尔不是预言家，只是个善于观察的社会科学工作者。

随着启蒙运动的发展及资产阶级对政治权利的诉求，促使资本主义逐渐掌控国家权力，但无产阶级仍然被排除在外。人们已经认识到，民主化是国家崛起的基本条件，是权利实现的支撑和依托。历史证明，如果自己没有任何话语权，命运总掌握在“上苍”的手中，并不总是件稳妥的事情。在经历了数个世纪的斗争与妥协后，现代各国宪法都已经把国家的一切权力属于人民放置其中，明确了人民才是国家的主人，从而完成了从君主主权向人民主权的过渡。

四、现代宪法的基石——选举制度

人人掌权既不现实，也不是全社会效益最大化的选择，因此实现人民拥有国家权力的主要方式和根本保证就是选举制度。有效的选举制度是及时、准确、全面反映社情民意的人类古老传统的延续。现今，各国都会不约而同地把涉及选举国家机关代表与国家公职人员的原则、程序与具体方法的各项制度等内容规定在宪法或宪法属性的文件之中。一般而言，现代选举制度包含以下三项基本原则。

第一，普遍性原则。

选举制度经历了一个从人越少越好到越多越好的历程。专制社会最不希望实施选举，皇帝一个人说了算，所以血缘就特别重要。后来有钱人加入其中，保障其财产就行。再后来，财产被放宽、年龄被放宽、种族被放宽……当然，也有很多国家还是坚信“女人的能力不行”，但随着时间的推移，性别也被放宽。法国在 1944 年、日本在 1946 年、瑞士在 1971 年、列支敦士登在 1984 年实现了妇女的选举权。澳大利亚直到 1967 年宪法修改，才把土著人计入人口普查中，承认他们是第一批居民并禁止种族歧视，但还没有赋予其投票权。

今天，世界上绝大多数国家都承认公民享有普遍的普选权。我国宪法和选举法规定，除依照法律被剥夺权利的人以外，只要是中华人民共和国公民，年满 18 周岁，不分民族、种族、性别、职业、家庭出身、宗教信仰、教育程度、财产状况和居住期限，都有选举权和被选举权。依照法律被剥夺政治权利的人及不能行使选举权利的精神病患者例外，但不能行使选举权的精神病患者还要经选举委员会确认；正在受侦查、起诉、审判的人，经人民检察院或者人民法院决定，在被羁押期间停止行使选举权。但是对于受侦查、起诉、审判的人，在检察院或人民法院决定停止其行使选举权利之前，依然拥有选举权。被判有期、拘役、管制而没有附加剥夺政治权利者，或正在取保候审、监视居住者，甚至是旅居国外的公民，在县级以下人大代表选举期间在国内可以参加原籍地或出国前居住地县乡两级选举。可以看出，对选举权利，我国的宪法认识得很清醒，也很重视，对于选举权的剥夺很慎重。毕竟这个权利与其他权利能否实现关系十分密切。

第二，平等性原则。

现代选举制度要求一人一票，没有权利和地位上的高低贵贱，每一票所代表的价值一样。这就打破了过去一些人事先将自己看成“天之骄子”，而将大部分人视为“草芥”的简单精英主义态度。选举制度是精英与大众的平衡，它既能把大众的意见通过选举制度表达出来，又可让精英的知识在选举后最大化地实现，如果偏离大众的利益，则会在下一轮选举中被纠正。

选举制度赋予了现代公共权力的合法性：国家的权力来源于人民，也建立起了国家与社会的一种平衡机制。这项制度是现代宪法的基石，也是现代国家建立的基石。而有效的选举制度解决了历史周期率中最关键的一环——古代历史周期率的源头就在于立法过程中公民没机会参与，导致立法不能持之以恒地保护公民的权利。此外，有公民或代表参与的立法会更加自信，这也是合法性的魅力所在。

我曾多次和学员做过一个小实验：请学员假想自己是人大代表，老百姓可以通过室内的监控器看到他们的行为，请他们基于良知、知识和经历做出自己的选择——如果怠于行使职权，以后可能就当不上代表了。然后请他们对以下两个议案进行审议并表决：一个是不得随地吐痰，否则罚款 100 元；一个是男士不得把尿尿到小便池外，否则也要罚款 100 元。

这个实验做了百余次，结果都相同，第一个议案绝大多数人都投了赞成票，第二个议案多数都投了反对票。大多数人还是倾向于吐痰应该被纠正，而尿到小便池外既有可能惩罚“人之不能”，也可能造成实施过于困难。这个实验结果既是多数人的选择，也是我认为的理性的选择。

我又假设所有学员都是经常习惯吐痰的同志，并问他们假如今天投票的都是这些同志，结果会怎样？大家异口同声地说，吐痰的立法肯定通不过。

科学的制度设计机制一定是各种利益能够得以表达的机制。但如果立法者不是广泛的利益代表，很可能立法所保护的利益是片面的；如果立法者没有充分地接受民众监督，让立法者做出明确的利益衡量就可能是件“费力不讨好”的事情，就会动力不足。

马克思说过：“人们奋斗所争取的一切都和他们的利益有关。”[①] 毫无疑问，自己才是自己利益的最好维护者。老百姓或者其利益的代言人能够参与到立法决策中来，他们的利益才能通过制度的方式持久地予以保障。

通过这个小实验，我们会发现，科学立法没有想象中那么难，只要立法的人代表了广泛的利益，有监督、有保障、有公心，找到社会大部人的主流而非偏颇的意见，做出更为细致科学的制度设计的概率就很高。我们今天的立法法也一再强调加强公民参与、加强利益攸关方参与，发挥人民代表的作用，加强与选民的联系等，这些都是民主立法的基本要求。

从这个实验中，我们可以看到，多数人容易产生对的东西；但我们基于历史，也能得出这样的一个结论来，多数也不必然会产生对的东西。

第三，直接选举与间接选举相结合原则。

一方面出于人数和直接接触的考虑，另一方面也是平衡的结果。人类

① 《马克思恩格斯全集》第 1 卷，人民出版社 1956 版，第 82 页。

的发展也证明，即便是民主的立法，人民意志也并不一定自然地产生真理和善的东西。所以，即使是民主制度，也要防范激情和滥用。间接选举往往是其中的一种制度设计。我国法律规定，不设区的市、市辖区、县、自治县、乡、民族乡、镇的人民代表大会的代表，由选民直接选举。全国人民代表大会的代表，省、自治区、直辖市、设区的市、自治州的人民代表大会的代表，由下一级人民代表大会选举。美国、德国、日本等国家元首也是间接选举产生。此外，公开无记名投票等也是现代选举制度必要的原则。相对独立行使职权的司法机关以及对立法的合宪性审查等也能够发挥一定的纠正立法错误的功能。

五、人民民主的重要形式——协商民主

协商民主是人民民主的重要形式，也是各国普遍采用的一种民主形式，是选举制度的补充。社会主义民主政治是共产党的领导、人民当家作主和依法治国的有机统一，中国共产党领导的多党合作和政治协商制度发展和完善了协商民主，通过政治协商、民主监督、参政议政，推动了社会主义协商民主更加广泛、多层次并规范化、制度化。现今，协商民主贯穿中国社会主义民主政治全过程，覆盖政党、人大、政府、社会等各领域，政党协商、政府协商、政协协商、人大协商、人民团体协商、基层协商等全面铺开，进一步夯实了社会主义协商民主的实践基础，为了解民情、反映民意、集中民智提供了重要的制度保障。

经济的发展、人民的幸福、国家的富强都离不开治理体系和治理能力的现代化。而治理体系和治理能力的现代化不是古代的法律制度化，而是现代的共治基础上的法治化，它与人民主权的思想与实践分不开，与不再依赖于一人之治而是共同治理的思想观念分不开，与充分保护公民的自由与权利分不开，与公民参与国家治理的能力和水平分不开。

民主是国家合法性的源泉，是国家的生命。各国宪法都不一样，在国家结构、政权组织等方面都是如此，但又大同小异，都在书写着一个基本的原则——人民主权。中国共产党第十九次全国代表大会报告指出，“发展社会主义民主政治就是要体现人民意志、保障人民权益、激发人民创造活力，用

制度体系保证人民当家作主”。[①] 现代国家几乎无一例外，都承认自己的国家是人民的国家，但实现人民主权的方式多种多样。习近平总书记在庆祝全国人民代表大会成立60周年大会的讲话中指出，“评价一个国家政治制度是不是民主的、有效的，主要看国家领导层能否依法有序更替，全体人民能否依法管理国家事务和社会事务、管理经济和文化事业，人民群众能否畅通表达利益要求，社会各方面能否有效参与国家政治生活，国家决策能否实现科学化、民主化，各方面人才能否通过公平竞争进入国家领导和管理体系，执政党能否依照宪法法律规定实现对国家事务的领导，权力运用能否得到有效制约和监督”[②]。这是比较全面地评价民主制度的标准。

① 《习近平谈治国理政》第3卷，外文出版社2020年版，第28页。
② 《习近平谈治国理政》第2卷，外文出版社2017年版，第287页。

5 现代宪法以保护人权为主旨

一、启蒙运动与权利意识觉醒

人类进入近现代社会以前，在极权统治下，权利属于有权者一方，而无权者则主要享有与权利这个词相对应的词——义务。直到启蒙思想点亮了欧洲黑暗的宗教和国王统治。所谓的启蒙思想，就是启迪和开导人们的反封建意识，给尚处在黑暗中的人们带来光明与希望，反对蒙昧主义、专制主义和宗教迷信，打破旧的传统观念，传播新思想，新观念。Enlightenment，如果直译的话可以翻译为“点亮光明”。自由是传统的，专制才是现代的，我们从摩尔根的《古代社会》中也可以得出这样的结论来。自由、权利、尊严这些当时是很奢侈的词汇，在启蒙思想家看来，本来就是人所共有、与人共生的。权利不是别人给的，而是你自己的，保护它是政府的义务，而不是保护政府是每个人的义务。启蒙思想把在专制时代被压抑、被扭曲的人的尊严与权利这些本来是人性的必需品释放出来，使人成了现代社会有血有肉、有人性的完整意义上的人。不过历史证明，对于当久了奴隶的人，要让他为了成为自由人，而去摆脱依赖，努力争取，并非易事。因此我们可以看到，启蒙思想家并不总是受欢迎的人物。

但无论遗老遗少多么喜爱过去的荣光或被奴役的“快感”，历史的车轮总是滚滚向前。为了把这些最脆弱、最容易被侵害、与人们关系最密切的权利固定化并保护起来，现代宪法诞生了，最终把权利的意识变革为实实在在的权利。由于这些权利的极端重要性、固有性，宪法把他们法定化，并假设这些权利具有不可让渡性。比如尊严，虽然一个人可以自我奴化，但仍然不意味着他人可以侵害你的尊严，因为它仍是一个人被称为人的必要品质。

在古代，让一个人拥有权利不容易，发展到今天，让一个人放弃权利也不容易。

二、宪法权利

我们要明白，不是任何权利都放在宪法之中。只有那些最脆弱、最容易被侵害的权利才放入到宪法之中。它可以时刻提醒人类，这些权利在历史上经常被侵害而又极端重要，他们与人之为人关系密切，只要有宪法国家在，这些权利就应当被保护。这些规定在宪法中的权利包括以下几种。

（一）平等权

“法律面前人人平等”，今天，这句话被我们经常挂在嘴边，但我们要知道在300年前的欧洲各国和100年前的中国，这被认为是胡说八道，甚至是大逆不道。当然今天也有人说人就是不平等的，这种说法显然把人人平等这种价值观念的理想追求与人人不同的多样性混淆了。确切地说，我们绝大多数人毫无疑问地相信，我们生来在人格尊严、人的权利方面并不比其他人多一点，更不比其他人少一点。这里谈的平等，是权利平等，不是结果平等，不是平均主义大锅饭，因为结果的平等同样不是最优的选择。

我们知道在动物的世界里，弱肉强食的丛林法则在起作用，而这恰恰是现代文明的人类社会所着力避免的。平等的追求被认为是作为高等动物的人类文明化的表现。这里的平等，也不是封建社会的“平政爱民”。有学者戏谑地称“在共和国中人人都是平等的。在专制国家中人人也是平等的”。不同在于“在共和国，人人平等是因为他们就是‘一切’；在专制国家，人人平等因为‘他们什么都不是’”。

人类对平等权的理解，是一个渐进的过程。性别平等、种族平等都是多年来争取的结果，正如美国华盛顿韩战纪念碑上写的“FREEDOM IS NOT FREE”（自由平等从来不是免费的）。我们讲过，美国在1787年制定宪法的时候，虽然在制度建设方面做了很多的考虑，但是基于当时的历史情况，仍然有很多局限性。其中一点就是，宪法并未反对奴隶制，黑人仅被当作是白人的财产，他们不是美国公民，也不受美国宪法保护。而为了改变这个关乎整个美国社会发展的僵局，美国最高法院经历了 100 多年的摸索。从“斯科特诉桑福特案”“普莱西诉弗格森案”“布朗诉教委案”等案件中，可以看到美国对黑人等少数族裔权利保护的历程。

我们知道，人与人之间的不平等导致各种各样的歧视产生并发酵，利益的多元化、新的阶层的上升以及固有阶层维护垄断地位等都是偏见产生的重要原因。社会的不公平也会进一步诱发各个阶层间的歧视，其中既有强势对弱势群体的歧视，固有利益者对可能突破固有利益者的挑战者的歧视，也有弱势群体对更为弱势群体的歧视等。歧视在各国转型期都普遍存在，歧视的大量出现进一步助推了各种矛盾的激化，期间难免出现分离主义、民粹主义等思想倾向。这个时候能否抓住宪法的总抓手，以宪法的平等权等价值观念为载体构建反歧视的开放包容的社会环境，反对任何激进主义的思潮，是确保实现国家民族长远发展和社会长治久安的重要保证。今天的所谓发达国家的种族歧视、性别歧视、疾病歧视等，都是通过以宪法平等权为支撑制定立法并在实践中逐渐调整过来的，而反面的例子则是对爱尔兰的歧视，使爱尔兰选择了从英联邦脱离。

涉及平等权等宪法问题在当代中国不仅仅是个理论问题，也是个实践问题。2001 年，蒋韬就曾诉中国人民银行成都分行招录行员过程中存在身高歧视；2004 年，因感染乙肝失去公务员录用资格的安徽青年张先著将芜湖市人事局告上法庭；2005 年，杨世建因超过 35 岁而未能报名参加国家公务员考试，提起诉讼，希望维护所有 35 周岁以上人群的“平等就业权”。“身高歧视案”“乙肝歧视案”“平等就业权案”虽早告一段落，但也为大家掀开了偌大中国宪法问题的一角。毋庸讳言，在一些地方、一些企业还存在着性别歧视、年龄歧视、地域歧视、疾病歧视等问题。这些问题并非不可解决，事实上，它们都可以通过有效的宪法监督实施得到妥善处理。中国的宪法实践一直在路上，我们逐步建立起了社会主义法治国家的基本框架，实现了对人权比较系统的法律保障，把尊重和保障人权确定为它的一项重要原则。

人人平等是今天我们所普遍接受的一种理念和权利，不过，这样一条我们所熟知的宪法权利，它也曾与封建社会的一些“传统”产生过很大的冲突。历史上，封建制国家都有一个共同的特点，就是想方设法地固定和维护特权，而这与现代社会所要求的人人平等有很大的不同。比如在中世纪的欧洲，他们也很讲究“龙生龙，凤生凤，老鼠的儿子会打洞”。血缘被特别的强调，不同血缘之间通婚都被禁止。一些国家规定只有贵族的儿子才能继承骑士的封土、封号与特权。德国 12 世纪中叶后，只有国王才能封授骑士，而农民是被法律明确禁止当骑士的；英国规定私封骑士将受到惩罚。这些都反映出贵族身份的严格。人类进入 19 世纪，所谓的特权意识还没有完全消散。莫泊桑曾有篇小说，叫作《勋章到手了》，描写了一个叫萨克莱芒的人，自打孩童时代起，装在脑子里的只有一个念头，就是想得到勋章。到成年后，即便老婆出轨，得到勋章也是他更关心的事儿。可见，维护封建特权，渴望得到封建特权并非哪个国家所特有，而是过去特权国家普遍存在的一个现象。

在当代世界，平等权被认为是国家权力合法性与正当性的前提与基础之一。早期宪法中就把人对平等权的诉求看作是人之为人的基本要求和必要权利加以规定。美国《独立宣言》规定:“人人生而平等。”为了保障生存权、自由权和追求幸福的权利，人们才在他们中间建立政府；而政府的正当权力则是经被统治者的同意而授予。法国《人权宣言》第一条、第六条规定:“在权利方面，人们生来是而且始终是自由平等的。”“在法律面前，所有的公民都是平等的，故他们都能平等地按其能力担任一切官职，公共职位和职务，除德行和才能上的差别外不得有其他差别。”此后，各国宪法纷纷效仿法国《人权宣言》的这一原则，规定了公民的宪法平等权。平等权讲平等但不否定人与人间有差异，因此，宪法中的平等权不是结果平等，不是最终大家都一样，而是规则平等、机会平等、分配平等，是在法律上的权利人人平等，在人格上人人平等。

宪法平等权

这里谈到人人平等，还有两个问题要注意：一是防止多数人借多数人地位对少数人缺乏尊重和权利保护，比如因中日外交关系不睦，把日本产的车给砸了；二是要防止少数人对多数人的反向歧视，比如因为他是外国人就可以不排队，因为他是少数族裔，就可以享有超越大多数人的权利。这两种情况都不会促进法治社会的形成。我们一定要相信，人活一世，成为少数人的概率很高。如果不实行法治，要么当你成为少数人的时候，权利得不到应有的保护；要么当你是多数人时，没有做主人的感觉，不会对这个国家尽充分的责任和义务。而这都不是宪法希望看到的。

我国宪法规定，“中华人民共和国公民在法律面前一律平等”，不因性别、民族、种族，不因年龄、职位高低、社会地位的差别而有所差异，在相同条件下享有同样的权利和承担同样的义务。宪法中的平等要求，并不排除对弱势群体，如老年人、孩子的差异对待，但差异对待也要有限度。

什么是正义？美国政治哲学家约翰·罗尔斯在其专著《正义论》中的论述对我们理解自由平等的限度会有所帮助。

罗尔斯认为，正义作为社会上最重要的价值原则，至高无上、不容践踏。他解释说，任何一种理论、规定、制度或法律，只要违背正义原则，必定被抛弃，即使它们有可能取得更大的成功、获得更大的利益也无济于事。他希望每个社会个体都能够自由公平地享有社会资源、发展渠道和成功机遇，但同时又必须保证最少受惠者的最大利益不被侵犯，试图使公平正义得到最大的实现。罗尔斯首先设计了一个今天我们熟悉的“无知之幕”。就是在人们商量给予一个社会或一个组织里的不同角色成员正当对待时，最理想的方式是把大家聚集到一个幕布之后，约定好每一个人都不知道自己在走出这个幕布时将在社会（组织）里处于什么样的角色，然后大家讨论针对某一个角色大家应该如何对待他，无论是市长还是清洁工。这样的好处是大家不会因为自己的既得利益而给出不公正的意见。所有的参加者都处在“无知之幕”背后，他们对自己的特性、能力、宗教信仰及个人的历史一无所知。他们不知道自己所处社会的经济条件和政治状况，不知道他们的社会身份或阶级地位。同时，他们所处的环境客观上存在着一种中等程度的匮乏，也就是说不可能完全满足人们的欲望和要求，但人人都想得到较大的利益。人们的利益有一致的方面，也有冲突的方面，这样就使相互合作变得既有可能也有必要。在“无知之幕”下，人们相互冷漠。在罗尔斯看来，相互冷漠较仁爱的假设更加简洁、清楚、合理，或许更接近大部分人的真实。在“无知之幕”下，人们很少会做出损害少数人利益的功利主义选择，因为任何人都可能成为少数人。如果规定把有钱人的钱收归公有，离开“无知之幕”走向前台，自己的角色就是有钱人，这对他而言则是不愿看到的；如果规定年龄大的人都不必活下去，结果离开“无知之幕”后，发现自己就是年龄大的人那就太可怕了。在此基础上，罗尔斯设计了公正原则。罗尔斯提出，只有在每个人都受到无社会差异的对待时，正义才会出现。罗尔斯主张，在一个问题中所涉及的所有各方，都应该被置于同一个标杆之后。在那儿没有角色之分，没有社会差异，每一个参与者都被作为整个社会的平等成员来对待。“无知之幕”告诉我们，要防止设计规则和制度的权利只存在于权力者手中。

通过“无知之幕”，罗尔斯推出了正义的两项根本原则：

第一个原则是自由平等原则。公民的基本自由有政治上的自由、良心的自由、思想的自由，有保障个人财产的权利、依法不受任意逮捕和剥夺财产的自由等宪法上所保护的自由。这些是人人平等享有的、在一个正义社会中的公民同样拥有的基本权利。在罗尔斯看来，这些政治权利是第一性的，也是实现社会正义的基石。这个观点和马克思恩格斯《共产党宣言》里讲的很相近。

第二个原则是机会公正和差别原则相结合。包括公平机会原则和差别原则两个内部原则：公平机会原则，即同等的机会公平原则，它要求对于具有类似天赋和才干又有相同意愿的个体，在面对相同的社会职位和竞争机会时，能够获得同等公平的机会，也就是说他们有可能拥有相同的成功前途。罗尔斯认为这有可能无法实现事实上的公平，所以他提出差别原则。

在承认社会个体差别的基础上，必须确保程序上每一个社会个体自由地享有公平机会和平等权利。显然，罗尔斯没有追求绝对的人人平等，他承认社会差别的客观存在。因此，他在差别原则中提到一个新的名词——“最少受惠者”。所谓“最少受惠者”是指那些家庭出身差、资质差、社会地位低下、受教育程度差、拥有资源最少、收入最低、生活质量最差、期望值又很渺小的人。罗尔斯指出人民分配所得到的财富和资源当然是不平等的，但这种分配必须是对“最少受惠者”最有利。差别原则试图缩小人们由于资质、家庭出身、成长背景、社会关系等偶然因素的差异所产生的结果上的巨大差异，使偶然因素造成的社会底层与中高阶层之间的不平等限制在一定限度之内，从而调整社会的不平等和经济的不平等。

这两个原则辩证统一，又有主次之分。第一个原则即自由平等原则，是首要原则，没有政治权利的自由平等难有之后的正义分配。差别原则建立在自由平等原则基础之上，又从属于自由平等原则。差别原则是对自由原则在实施过程中形成的差距不断进行调整，以确保自由原则以公平正义的形式呈现出来。只有在贯彻自由平等原则的前提下，才能更好地贯彻差别原则。

我国宪法规定，中华人民共和国公民在法律面前一律平等，国家尊重和保障人权。任何公民享有宪法和法律规定的权利，同时必须履行宪法和法律规定的义务。中华人民共和国妇女在政治、经济、文化、社会和家庭生活等各方面享有同男子平等的权利。国家保护妇女的权利和利益，实行男女同工同酬，培养和选拔妇女干部。

（二）人的尊严

人的尊严是对人作为人的身份、地位等的认同，是人人共有的权利。人的尊严的重要性，甚至被认为是其他权利的来源。人的尊严是人类自有的属性，我们会很轻易地发现这样的现象：对上谄媚的人一定会对下压迫。人的尊严在某些场合失去，也一定会在其他场合找补回来。如同鲁迅笔下阿Q的自尊：所有未庄的居民，全不在他眼神里，甚而至于对于两位“文童”也有以为不值一笑的神情。夫文童者，将来恐怕要变秀才者也；赵太爷钱太爷大受居民的尊敬，除有钱之外，就因为都是文童的爹爹，而阿Q在精神上独不表格外的崇奉，他想：我的儿子会阔得多啦！加以进了几回城，阿Q自然更自负，然而他又很鄙薄城里人，譬如用三尺三寸宽的木板做成的凳子，未庄人叫“长凳”，他也叫“长凳”，城里人却叫“条凳”，他想：这是错的，可笑！油煎大头鱼，未庄都加上半寸长的葱叶，城里却加上切细的葱丝，他想：这也是错的，可笑！阿Q与闲人打仗打败了，被人揪住黄辫子，在壁上碰了四五个响头，闲人这才心满意足得胜地走了，阿Q站了一刻，心里想，“我总算被儿子打了，现在的世界真不像样……”于是也心满意足得胜地走了……可见，没有尊严的社会，人，特别是被压制的人很容易具有“劣根性”。

我国宪法规定的是中华人民共和国公民的人格尊严不受侵犯。宪法权利的实现都是平等的。一个人尊严的实现绝不是建立在另一个人损失尊严的基础上的。

还是那句话，今天的中国人绝大部分已经认同尊严的重要性，但并不是时时事事都能做得到。有时会发生一些让人感到很不舒服的事件。比如在有一年的快男预选赛中，有一位歌手上台时是女性装扮，加上与生俱来的女性嗓音，被一位评委屡次打断并言语羞辱。刚开始自我介绍，就有评委打断他并质疑他的性别，当唱了三句后，又被打断说还是对性别有怀疑，可以验明正身吗？这其实已经超过了一个评委的权限。她甚至继续问："你是选择男评委来验还是女评委来验？"这句话就有点出格了。评委竟然接着说"我希望，网友对你进行人肉搜索"。这就不仅仅是出格，而且有违宪法中规定的对人的尊严的尊重了。因为一个人的特质而对其进行嘲笑、打击都是违反宪法精神的，是不够宽容的。

人与人的不同是人类社会正常的现象，我们应该接受而不是要求整齐划一。与自己不同就要一概在心灵和肉体上消除，这不是宪法精神所允许的。当然，历史上的教育经常试图把人变成一模一样，但事实上这种努力要么归于失败，要么将塑造一个又一个没有活力和创造性的"巨婴"。

我国现行宪法规定，中华人民共和国公民的人格尊严不受侵犯，禁止用任何方法对公民进行侮辱、诽谤和诬告陷害。

（三）自由权

自由一度被视为"洪水猛兽"，因为在旧时代，它可能给"管理"和"管理思维"制造障碍。但随着社会的发展，人们发现，社会不是被管理出来的。被管理的社会要么没有主动性，要么没有创造性，要么没有责任感，社会是治理出来的。保障人的自由是治理社会的一条必要原则，也是人作为人的一个必要属性。

马克思主义归根到底是保障"人的自由"，在《论犹太人问题》里，马克思指出资产阶级革命使得国家摆脱宗教统治，实现了政治解放，但不是"人的解放"。"人的解放"追求彻底的社会自由，它依靠每一个人参与政治生活的广泛性和平等性，成为真正的国家主人来实现。

人为什么需要自由？自由到什么地方为限？探讨这些影响人类共同利

益的命题，非密尔的《论自由》莫属。《论自由》在1859年出版，被誉为论证自由的集大成之作。赛亚·伯林认为，对于那些渴望开放与宽容社会的人，密尔仍然是他们的立场最清晰、最诚实与最有说服力的表达者。哈罗德·拉斯基说，很少人像他那样精力充沛地坚持着道德标准，没有人像他那样热忱地追求着正义！与卢梭相比，他的情感之火似乎烧得苍白无力；但是卢梭的感染力深入人心之处，也正是密尔提高人们思想境界的地方。和任何人一样，他高举着理性之灯，这盏灯由于他的存在而发出更加璀璨之光！

《论自由》提出了一个评价自由或者制度是否合适的极简原则，即"人类之所以有理有权可以各别地或者集体地对其中任何分子的行为自由进行干涉，唯一的目的只是自我防卫。这就是说，对于文明群体中的任一成员，所以能够施用一种权力以反其意志而不失为正当，唯一的目的只是要防止对他人的危害"①。我们知道，从古至今，在非文明社会，特别是皇权时代、宗教统治时期，立过无数的法律。比如，有的统治者规定只有农民才能戴帽子。朱元璋时期，修改规定书生们可以戴，结果一些书生不但戴了帽子还戴了耳罩，于是规定此种情形一律予以惩罚。瑞士加尔文时期，统治者以爱为名要求必须穿素服、不能听音乐娱乐甚至禁止女性头发梳得过高、不能喝果汁，等等。密尔致力于在国家社会和个人自由之间划出一道界限，即只要个人的行为无涉他人利害，就不该受到干涉。如果我们运用密尔的这个原则很容易看到古代立法中的问题。密尔的这本书也正是对人类历史教训的总结。

约翰·密尔，英国著名哲学家、心理学家和经济学家，19世纪影响力很大的古典自由主义思想家，支持边沁的功利主义。

密尔还论证了个性对于人类的重要性，这也是自由的价值所在和理论

① ［英］约翰·密尔，许宝骙译：《论自由》，商务印书馆2019年版，第10页。

基石。我们知道，古代社会为了便于管理，有意识地把人变为整齐划一的泯灭个性的“人”。比如在欧洲宗教的极端束缚下，圣经里一个标点符号都不能错；中国古代的八股取士，从内容到形式都不能有分毫的创新。而现代社会强调人的尊严和社会分工，强调个人的独特性，它既是每个人幸福的基础也是社会创造力的源泉。从降生于世开始，人们都要接受前人积累的经验和确定成果的熏陶，都要经过不断的教育与训练，这些没有人否认；但作为一个人，当他成长到能力思维各方面日臻成熟时，他就有正当的权利按照自己的方式和想法去解释与运用这些经验，有能力去找到适合他自己性格与情况的那部分经验，并为己所用。人类的经验表明，对于各种思想的探索和讨论，是保证科学和艺术获得发展的首要前提。社会与人类自身的任务不是要把人个性中的一切不同棱角都磨砺成千篇一律，而是要在他人利益与权利的范围内将个性发扬光大、培养其多样性，这样人类的思考才会培养出万紫千红的花朵，变得更加高贵与美丽。因此，哪里不以本人的基本性格却以其他人的传统或习俗作为行为准则，哪里就缺少人类幸福的基本因素之一，缺少个人和社会进步的主要因素。个性与发展其实是一回事，个性的培养是个人获得发展的必要条件。激发个性的充分发展，不仅依赖于猿猴般的模仿力，而是用自己的一切能力，使用观察力去看，使用推论力和判断力去预测，使用活动力去搜集资料，使用思辨力去做决定，还要事前事后思考周密，个性才会得到培养。

当然，“每人既然受着社会的保护，每人对于社会也就该有一种报答；每人既然事实上都生活在社会中，每人对于其余的人也就必得遵守某种行为准绳”[①]。换句话说，自由不是无限的，自由要受制于社会公共利益和他人的利益，这是必不可少的。但是这个干涉自由是有限度的，在密尔看来，如果一个人的行为既没有违反社会的公众的任何特定义务，也没有对别人产生可以察觉的伤害，由此而产生的损害又属于非必然的，或者可以说是推定的性质，那么这些行为带来的那点不便利，社会为了人类自由这个更大的利益是能够承受的。为了更加具有可操作性，密尔重申了两条格言：个人行动只要不涉及他人利害，个人就不必向社会负责，他人也不得对之干涉；个人行动若有害于他人利益，个人要向社会负责，要承受社会或法

① 〔英〕约翰·密尔，许宝骙译：《论自由》，商务印书馆 2019 年版，第 89 页。

律的责任或惩罚。我们绝不能假定，由于对他人利益伤害或可能伤害这一点单独就构成社会干涉的正当理由。

没有人的思想是绝对的真理，密尔的也不是。密尔的《论自由》及之后的几本小册子对人类政治思想史产生了深远影响，其所阐发的自由与民主的理念为当时英国的政治与社会改革提供了重要理论。人类社会前进的每一步都与讨论自由密不可分。因此，人们通常把讨论自由称为"第一权利"和"人类最重要的、潜力巨大的、活动的资源"。自由是人类的理想、是人之为人的基本要求，也是社会主义核心价值观。曾有人把自由误解为"洪水猛兽"，认为倡导自由就是"想干啥就干啥"，中国近代翻译大师严复在1903年将这本书引入中国时翻译为《群己权界论》，应该说早在那时中国人就已经明白了自由的奥义。

1. 思想自由

包括思想和良心的自由，法治社会不惩罚思想，只惩罚行为。因为怎么想说出来都可能不一样，如果惩罚思想，只会让人变得道貌岸然、两面三刀。

包括学问自由、宗教信仰自由等，我国宪法规定，中华人民共和国公民有宗教信仰自由。中华人民共和国公民的通信自由和通信秘密受法律的保护，除因国家安全或者追查刑事犯罪的需要，由公安机关或者检察机关依照法律规定的程序对通信进行检查外，任何组织或者个人不得以任何理由侵犯公民的通信自由和通信秘密。中华人民共和国公民有进行科学研究、文学艺术创作和其他文化活动的自由。

2. 言论、出版、结社、游行、示威的自由

言论自由是指公民享有宪法赋予的通过口头、书面、著作及电影、戏剧、音乐、广播电视等手段发表自己意见和观点的权利。1776年美国弗吉尼亚州宪法最早规定了保障人民的言论自由，1789年法国的《人权宣言》宣布"自由传达思想和意见是人类最宝贵的权利之一，因此，每个公民都有言论、著述和出版的自由"。我国宪法明确将公民的言论自由加以规定。

出版自由是言论自由的自然延伸，是广义的言论自由。它指的是公民有权在宪法和法律规定的范围内，通过公开出版物表达自己的意见和思想的权利。

集会、游行、示威是公民的政治权利，各国宪法大多赋予公民以集会、游行、示威的自由，1966年联合国大会通过的《经济、社会、文化权利公约》规定："和平集会的权利应被承认。对此项权利的行使不得加以限制，除去按照法律以及在民主社会中为维护国家安全或者公共安全、公共秩序，保护公共卫生或者道德或者他人的权利和自由的需要而加以限制。"

结社自由是指公民为了一定的宗旨而依照法律规定的手续组织某种社会团体的自由。可分为以营利为目的的结社和不以营利为目的的结社，不以营利为目的的结社又可分为政治性结社和非政治性结社。以营利为目的的结社如组建公司，政治性结社如组织政党，非政治性结社如组建慈善机构。

当然，言论、出版、结社、游行、示威等自由同其他自由一样，都不是绝对的，都要受到一定的限制。公民在行使权利和自由的时候，不得损害国家的、社会的、集体的利益和其他公民的合法的自由和权利。对言论自由的限制，主要有（1）预防制，即所有的演说、出版等行使言论自由权利的行为在表达以前要受一定的国家机关的干预和审查，前者只有通过后者的审查才能实现其表达言论的意愿。（2）追惩制，即所有的言论与出版不受事前的审查，都事先被假定为可以行使，只有在表达言论后构成违法的才依法定程序予以制裁的制度。世界上的大多数国家都实行这种制度，对于集会、游行、示威等自由，还有批准制。虽说是批准制，一些国家规定，在家里非公共场合的集会不需要批准。

生活中有没有谣言呢？肯定有，但谣言的治理绝不是一封了之。片面的信息供给反而是谣言滋养的土壤，而一旦被证实是错误的，还会带来公众对信息发布者和审批者的不信任。密尔曾经讨论过言论自由的意义。密尔还探讨了思想的自由，他认为，人类的进步不是思想桎梏的结果，恰恰是思想自由的结果。人们不应该限制不同的思想，因为，（1）我们永远不能完全确定我们力图压制的思想就是错误的；（2）即便他是错误的，我们压制也是错误的。正如那句振聋发聩的话，"假定全体人类减一执有一种意见，而仅仅一人执有相反的意见，这时，人类要使那一人沉默并不比那一人（假如他有权力的话）要使人类沉默较可算为正当"①。这样讲的理由是，第一，如果这个意见是个正确的意见，压制它，一个国家乃至全人类可能就失去了了解真理的机会，就像当年火刑烧死了布鲁诺；第二，被压制的可能是

① ［英］约翰·密尔，许宝骙译：《论自由》，商务印书馆2019年版，第19页。

个完全错误完全荒谬的意见，即便如此，人类也可能失去一个机会，即真理需要在与谬误的辩驳中变得更清晰，人们的认识也可以变得更加清楚与生动；第三，大部分情况下，压制者与被压制的言论都可能有一部分是真理，有一部分是谬误，压制既导致人类失去获得真理的机会，又导致真理失去在与错误的冲突中完善的机会。密尔特别反对两种情况：一种是“异端”被贬抑。这里的异端是指不同于主流的思想，这种贬抑包括异端的思想因为温饱或者社会过于不宽容，知识分子开始明哲保身，那么他就不能把异端的光芒照亮到人类的一切事务中去。异端丧失了道德的勇敢性，整个社会的辩论环境就会萎缩，知识分子的懦弱造成了真理得不到伸张。另一个坏处是，坏异端得不到清理。在这个氛围中无法产生智力活跃的人民，那么这个社会就是质量很差的社会。“由于禁止一切不归结于正统结论的探讨，败坏最甚的还不是异端者的心灵。最大的损害乃在那些并非异端者的人，由于害怕异端之称，他们的整个精神发展被限制了，他们的理性弄得痀挛了。世界上有一大群大有前途的知识分子和秉性怯弱的人物，弄得不敢追随任何勇敢、有生气的和独立的思想的结果，否则都要把自己带到会被认为不信教或不道德的境地——请问谁能计算这世界受到何等的损失？”[①] 当然密尔并不是说言论自由没有界限，那些直接煽动社会产生危害结果的应当予以惩罚。还有一种情况是，辩论可以被无限宽容，但有一种不能被宽容，那就是声辩一方如果缺乏公正，表现出情绪的恶意、执迷和不宽容，那么就该遭受谴责。

对于言论自由从来都是有限制的，既要让人们说话，又不能侵害到国家、社会、他人的利益，对于这个度怎么把握，美国人直到“焚烧国旗案”才加以明确。

在 20 世纪 60 年代以前，尤其是二战结束后，美国人对于国旗充满着自豪和崇敬的神圣感情。但是越战期间，美国人为表达反战情绪以及对政府的不满，经常焚烧国旗。1984 年 8 月，共和党在美国西部得克萨斯州的达拉斯举行全国大会，再次推选保守的现任总统里根作为共和党总统候选人，竞选连任。在其第一届任期内，里根对内实行“杀贫济富”的财政和税收政策，对外扩军备战，与苏联进行新的冷战。他的这些内外政策遭到

① 〔英〕约翰·密尔，许宝骙译：《论自由》，商务印书馆 2019 年版，第 38—39 页。

了一些左派人士的猛烈批评。对左派人士来说，共和党大会也是他们表达不满和愤怒，吸引民众和媒体眼球的大好时机。于是一些反对人士前去达拉斯举行抗议活动，其间一位名叫约翰逊的“革命共产主义青年旅”团体领导人，点火焚烧了为庆祝共和党代表大会而悬挂的国旗。随后这些示威者一边焚烧，一边开心地欢呼歌唱:“美国，红白蓝，我们对你吐口痰。”当时有不少旁观者在场，但面对亢奋狂热的示威者，他们敢怒不敢言。警察接到报案后将他逮捕起诉，罪名是违反得克萨斯一项州法规定——该法禁止“亵渎庄严的东西”，不仅包括美国国旗，也包括州旗、公共纪念物和墓地。最后，最高法院竟然以五比四一票之差判他无罪，认定约翰逊焚烧国旗的行为属于“象征性言论”，受到美国宪法第一修正案言论自由条款的保护。根据是公众在示威中焚烧国旗，受美国宪法第一条修正案“表达自由”的保护。其后，美国国内对此问题展开了各种争论。国会多次企图投票表决通过宪法修正案，保护国旗，但提案每次都被否决。有意思的是，此案判决后，美国国内焚烧国旗的事件几乎绝迹，这一现象值得思考。

美国言论自由的界限被界定为，除非造成重大而即刻的社会危险，否则言论等表达自由不应该被限制。这一案件确定了言论自由的界限。

表达自由不仅仅是一项自由和一个“人”的基本要求，它也是促进社会责任感的重要方式。人们以这种方式关心着国家、政府和自己及身边人的利益，也通过这种方式，明白有多少人和自己的期待相似或不同，有机会反思自己的表达是否理性或偏激。

3. 政治权利和自由

政治权利是人们参与一切政治获得的权利和自由的总称，包括选举权、被选举权、监督权、批评建议权等。当然各种权利的分类是人为的，有的把言论结社自由也归类为政治权利。政治权利往往是公民与国家之间有效沟通的纽带，是公民成为国家主人的重要方式，是公民对国家责任感的基石，也是现代经济迅速发展的逻辑起点。

我曾在 2012 年左右和学员做过几次这个实验:

因为大家都发现法治能够解决中国社会当时存在的很多问题，但是当问及学员什么时候能建成法治社会的时候，短的说三五十年，长的说 1000 年。我把两个“极端”的人请出来，他们在收集所有人的意见后，把如何解决中国社会各种问题和身边几个人讨论出结果，并当众表达出来，以争得更多的投票。哪个人的票多，哪个人的纲领就有机会获得实施。第一个有意思的现象是，两方的施政纲领没有一个把时间拖到1000年，一个用30年实现，一个用5年实现，与两方在第一轮随便说的时候差了900多年。有意思的是这一轮两个人的纲领都很具体，而且内容相差不大，没有第一轮那么极端的不同。在两位都表完态并投票结束后，我请两位握手拥抱一下，因为这种方式很平和，最后互相还有用得着的地方，不用你死我活的。

我在德国访学学德语时，那个德语老师总批评默克尔的执政有问题。我们被她磨叽烦了，就开玩笑"撺掇"她推翻默克尔的统治。她说那倒不用，她去号召人们别选她。看来通过投票这种方式也避免了暴力或其他非理性表达不满的方式。

我国宪法规定，除被依法剥夺政治权利的人外，所有年满18周岁的中华人民共和国公民都有选举权和被选举权，不受民族、种族、性别、职业、家庭出身、宗教信仰、教育程度、财产状况和居住期限的限制。依申请，中华人民共和国公民有言论、出版、集会、结社、游行、示威的自由，有宗教信仰自由。中华人民共和国公民对于任何国家机关和国家工作人员，有提出批评和建议的权利；对于任何国家机关和国家工作人员的违法失职行为，有向有关国家机关提出申诉、控告或者检举的权利，但是不得捏造或者歪曲事实进行诬告陷害。

（四）人身权利和自由

与尊严同样重要的是生命权。没有生命，一切为空；没有尊严，无异于行尸走肉。人身自由，指的是没有正当理由，身体的活动不受拘束的权力。它是人类生活的最基本、最原始的要求。一个人首要的人身权利是生命权，生命是公民作为权利主体而存在的物质前提，生命权一旦被剥夺，其他权利就无从谈起。保护公民的生命权不受非法侵害，是宪法和法律的首要任务。这也就产生了一个争议性的问题，既然一个人的生命权这么重要，一个罪大恶极的人，能否剥夺他的生命权？

死刑存在是否合理？废除死刑已成为当今世界的共同趋势，已废除死刑的国家在2000年已经超过了没有废除死刑的国家。不过，废除死刑的道路也充满了曲折和坎坷，菲律宾、意大利、瑞士等都出现过死刑反复存废的问题。

传统上是“以眼还眼以牙还牙”的，强调报应的“等价性”，即犯罪者失去的利益应不小于所侵害的利益，以此论证“杀人偿命，天经地义”的合理性。但持反对观点的人认为，无论报应论多么完美，只能说明刑罚的正当性，而非死刑的正当性。因为目的正当并不一定表示手段的正当，况且报应犯罪的途径不只死刑一种，无期徒刑同样可以达到报应犯罪的目的。对犯罪分子处以刑罚是必须的，符合报应论，但死刑犹如“过犹不及”，除了满足受害人的私愤外毫无意义。如若以此为据，一味强调报应的“等价”，那么现在的自由刑似乎只适用于非法拘禁他人的行为。强奸犯是否必须处以宫刑？诈骗犯是否只需交纳罚金？很明显，与同态复仇相比，等价报应论确实进步了许多，但在一个文明与人道的社会中，“杀人偿命”仍是落后与野蛮的标志。

我国作为保留死刑的国家之一，“废除论”目前还没有得到大范围的认可。大多数学者提出折衷的“死刑限制论”，保留死刑，对死刑对象的限制和死刑复核程序等严格执行。

人身自由不受侵犯，公民享有不受任何非法搜查、拘禁、逮捕的权利是人类总结的另外一个重要的权利。我们经常在电视中，看到有警察闯入民宅，老百姓问是否有搜查令或逮捕令，这是社会进步的表现。古代社会乱抓人，屈打成招习以为常，因此监狱也成为可怕的代名词。禁止拷问和酷刑，无罪推定、疑罪从无，即便放过坏人，也比错抓好人对社会更好。人类历史上，最常被滥用的是国家权力，因此今天我们主要应该担忧的也是国家权力的滥用。每个人的家就是他的堡垒，所以我们有住宅不受侵犯的权利，有居住的自由、迁徙的自由。

在流行性传染病暴发期间，限制人口流动是否违反了宪法自由和权利了呢？

我们说没有！

我们都知道，自由是有限度的，但限度到何种程度才是今天社会最重要的。当人们无所顾忌的出行明显会带来更大的社会损害时，我们称之为紧急状态（突发应急状态），限制隔离都是必要的。但是如果为了隔离既不让人回家，也不让人返回出发地，使之没有地方可以去，只能“飘”在高速路上，这就明显违反了限度。

我国宪法规定，中华人民共和国公民的人身自由不受侵犯。任何公民，非经人民检察院批准或决定或者人民法院决定，并由公安机关执行，不受逮捕，禁止非法拘禁和以其他方法非法剥夺或者限制公民的人身自由，禁止非法搜查公民的身体。中华人民共和国公民的住宅不受侵犯，禁止非法搜查或者非法侵入公民的住宅。中华人民共和国公民的通信自由和通信秘密受法律的保护，除因国家安全或者追查刑事犯罪的需要，由公安机关或者检察机关依照法律规定的程序对通信进行检查外，任何组织或者个人不得以任何理由侵犯公民的通信自由和通信秘密。

（五）财产权

在古代社会，尤其是封建社会，人们一方面似乎都很“清高”，拥有财产，大谈财产会被很多人瞧不起。另一方面，追逐财富的步伐却始终没有停止。今天，我们知道，财产权是有两面性，合法的财产保护是社会进步物质基础，也是人之为人生存和发展的基本保障。亚当·斯密在《国富论》中论述了互利的贸易在促进自利的同时，也极大地促进了社会国家的繁荣。以同情心为基础的理性自利的人比天天只关心公共利益的人，更能务实地促进了公共利益。现在看来，古时候的国家往往不希望出现富可敌国的人士，很大程度上是为了防范他们对于政权的威胁。所以，我们说财产权也是能够对国家权力形成防御的基本条件。试想，如果你的一切财产都是国家的，都来源于国家，独立性也就没有必要了，人也变成了一个工具而已，现代企业也很难发展起来，我们今天享受的各种服务也不存在了。古代社会有不少“红顶”商人，也会有垄断带来的个别人财富的累积，却很难实现整个社会的共同富裕。因为即便“红顶”，随着政治的动荡，也难以保持持久的富裕。

因税收过重使商务受到阻碍和压迫，也是现代社会应当极力避免的。一个国家的税种，显然是更有利于商业的繁荣。我们看到，今天中国，恰恰是民营企业的崛起，带动了中国经济的腾飞。据统计，民营企业已聚集着占全社会就业总数 80% 以上的勤劳智慧的员工，为国家贡献了一半以上的税收，60% 以上的 GDP 和 70% 以上的创新专利。

对个人也是如此。我曾到一个地方调研，这个地方田地灌溉有两种水源，井水是老百姓自己打井供应的，是免费的；渠水是当地政府出资建渠供应的，要收费。当地人很穷，就想办法把井水引入灌溉，进而对百姓收费。当地老百姓很不满意就告。后来扶贫，发给当地老百姓牛和羊，老百姓却不用来繁殖，而是急功近利地卖了或吃了。所以有一种说法是又懒又馋导致贫穷。但在我们看来事情并非如此简单，这与宪法及治理体系和治理能力现代化关系密切。这件事我后来还和原国家扶贫办的同志提到过，我认为，当人们不能有财产安全感时，为财产而奋斗的心就没了。孟子说，“有恒产者有恒心”，这是对的。对于百姓而言，要让他觉得财产安全，主要是比较稳定，否则光脚的不怕穿鞋的，政府其实是纵容了一种无序的状态。而这种状态，虽然爽一时，但往往痛苦一世。后来我在《北京人大》发表了一篇文章《精准扶贫的关键在法治》，提出扶贫要考虑法治的问题。

保护财产权是人类文明的象征，限制财产权需要慎重，否则老百姓没有安全感，经济也会发展不起来的。现代社会，为了公共利益，不得已要征收、征用土地等，但征收征用，一定要予以补偿，且补偿不宜低于原财产的价值。

我国宪法规定，公民合法的私有财产不受侵犯。国家依照法律规定保护公民的私有财产权和继承权。国家为了公共利益的需要，可以依照法律规定对公民的私有财产实行征收或者征用并给予补偿。

（六）社会经济权利

宪法也是向前发展的，社会经济权利就是宪法发展的产物。原来人们对抗皇权，通过契约理论解决了皇权不必然享有天然的统治合法性，主要关心权力滥用对自己的人身、财产、思想造成的戕害。随着时间的推移，人们认识到，国家存在的主要目的是为人民服务，是为了提升人民生活的福祉，社会经济权利应运而生。用咱老百姓的话可以概括为从没啥权利到平起平坐再到享受权利的过程。怎么能够享受权利的呢？公民有义务纳税，国家有义务为公民提供教育、医疗、社会保障，承诺提供更多的劳动机会等，是现代国家公民拥有的社会福利。

德国是走在世界前列的福利国家，我曾两次在德国访学，这里以医疗和残疾人保障为例，看看德国如何落实宪法中的社会经济权利。

德国的医疗保障方面，主要有以下几个特点：

第一，广泛的医疗保险，为劳动者解决后顾之忧。

德国基本法，也就是我们通常所说的德国宪法规定，“德国是一个民主的社会的联邦国家”。这里所说的“社会的”主要是享有社会福利的意思。前段时间，在德国，看到一位愁容满面的在德国工作的华裔女士，得了癌症。过了大约两星期，又见到她，问问情况，她说已经看完社区医生，并已经安排这个领域的专家会诊，所有的费用由社会保险承担，甚至预约医院的打车费用也会承担。到了医院，一切都有医生、护士、护工管，不需要再搭什么家人，还会安排清洁工每周去她家打扫一次卫生。她说这话的时候，我能看出她心里的一块石头放下了。

在现代国家，基于纳税人理论，国家开始承担组织、促进和管理社会保障的职责。不但解决了人们的后顾之忧，让人们活得简单了，而且实现了术业有专攻，不必每个人都成为医疗专家，劳动者可以腾出手来干自己能够干得好的事情，这就解除了劳动者的后顾之忧。

第二，医疗保险合理细分，费用根据个人收入情况而定。

在德国，人们必须参加法定医疗保险，这是一个强制性的保险。当然，高收入群体可以再参加私保。根据德国保险法规定的标准，法定医疗保险提供全面的医疗保障，保险费根据个人收入确定。员工收入的15%左右需缴纳医疗保险费，由公司和员工各负担一半。此外，保险公司可能还会收取1%左右的保险附加费，由员工承担。收入越高，支付的医疗保险费越高；低收入者只需支付少量保险费或者由政府帮助支付保险费。“保险”绝不是一般的以盈利为目的的商业保险，绝不能像做普通生意那样操作，任何人都不可以从大家的保命钱中盈利。保险公司基于自身的利益，需要站在病人立场上，与医疗系统和药品工业“讨价还价”找到利益平衡点。

如果一个家庭只有一人工作，那么一人投保，全家有份。病人到医院看病治疗无需考虑治疗费用，也无需先垫付费用，而是在治疗结束出院后，由保险公司来与医院结账。所以德国的患者在医院住院负担轻，住院很轻松，不像国内医院每天都要向患者说明医疗费用，同时对患者催缴住院费用，造成患者的反感。有个医生笑称，国内的医生除了完成本职工作，还要扮演保安、催债人的角色。这种做法人为地增加了医患矛盾。

第三，广泛的医疗保险费用支付范围，保障社会弱势群体生活。

德国医疗保险险费的支付范围很广，包括疾病的治疗费、护理费、药品费、住院费、休养费及病休补贴等。参加医疗保险的雇员如因病死亡，可从医疗保险部门领取相当于雇员本人日工资20倍的丧葬费。妇女在怀孕期间和分娩后的各种费用都不用自己花钱，连吃喝都由医院提供。参加医疗保险者的家属患病或死亡时，由医疗保险部门支付各种补贴、因病假耽搁的工资等。

每个孩子每月可从政府领取 194 欧元的儿童金，这笔钱至少可以领到孩子年满 18 岁。如果年满 18 周岁，处于上学或职业培训状态，则最长可以领取到 25 周岁；若年满 18 周岁处于求职状态，可以领取到 21 周岁。

德国医保模式是国家强制国民参与为主的医保模式，与美国商业化医疗明显不同。由于这种模式覆盖面广和注重社会公平，目前已有 100 多个国家采用。德国除了医疗保障外，其他如养老、失业等社会保障也做得不错。

第四，医疗体系多部门各司其职，有序运作。

对于如此大笔的医疗保险金，人们不禁会问，如何保证这笔钱能够用在刀刃上？首先，德国政府不直接参与社会医疗保险的管理，也不进行干预，只负责制定法律框架。所有医疗保险机构都是实行自我管理的非政府机构，为保证机构的正常运转，大都成立有理事会，理事会下设一个由专家、雇主代表、工会代表等参加的决策机构，这既保证了上下的沟通，雇主也可了解到法定医疗保险费用的使用状况，有动力及时缴费；工会和雇主还可以通过这种方式直接进行对话，但政府在控制药费等管理方面仍然有不可推卸的责任。德国成立联邦药品质量与经济性检验中心，建立药品参考价格制度，与此同时，支持商业保险与法定医疗保险开展竞争。政府规定，高收入雇员可以在商业健康保险和法定医疗保险之间自由选择。虽然按照规定两者有各自的“领地”，但这一人群成为两者共同的竞争目标。此外，科学的预算制度和公开透明的账目都是必不可少的。还有一点很重要，德国任何人就医没有特权。一旦有人享有特殊的待遇，比如个别人上医院不用排队、全部报销等，那么这些人一定没有改革的动力。

第五，无问西东，为我所用。

我们知道，现代的西医诞生于德国，但德国并不排斥中医，中医在德国甚至有着重要的地位。这点在德国的医院可以看到，无论在大医院还是小诊所，墙上一般都挂着中国的经络图或是太极图。没有一种文明的进步是排斥外来文明的，中国近代史大家郭廷以在其所著的《中国近代史纲》开篇就说过，中华文明不是故步自封的文明，发展得快的国家一定是个开放的国家。德国人这种对外来文明的包容、学习、吸收、借鉴、归纳，值得我们学习。特别是人类进入近代社会后，大量的人从旧社会脱离出来，不再是奴隶和被压迫者，成为具有创造性的人，新发明新创造此起彼伏，包括电灯、电话、电视机，许多现代文明的东西都是相互借鉴的。博采众长，为我所用，这是现代人应当具有的态度。

在德国的大街上，会经常看到很多残障人士，公交汽车会倾斜给残疾人提供上车的便利，让他们可以经常从家里出来，享受阳光和空气。有的时候去德国政府机关办事，许多程序性的职位，比如收发室的工作，是残疾人在做，甚至一些人的智商并不是十分健全。想想其实很多政府的基础性工作，确实不需要多高智商，把工作机会提供给残疾人不失为一种办法。

那么德国是如何保护残疾人权利的呢？据我考察，具体有下面这五点具体措施。

第一，落实宪法精神，立法保障残疾人。

根据德国基本法，任何人不得因其残障而受歧视。为落实宪法精神，我们看到德国为残疾人提供的保障，绝对不是摆设，而是以科学立法的形式确保得以实现。残疾人首先是“人”，他们同样属于人类社会，分享社会文明的进步成果。试想，如果一个社会对弱势群体都能那么好，对其他人也一定不会糟糕到哪里去。

早在1883年，俾斯麦政府就颁布了世界上首部《疾病保险法》，其中就包括了残疾人保障的规定，成为德国最早有关残疾人社会保障的法律。德国的法治社会尝试较早，也积累了更多的经验。

2001年德国颁行的《残疾人保障法》关注的不再仅仅是为残疾人或面临残疾风险的人提供照料，而是要保障他们自主地参与社会以及减少他们在获取平等机会上存在的障碍，帮助残疾人或有残疾危险的人创造更好的生活。这个立法理念就很不一样了。

第二，根据法律为残疾人提供医疗和经济支持。

根据德国残疾人保护的各项法律，残疾人不仅享有与其他人一样的各项医疗等保障服务，在门诊治疗和康复诊所中还可以享受医疗康复援助，食宿费用亦由相关社会保障基金或待遇承担。

德国大部分特定的残疾人康复都与一项社会保障基金密切关联，如医疗保险基金为被保障者提供医疗支持，还有海员、矿工、农业工人等特殊工种的保险基金，为特定对象提供专业化的服务。比如，对出了工伤的雇员或职业疾病患者提供医疗、康复和社会融合支持。没有可对应的保险基金为其负责的残疾人，则由残疾人综合办公室为他们提供额外的就业帮助，采取经济手段，促使雇主为这些残疾人提供就业岗位。同时，社会援助和青年福利机构也为这部分残疾人提供保障。除此之外，战争赔偿办公室专门负责确定残疾程度和申请残障金所需要的健康状况确认、发放残疾人证书等工作，并为防止残疾人遭解雇而为他们提供特殊的保护、就业援助等。残疾人可以依据《残疾人保障法》《联邦战争伤害津贴法》《联邦社会救助法》中有关残疾人保障的规定，申请相应的待遇。

第三，为残疾儿童提供特殊教育服务。

对于残疾儿童，则有各式免费的特殊教育，由政府或专门基金会买单，对于需要配备辅助器械或需要进行生活环境无障碍改造的残疾人，则由相应的社会保障基金或政府出资为其配备所需的辅助器械或对其居住场所进行无障碍改造。我当时的住所附近有一个残疾孩子的学校，看到老师那善意的眼神，能够感觉到她们是出于爱心选择这份职业。

第四，为就业提供法律保障。

让残疾人有机会工作，量力而行、自食其力也是德国法律中的重要要求。在德国，在工伤事故发生的那一刻，工伤保险就开始了以恢复劳动者健康为目标的治疗和援助。对于那些经过治疗并进行伤残等级评估后确定没有进一步康复必要和经过康复后仍不能回到劳动领域的工伤人员，则进入工伤保险的伤残年金保障。实际上，这部分人并不多。帮助残疾人保持其现有工作而不被解雇或获得新的工作，进行职业训练和培训，并根据残疾人兴趣爱好、择业倾向以及以前的工作经验，进行综合考虑，这是基本的要求。如果有的残疾人的身体状况和残疾程度使他参加某种培训时不方便居住在其家庭内，或者当其所接受的康复措施要求他必须寄宿在康复或培训中心时，则可以享受免费的食宿待遇。

第五，责任机制促使企业保障残疾人权益。

根据法律规定，单位录用、晋升或者解除劳动合同，如果有任何形式的歧视残疾人的行为，残疾人可以申请损害赔偿。法律同时还规定了举证责任倒置，这是企业的责任，由企业举证说明真的没歧视。不过，可以用支付补偿金的方法代替录用。重度残疾员工选举组成重度残疾人代表机构，这些是除了企业内通常设立的企业职工委员会或人事委员会之外，专门代表这些员工利益的机构。

有的同志可能觉得，德国的制度考虑得太周到，太麻烦，是不是还有发展的阶段性问题？我的观察是，一个社会如果为每个人都考虑周到，社会互害就会大幅度减少。如果一个人在社会中被“吃拿卡要”，难免可能心有不甘，再利用机会坏一下别人，这种状态就会传染。坏会传染，好也会，如果制度让人们顺心，人们就会变得简单。

社会保障制度对于稳定德国社会发挥了重要作用。虽然医疗保险主要由个人负担，但政府维持这一制度的代价也相当惊人，每个人为此的负担也不轻，再加上其他的社会保障费用，可能要占到工资的一半，所以中产阶级也不是没意见。不过，相较一旦出现的疾病，虽然人们对此一直有微词，但从所产生的高福利的效果相比，大部分还是愿意接受的。政府难了点，有钱人有点意见，但老百姓轻松了点。

把钱用在百姓身上，老百姓一轻松，人心就会单纯很多，社会也会慢慢地更接近现代文明。

我们中国也在朝着这些方面努力，努力使全体人民学有所教、劳有所得、病有所医、老有所养、住有所居，建立覆盖城乡居民的社会保障体系，这是中国共产党的庄严承诺，也是实现伟大复兴中国梦的基石。习近平总书记在2018年两会上也提出，人民群众什么方面感觉不幸福、不快乐、不满意，我们就在哪方面下功夫。[①] 很多改革举措正在中国实施。

我国宪法规定，中华人民共和国公民在年老、疾病或者丧失劳动能力的情况下，有从国家和社会获得物质帮助的权利。国家发展为公民享受这些权利所需要的社会保险、社会救济和医疗卫生事业。国家和社会保障残废军人的生活，抚恤烈士家属，优待军人家属。国家和社会帮助安排盲、聋、哑和其他有残疾的公民的劳动、生活和教育。国家通过各种途径，创造劳动就业条件，加强劳动保护，改善劳动条件，并在发展生产的基础上，提高劳动报酬和福利待遇。国家依照法律规定实行企业事业组织的职工和国家机关工作人员的退休制度，退休人员的生活受国家和社会的保障。

① 《习近平总书记两会金句》，《人民日报》2018年3月20日。

（七）其他权利

宪法还规定了一些特殊人群的权利，如各国都给予代表或议员履职不受打击报复的权利。

有这样一个案例，一位在上海经商的周宁县人大代表涉嫌醉驾，上海警方就此向周宁县人大常委会发函，提请批准对其采取刑事拘留强制措施，但未获对方许可。对方后又召开常委会议再次进行审议予以同意。为什么这件事会吸引群众眼球呢？因为周宁县未能理解宪法赋予人大代表的这项权利是执行职务的保障，不应理解为代表的全面豁免权。

此外，各国宪法对于权利的规定还有所不同，比如德国宪法中还规定了动物保护的权利，对环境也格外重视。

德国人对动物的保护，在我们看来有点矫情。德国在《德国民法典》第九十条规定："动物不是物。它们受特别法的保护。动物保护法明确规定，任何人都不允许对动物无正当理由地施加痛苦或损害。"还规定，脊椎动物只允许在麻痹状态，或者在特定情况允许时以避免其痛苦的方式杀死。快不行了，奄奄一息了，死了比活着更好的时候，才可以将其杀死。杀死动物者必须拥有必要的知识和能力，不能杀疼了。一般性伤害动物将处以罚款，情节严重构成犯罪的，依照刑法的规定追究刑事责任，最高将处有期徒刑 3 年。德国的路上没有那么多野猫野狗，因为法律规定，恶意弃犬弃猫者缴纳约 20000 ~ 30000 欧元的巨额罚款。严重虐待小动物者最高可判连年徒刑，违背动物保护法者可被处以长达 3 年的徒刑或处以罚款。

有一个案例，有穆斯林对动物的屠宰方式没有这么讲究，并且说这是宗教自由。宗教自由是宪法的权利，而动物保护法是法律，那么依据宪法权利高于法律的基本原则，动物保护法不适用于他们，当时法院也这么判了。判完后在德国引起了强烈的反响，2002 年德国基本法修改，国家鉴于对子孙后代的责任，国家在合乎宪法秩序范围内，经由立法以及依据法律及法之规定经由行政与司法保障自然生活根基和动物。这个"和动物"是后加上去的，什么意思呢？过去国家机构立法、行政、司法有义务保护环境，现在动物也在宪法要求保护的范围内，换句话说，宗教信仰也不比动物保护更高级，以后在德国生活的穆斯林也要和其他德国人一样，遵守动物保护法。2020 年有汽车厂家拿猴子做排放实验，引起社会哗然和批评，恐怕一般国家的民众不至于如此。

第一次去德国的时候，我也不太理解，后来待的时间长了，看着动物们与人们和平共处，孩子们在地上爬，附近鸽子闲庭信步，这个景象似乎就是桃花源。更为重要的是，如果人们养成爱护动物的习惯，从人对动物作为同类的职责出发来保护其生命和生活质量，何况人对人呢？

在生态保护上，德国也做得比较细致。对人的尊重是现代国家的基本要求，对动物的尊重是现代国家的更高形态。

第一，环保立法详细合理。

他们的环保法有很厚的一摞，处罚也都算得很明确，一定要让企业感到不达到标准是不值得的。

今天，我们都知道，法治有个基本原则，叫无罪推定，就是没有正式判决之前，都要假定嫌疑人是无罪的；但是在环保领域，德国实行有“罪”推定，也就是有排污嫌疑的企业必须主动举证来保障查明受害者的损害原因。你说不是我的企业污染造成了你的身体健康的损害，你需要举出证据来，毕竟受害者的技术、知识、信息和检验手段都不够。这样规定的好处是，排污者会有更大的损害赔偿的风险，这有助于促使人们小心地避免损害行为的发生，有助于企业和个人遵循预防污染原则。

联邦制下，德国各地区可以根据立法把规则定得更为细致。以水资源保护为例，各州根据法律规定制定了具体的法规，对取水的数量、时间、地点等又做了详细规定。

第二，执法严格，监督到位。

立法把能够想到的都想到了，标准统一。毕竟人都不傻，企业就会到那个底线低、处罚少的地方去污染。此外，不能这个地方的政府管，而另外的地方政府不管，企业也会跑到不管的地方去，而地方为了竞争就有可能睁一只眼闭一只眼，整个社会的污染就得不到解决。

此外，德国不是GDP驱动型国家，当地百姓的选票决定了地方政府不敢不管。我们曾参观德国环保部，同行的一位老师问环保部门的部长，说朋友的企业管不管？部长说，管。如果不管他们，下次民众就不选他们管了，可见约束机制很重要。

第三，设立环保警察。

环保警察的任务是在发现环境污染时，立即采取补救行动。从化学毒素外泄到不卫生食品的销售，都在他们的管辖范围之内。环保警察行动迅速，他们通过巡逻和使用遥测工具检查环境的污染情况，一旦发现环境污染的现象，立即采取有效的手段，把污染控制在最小范围内。任何一条小溪泛起泡沫，环保警察都会前往取样；凡是已经立法的环保事项，警察在其辖区内一概严格执法，比如鱼类死亡、垃圾箱冒烟、废油渗漏或废气聚集成雾等，都属于禁令之列。

第四，大众媒体和非政府组织的监督作用也不可小觑。

德国大众关心环境，加之媒体多是个人的，要想吸引大众眼球，有料必报是个原则。德国的大众媒体对环境保护的监督作用之大在全世界也是闻名的。大众媒体对环保问题的跟踪和采访，拥有完全独立的权利，不受政府和其他组织的干扰。如《西德意志汇报》对 2008 年鲁尔河发生的 PTF 污染事件进行了连续报道，并对政府、企业、专家和读者各方的反应进行全方位跟踪报道，直到相关责任人受到处罚。在德国民间，环保非政府组织数量众多，影响巨大。

第五，鼓励各方参与合作，并能尝到甜头。

在杜伊斯堡，两家大型药厂和一家造纸厂合作建造了一家污水处理厂，每家占 20% 左右的股份，另外 30% 多的股份由政府占有，政府负责污水处理厂的管理和监督。如果有别的企业想新建污水处理厂，政府会建议他们缴纳很少的费用，和这三家企业合用污水处理厂。并且，经过这家污水处理厂处理的水会被这些企业循环利用，也可以按照相关要求以低于地下水的价格出售给园林和绿化部门。由此，污水处理厂不仅承担了公益责任，而且成了有经济效益的市场主体。这样一来，建污水处理厂不仅不是负担，而且能带来收益，企业建污水处理厂的积极性很高。

其次是政府与公民合作，以莱茵河的治理为例，政府让莱茵河两岸的居民入股，成立莱茵河治理股份制管理机构，对所关联的河段生态环境进行日常维护，居民也能获得一定的股份收益。因此，居民在生态效益和经济效益的双重吸引下，会积极主动地投入到生态治理全过程中。

第六，加强环境教育。

德国的环境教育内容直接写入有关中小学教学大纲，同时，注重学生的生活体验，强化生态治理的公民责任和义务，使公民环境保护意识成为一种自觉。德国公民较高的生态觉悟使他们能够主动积极地参与环境保护活动，使环境保护变成了一种全民自觉行动。孩子经常去大自然，这本身就是一种言传身教，对大自然的爱，比死读书本要深刻得多。

另外，即使是像德国这样的“世外桃源”也不是天生就存在的，仍然是法治保护的结果。20世纪70年代前，莱茵河号称“毒河”，随着人们认知的提升，形势所迫并不断建立科学的制度，才有了今天的水清山幽，小松鼠到处跑的美丽景象。德国几乎每个社区附近都有一片树林或者绿地，我租住的房屋附近还有一个湖，湖上的天鹅、野鸭都不怕人。

三、权利的限制与公民的宪法义务

宪法中的权利是公民权利体系的核心部分，之所以规定在宪法中，就是怕这些权利被轻易地限制，尽管权利都是有限度的。中华人民共和国公民在行使自由和权利的时候，不得损害国家、社会、集体的利益和其他公民合法的自由和权利。

限制也要谨慎，特别是限制宪法中的权利。在宪法中，有些权利是不能被限制的，比如人的尊严。美国则规定宗教和言论自由也属于这一类，但德国只保护正常的宗教活动。有些权利可以审慎地被限制，但限制的幅度也各不相同，比如德国的集会权，室内集会只要是不携带武器的和平集会，无须报告或许可；室外和平集会，须经法定程序批准，即只能通过立法的方式予以限制。德国还规定，限制基本权利的措施，必须有宪法的授权，且不得违背宪法的实质，即不得以任何形式以限制为名剥夺基本权利，不得侵害自由民主的基本秩序。同时，各国都设计了有效的宪法审查机构进行保障。

关于公民的宪法义务，我与蒋清华先生曾经合著了一本学术著作《论公民的宪法义务》，这是一本比较系统研究宪法规定的义务的学术著作。本书中不探讨那些学术问题，只介绍一个结论，不是所有的公民义务都可以放在宪法中。宪法义务是指为维护宪法权利和秩序，应由宪法所规定公民必须履行的，建立民主国家并保证民主国家持续发展必不可少的义务，包括依法服兵役、依法纳税、受教育、环境保护等义务。在我们看来，唯有与民主国家持久存续密切相关的义务才有必要放入宪法，仅仅为了一时的义务不宜放入宪法中。

当然，也有一些学者走得更远，认为宪法根本没有必要对义务进行规定，只规定权利就够了。我们还是认为，宪法是一部平衡法，“一个人只要宣称自己是自由的，就会同时感到他是受约束的。如果他敢于宣称自己是受约束的，他就会感到自己是自由的”（歌德）。宪法中规定的公民义务主要有以下几类。

（一）依法服兵役的义务

服兵役的思想源远流长，奥古斯丁、阿奎那的正义战争论，霍布斯的卫国理论等都涉及服兵役的必要性以及条件等问题。关于服兵役的实践我们可以追溯得更远。早在中国夏商周时期，履行服兵役的义务就和公民的地位紧密地结合在一起。在那时，并非任何人都有服兵役的义务，只有那些被称为“国人”（即奴隶主和平民）的人才有正式服兵役的义务，“野人”（即奴隶）只能随军服杂役，没有资格当兵。这种情形一直延续到春秋的中后期。古希腊也有类似的规定，即除无财产者和奴隶外，18—60岁的公民都应服役。

通过部门法制定志愿兵役制不排除战时的义务兵役制，志愿兵役制不能够完全替代义务兵役制。宪法规定公民有依法服兵役的义务，包含可以依法服志愿兵役，在特殊时期，为保证国家安全，强制服义务兵役的内容。

（二）依法纳税的义务

在夏威夷和澳大利亚之间，有一个只有24平方公里的在地图上几乎看不见的小岛。英国人初上该岛时，见民风淳朴，命名为“快乐岛”，也就是今天的瑙鲁共和国。由于瑙鲁岛上有历经千万年来形成的厚厚的鸟粪（主要成分为磷酸盐），这些鸟粪可以用作肥料且效果奇佳，该岛上的居民仅以卖鸟粪就过上了十分富足的生活，人均收入居世界前列。起初这个国家不收取公民任何税费，并免费提供医疗、教育等公共产品，但久而久之，鸟粪被开采殆尽，瑙鲁人民没有了生活来源。由于国家没有税收，国家也面临“破产”边缘，最近的消息称瑙鲁政府已经没有能力支付雇员的工资。

在公民觉醒的大背景下，通过权利与权力的近、现代博弈，逐渐建立了分权与制衡的政治制度、宪法监督体系和包括“租税法定主义”“普遍性”“公平税负、量力负担”和“比例原则”等在内的各项宪法义务制度、体系和原则。这些制度、体系和原则涵盖宪法义务的内容并进一步保障了依法纳税宪法义务的实施。

（三）受教育的义务

公民受教育的义务与纳税、服兵役等义务有所不同，它并不是随着国家的产生而产生，却随着国家和人类文明的发展而变得越来越必不可少。国家富强进步，个人安宁康乐，民主制度的实施，都与公民受教育紧密相关。

（四）环境保护的义务

在20世纪70年代中期以前，环境保护的义务在各国宪法中还很少被涉及，就我们所掌握的155部宪法中，只有1949年的印度宪法规定了保护环境的义务。然而进入20世纪70年代中后期，环境问题可预见地成为威胁人类可持续发展的关键问题，许多国家纷纷把公民享有环境权、履行环境保护的义务规定写入宪法中。如《西班牙宪法》第四十五条第一款规定：所有人有权利享受属于人发展的环境，并有义务保护环境。正如有学者把环境权称为人类的第三代人权一样，宪法义务经历了第一代依法服兵役和依法纳税的义务，第二代受教育的义务和第三代环境保护义务的嬗变。

（五）其他义务

1. 遵守宪法和法律的义务

该项义务被世界一些国家的宪法所认可，比如1978年《斯里兰卡民主社会主义共和国宪法》、1987年《海地共和国宪法》、1994年《玻利维亚共和国宪法》等。

2. 劳动的义务

关于劳动的义务是各国宪法规定较多且争议较大的义务，如1946年的《日本国宪法》、1948年的《哥斯达黎加共和国宪法》、1978年《古巴共和国宪法》、《大韩民国宪法》等都直接规定了劳动的义务；有一些国家宪法则明确禁止强迫劳动，如《圣克里斯托弗和尼维斯宪法》第六条规定不得强迫任何人进行劳动。

3. 除上述规定较多的义务外，各国宪法中还有形形色色的其他义务包括：第一，道德性义务。如遵守公民的纪律的义务、遵守劳动纪律的义务、发扬集体主义精神的义务等。李步云先生曾言："见诸法律的义务必须是必不可少的义务、其他方法难以为保障履行的义务。"道德性义务不具有这样的特征，它们过于含混，不具法律性，不适合规定在包括宪法在内的任何法律文件中。最重要的是这些义务规定进来的效果不大。第二，法律义务。这些义务混淆了宪法义务与法律义务的界分，也不宜于规定在宪法中，如欠债还钱的义务、保守国家秘密的义务、"禁酒"的义务等。

6 政权是如何被组织的

一、从人治走向法治

从原始社会走出来的人类社会，皇帝逐渐开启了享受一人治天下的权力之路。人们从平等讨论逐渐向鞠躬屈膝、跪拜磕头转变。这时候的治理方式是“王即是法”，对权力也没有多少制度约束。与之相配合的理论是皇权天授，这种思路说着说着，不仅老百姓信了，皇帝也信了。因此我们看到史学家们称之为“奴隶社会”的这个时期，君主们极其残忍。这个时期的制度设计核心特点是最好不设计制度，说啥是啥，特别是在没有国与国竞争的情况下。必须要设计的制度主要是维护君主权力的，所以刑法最多，开始出现大辟、膑辟、宫辟、劓、墨等严重损害人身和尊严的刑罚。这时候在什么情况下用什么刑，完全由奴隶主贵族自己临时决定。“刑不可知，则威不可测”（《左传》）。这样，他们就可以任意屠杀奴隶和劳动人民，使奴隶和劳动人民经常处于极端恐怖之中，以维持他们的统治。

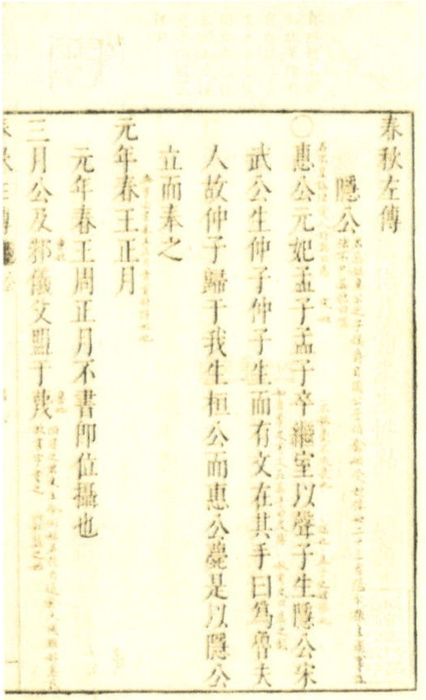
春秋左傳
隱公
○惠公元妃孟子孟子卒繼室以聲子生隱公宋
武公生仲子仲子生而有文在其手曰為魯夫
人故仲子歸于我生桓公而惠公薨是以隱公
立而奉之
元年春王正月
元年春王周正月不書即位攝也
三月公及邾儀父盟于蔑

左传

以夏桀商纣为代表的任性的王权给人的启示是权力天授，虽然能够带来一时的人心安定，但仍然不是太靠谱，上天给了权力，作为最高权力拥有者的国王或皇帝一旦滥用怎么办？

“皇权天授”不仅老百姓受不了，连贵族都受不了。于是，理论也逐渐发生了改变，“天命有德”“以德取位”等说法既为周替代商找到了理论基础，同时也为周朝乃至后世限制王权提供了一层道德约束。中国社会开始用“礼”限制权力的滥用并逐渐定下更为复杂的规矩，也开始做出了一些人性化的制度调整，如“三宥三赦”制度（《周礼·秋官·司刺》），一宥曰不识，再宥曰过失，三宥曰遗忘。一赦曰幼弱，再赦曰老旄（俗作耄），三赦曰蠢愚。由于疏忽、判断失误、记忆错乱等主观方面引起的过失犯罪以及生理和心理都还没有完全发展成熟，精神衰退，反应迟钝，老朽昏惑，感官功能降低和智力低下者可以从轻、减轻或者赦免惩罚。制度开始融入道德因素并更加合理，但仍不足以管住权力这头野兽。制度建设不合理，要么社会活力尽失，要么权力滥用肆意横行。

春秋战国时期（公元前770年—公元前221年）在中国历史上十分特殊，各国为在国与国的竞争中脱颖而出，开始用更为“硬化”的制度给人们更为明确的指引。当然这个时候进行制度设计的动力源泉是为了在国家竞争中能够处于优势地位，制度设计的主要目的是给国家（君主）服务，虽然也有法，但人民的权利只是为国家服务的衍生物，如商鞅变法中废井田，开阡陌，实行土地私有制。但人身财产并没有获得真正的保障，随时可以被国家肆意征用，权力仍然在法律之上。但总体而言，哪个国家“变法”，改变过去人的随意性而以制度的方式来管理国家，使人们有了更为明确的指引，不再无所适从，哪个国家就会发展起来。秦国做得最好，也在战国诸强中笑到了最后。但是，这个时期的法律对最高权力没有约束，为王权不断扩张、压榨百姓的权利与利益提供了可能。没有了争霸压力的秦王朝进一步横征暴敛，民不聊生，结果到了秦二世就亡了。

到了汉朝，人们已经意识到制度的重要性，发现用“法”来管住老百姓确实有用，而权力也要有所约束，对权力要用“德”。因此，汉朝开始施行“王霸道杂之”“内圣外王”“外儒内法”，这些戒条虽然有时候也可以用来遏制统治者，但在整个人类历史上，这种限制始终没能发挥普遍的作用。中国各个朝代的皇帝也不断换着新招，虽然确实有道德素养高的好皇帝，但时时事事无所错并不多见，更何况靠皇帝一个人或者加几个能臣良将即便能治理好一时，但非万事太平，历史的周期率依然不断重演。

依靠权力，特别是依靠最高权力拥有者的善性并不稳妥。黄宗羲早在其《明夷待访录·原君》中就提出，“后之为人君者不然。以为天下利害之权皆出于我，我以天下之利尽归于已，以天下之害尽归于人，亦无不可。

使天下之人不敢自私，不敢自利，以我之大私为天下之大公”。翻译成现代文的意思是：后世有许多皇帝，利益如何分配不是老百姓而是皇帝做主，好处都是自己的，恶、坏都是别人的。皇帝的最大利益成为社会的最大公益。为天下之大害者，君而已矣。不仅是在古代中国，欧洲也是如此，以前的学者都是教导君王为善，直到比黄宗羲早100多年的马基雅维利，不再遮遮掩掩，在其名著《君主论》中，直接告诉皇帝或国王，当然，也顺带告诉了世人，皇帝或国王到底是怎么玩弄权术的。君主必须把承担责任的事情让他人办理，而把施恩的事情交由自己掌管。一旦大家敢于对你讲真话，他们对你的尊敬就会减少。所以，明智的君主应该选择第三种方法，在他的国家里选拔一批有识之士，让他们单独享有对他讲真话的权利，但这也只限于他所询问的事情，而不包括其他任何事情。另外，对于他不愿意征询意见的那些事情，他应该做到使每一个人都没有勇气提出意见。但是，他又应该经常征询别人的意见，而且对于一切他征询意见的事情，必须是一位倾听真话的耐心聆听者。假如他得知别人无论出于什么原因，都不愿把真话告诉他时，他应该表现得勃然大怒。

作为君主如何对待美德，马基雅维利得出结论，作为君主，在守信有好处时应当守信，否则可以不讲信义。但是必须善于把这种性格隐藏好，必须习惯于冒充善者，做口是心非的伪君子。人们的头脑都是很简单的。他还举了历史上的一些君主，简言之，君主没必要拥有这些美德和好的品质，但要让人看起来具有这些品质。对于被征服的不同体制的国家和地区，要区别对待。他提出，被征服的地区如果习惯于在它们以前的法律之下自由地生活，那么想要统治这种国家就会比较困难，可以采取三种办法：一是把它们消灭掉，二是征服者亲自驻节在那里，三是允许他们在以前的法律下生活，同时在那个国家里面扶植一个傀儡政府。任何人一旦成为一个城市的主人——而这个城市原来是习惯于自由生活的——他却不把这个城市消灭，就是坐以待毙。因为这个城市在叛乱的时候，总是借助于自由的名义和它的古老秩序。而这两者无论是经过岁月的洗礼还是新统治者的施恩投惠都不能够使人们遗忘。如果一些城市或者地区习惯于在君主统治下生活，而一旦君主的家族被消灭，那么，一方面它们已经习惯于服从，另一方面由于没有昔日的君主可以服从，因此它们既不能够统一意见在他们当中重新确立一个君主，同时又不知道在失去君主以后怎样自由地生活，因此就不会轻易起来反抗，从而使一位君主能够轻而易举地获取它们。但是在共和国，就会产生一种顽强的生命力、刻骨的仇恨和深切的复仇心。他们怀念过去的自由，无法平静下来。因此，最好的办法只能是把他们消灭掉，或者亲自在那里管理，可以第一时间了解当地人的所思所想。

今天看来，这本书卸下了政治家和统治者们戴的面具，因为他们总是试图掩盖他们真正的目的。事实上，教会也立即对这本著作予以了谴责。马克思曾经肯定马基雅维利“已经用人的眼光来观察国家了，他们都是从理性和经验中而不是从神学中引出国家的自然规律”。他还被恩格斯誉为“第一位值得一提的近代军事著作家”①。卢梭说得好，马基雅维利自称是在给君主讲课，其实他是在给人民讲大课。正如摩尔根所观察的那样，人类没有多么大的差异，不仅仅是中国，过去的欧洲也是如此。

远在东方的朱元璋虽然没有读过《君主论》，却对这一套玩弄得有过之而无不及。朱元璋不愿意被道德的条条框框所束缚，很反感儒家的所谓“民贵君轻”“从道不从君”的道德思想。他同时集历史上的统治教训之大成，他铲除异己、残酷镇压，同时权力上移、任用宦官，防止人口流动、重农抑商、闭关锁国，钳制思想、八股取士，社会生机与活力急剧下降。

明朝末年，社会动荡不安，一个新的王朝取而代之。而几乎同一时期，饱受类似痛苦的欧洲小国——英国，开始着手用宪法来管住最高的权力，激发更多的人共同管理社会的主动性和自觉性。当然，那时候还只是一部分有产者参与。即便如此，也带动了在一人之治情况下，人类想象不到的极大社会进步，更多的人管理国家使制度开始保护更多的人的权利和自由，这使工业革命率先在英国爆发成为可能。科学以历史上任何时期难以想象的速度发展起来。与此同时，权利意识的萌发与觉醒，使越来越多的人把权利的实现或者说美好生活的向往通过制度化的途径得以实现，人民主权的实现形式更加合理，立法者需为人民利益的代表，不再有最高的权力，如果说有，也只有人民。人权的普遍保护成为可能，立法或者制度设计的目的变成了保护公民的权利和自由。我们称这一轮改革为国家治理体系和治理能力现代化的过程。

从权力的道德自省到公民普遍的权利意识，是完成这次过渡的基石。

① 《马克思恩格斯全集》第1卷，人民出版社1956年版，第128页。

而这次深刻转变的根本动因则是君权神授到人民主权，从人治向法治的转变，也揭示了现代治理方式与人民主权的内在关联。

整体而言，原始社会虽有习惯法，但制度设计的主要目的是规范一些必要的秩序，还很不成熟、很不完善。有了皇帝后，制度设计的目的开始有些扭曲，并逐渐被强化。今天，现代文明社会已经抛弃主权在天，我们常讲"人民立场"，明白执政是"为了谁，依靠谁"，这与古代制度的逻辑起点还是有很大的不同，人民有秩序地周期性出场，我们称之为现代意义上的人民主权，也为治理现代化提供了保障。

现代国家的目的从维护皇权到实现公民福祉，为了确保权力的存在和运行符合权力产生的目的——保护公民权利，就需要防范权力对权利的侵害。约束权力可以通过制度设计实现，这种方式人类很早就已经开始使用了。例如共和时代的罗马体系，再如中国皇帝让自己之下的各种权力相互制约。但这些与现代宪法以人性为出发点进行规范化的制度制约有根本上的区别。中国著名宪法学者王世杰、钱端升两位先生撰写的《比较宪法》指出，近年实行独裁的国家，无论其宪法属于刚性（苏联），或属于柔性（如意及德），皆不复承认宪法有限制国家权力的效能。他们都是所谓的极权国家（totalitarian state），国家的权力完全无缺，大至于极，故不能规定国家机关的组织，以及各机关行使权力的方法，却不能保障人民的自由权或限制国家的权力。国家的最高权力机关有自由行动的权力，而变更宪法亦为此权力范围以内之事。大到国家，小到企业、个人，没有制约都是极端危险的。

基于"权力必然导致腐化，绝对权力绝对腐化"的历史观察，基本可以断言，要防止权力滥用，必须制约权力。美国宪法蓝本的设计者，"美国宪法之父"麦迪逊认为，"立法、行政和司法权置于同一人手中，无论是一个人、少数人或许多人，不论是世袭的，自己任命的或选举的，均可公允地断定为虐政"。唯有分权才能抑制权力滥用，"只要政府权力得以分离，政府就会受到限制"。现今，司法机关依法独立行使职权已经成为一条基本的准则，也是我国宪法的一条基本原则。司法不能受权力干扰，不能受金钱、人情、关系干扰，不能使争议的裁决成为 2∶1，这是人类避免"康德茂规则"的一个基本经验，同时健全司法权力运行机制，推进司法官责任制，防范权力滥用。

古罗马的一位皇帝叫康德茂，喜欢在角斗场上与彪悍的奴隶格斗，甚至与凶猛的动物对决，从未输过，屡战屡胜。康德茂制胜的法宝是什么呢？是胜在规则上。这个规则是他制定的，但凡他上场都是手持利刃，而对方只能持木制的家伙或是徒手，再强悍的奴隶徒手空拳也打不过手持利刃的康德茂。现在有一句话最能概括“康德茂规则”：既当运动员，又当裁判员。“康德茂规则”大行其道，规范权力的笼子自然也就形同虚设，这恐怕就是一部分人追求权力的最根本原因。

二、国家结构形式

法治模式并不是排除人的治理，而是要求在合理的制度框架下治理国家。各国宪法在制度设计上有所不同，但如何发挥权力效能激发行权的积极性，同时又约束权力，则是宪法制度设计要考虑的问题。现代宪法一般有两种方式约束权力，一是纵向的，我们称之为国家结构形式；一是横向的，我们称之为政权组织形式。而国家结构又分为单一制和联邦制两种；在政权组织形式上，有人民代表大会制度、议会制、总统制、半总统半议会制，还有与此接近，各国更愿意自己定义的其他政权组织形式。

国家结构形式就是按照国家整体与部分之间、中央与地方之间相互关系的形式。国家结构的形式主要有两种，即单一制和联邦制。

（一）单一制国家

单一制国家是由若干个行政单位或自治单位组成的统一整体。它的显著特点是，第一，全国只有一部宪法，一套中央机关体系；第二，各行政单位或自治单位均受中央的统一领导；第三，不论中央与地方的分权达到何种程度，地方的权力均由中央以法律加以规定或改变。

（二）联邦制国家

联邦制国家是由两个以上的成员国（州、邦、共和国）组成的国家。它的显著特点是，第一，联邦和成员国都有自己的宪法、法律体系和中央机关体系；第二，联邦公民同时也是成员国公民；第三，联邦权力遍及全国，并行使外交、军事、财政等项主要权力，成员单位享有较高的自治权，但通常无权要求独立出去，联邦和成员国之间的权限划分由宪法规定，联邦无权任意改变。关于立法权，联邦国家之间也有不同，如美国、瑞士、澳大利亚、德国，联邦宪法列举了联邦拥有的权力，没列举的权力归属各州。所以联邦的权力很有限，一般包括外交、发行货币、健康保险、税收，就连教育等重要的各项权力都归于地方。加拿大与之相反，各州权力列举出来，剩下的归中央。印度则把联邦权力和各邦权力都列举出来了。

除此之外，还有一种邦联的形式，所谓邦联是由两个以上的国家为了某种特定目的（一般是军事的或经济的）而结成的国家联合。邦联与联邦有根本的区别，邦联是一种松散的国家联盟，而联邦则是联盟国家。具体表现在：第一，邦联本身不是主权国家，其成员国才是独立的主权国家；第二，邦联没有统一的宪法，没有共同的国家元首，没有最高的立法机关，也没有统一的军队、赋税、预算、国籍等。

（三）单一制与联邦制的比较

联邦制更容易发挥地方的积极性，但比较松散，自我意志和独立性较强。如美国在新冠疫情期间，特朗普想要各州开放复工，遭到纽约等州的极力反对，这在单一制国家很难想象。不过松散不意味着可以随意脱离。德国有的富裕联邦想脱离德国，宪法法院明确了各州有自治的权利，但不意味着有脱离联邦的权利，因此这样的请求被宪法法院驳回。

典型国家

单一制：中国、法国、意大利、日本、匈牙利、波兰、蒙古等

联邦制：美国、德国、瑞士、印度、缅甸、巴西等

单一制国家比较统一，容易办大事，但地方利益容易被忽视，有时应变能力和地方主动性不强。国家按照地方职权的大小，单一制国家又可分为中央集权型单一制国家和地方分权型单一制国家。在中央集权型单一制国家，地方政权在中央政权的严格控制下行使职权，由中央委派官员或由地方选出的官员代表中央管理地方行政事务，地方居民没有自治权或地方虽设有自治机关，但自治机关受

中央政权的严格控制。法国是典型的中央集权型单一制国家。在地方分权型单一制国家，地方居民依法自主组织地方公共机关，并在中央监督下依法自主处理本地区事务。英国是典型的地方分权型单一制国家。托克维尔在评价为什么美国和法国采取不同的国家结构形式时，有一段论述。他说，欧洲的极权主义拥护者们坚持认为，由中央政府管理地方行政，总比由不会管理地方行政的地方当局自己管理为好。这种说法，当中央政权是有知的（理性的），而地方当局是无知的时候；当前者是积极的，而后者是消极的时候；当前者是惯于工作的，而后者是惯于服从的时候，可能是正确的。我们甚至认为，随着中央集权的加强，这种向两极发展的趋势也会加速，即一方的权能日益加大，而另一方则日益无能。但是，当人民想象美国人那样是有知的，关心自身的利益的，并惯于思考自身的利益的时候，我认为就不会出现这种情况。

保障中央统一行使职权与发挥地方的能动性，中国历史上也争论了很久。权力交给别人，哪怕是有血缘关系，在权力的强大诱惑面前，也总是那么不靠谱；而都由一个人来管不现实，交给首相，首相权大，交给宦官，宦官滥权。似乎“分久必合，合久必分”已在中国历史上成为“铁律”，而究竟是分封还是郡县的争论也一直没有中断。我们在这里可以看看他们的理由。其中有些理由就认为古代如何就该如何，东周分封后世都该分封。这种理由很难在现代社会有说服力，所以不在这里赘述。秦王朝实施郡县制，被认为是结束东周乱象的一大发明。丞相李斯就说，郡县制在政治上更容易巩固帝国的统治。荀子的十三世孙荀悦，针对秦王朝的专制统治，认为郡县制独揽威权，专制天下，实质上是为皇帝一个人。因此，他提出，分封制能够“去私为民”，“封建诸侯，各世其位，欲使亲民如子，爱国如家”。诸侯们有自己的责任感，如果诸侯们瞎胡搞，“民叛于下，王诛加于上”。如果天子瞎胡搞，诸侯王是个制约。东周之所以实行分封制产生混乱，是因为封国要么太大，要么太小。魏晋时期葛洪看来，有了君主这样的英雄带领，人们才走出茹毛饮血的时代，君主制是时代进步的标志。而陆机等人也发现了郡县制使官员对上不对下，难以建立起官员与百姓之间的内在联系。

纵观整个中国历史，一直在“一统就死，一放就乱”的圈子里循环。不过，由于“一放”产生的后果比“一统”效果严重得多，一般认为郡县制是最好的选择。在中国历史上，放权地方后产生的乱象我们如数家珍，春秋战国之乱、八国之乱、东汉之乱、安史之乱……不胜枚举。但其实统得死的时候问题也非常多，只是没那么直接，没那么明显。君主的绝对专断不但给百姓带来了痛苦，给官员带来的痛苦也不小，且社会效率低下。“摇手举足，辄有法禁”，结果往往使效率低下，遇事不断，“人心日柔、士气日惰、人才日弱”（《水心别集》卷十二）。地方官员即便有抱负也很难得以伸张，甚至不敢有自己的是非判断，造就了更多不愿为、不会为、不敢为的官僚。不为或者等待上级命令成为常态，阿谀奉承一流，干实事的能力有限，毕竟干得多错的机会就大，且语言的多面性加剧了由上至下评价的不确定性，有了问题责任又很重，“动辄得咎”就是形容这种社会状态的。唐朝的韩愈，被任命为监察御史，因反对宦官利用“宫市”敲诈百姓触怒了唐德宗被贬，后在唐宪宗时调回京城任吏部员外郎，他又因华州刺史之事被贬为国子监博士。他作《进学解》感慨自己：“跋前踬后，动辄得咎。”如同狼向前进就踩住了自己的颈肉，向后退又会被自己的尾巴绊倒，进退维谷。《清史稿·徐继畬传》中也有类似的记载：“现行之条，苦于太繁太密，不得大体。尝见各直省州县有莅任不及一年，而罚俸至数年十数年者，左牵右掣，动辄得咎。”说的就是施行的条例，由于太繁杂、太细密，体现不出对国家大局的体察理解。常常看见各直属省管辖下的州、县官员有上任不到一年的，而停发薪俸多达几年甚至十几年，左边牵制，右边干扰，只要一做事就会被判过失或罪责。在这种制度下，官员们“无利不起早”，商人、大的土地拥有者没有安全感。

今天，我们以民主打破了这个“怪圈”，官员要对人民负责，绝不做自以为领导满意却让群众失望的蠢事。如何结合本国国情，最有利于对人民负责，是一国国家结构形式选择的唯一标准。

我国当前采取单一制国家结构形式，在国家的统一领导下，按照宪法规定，以少数民族聚居地区为基础，建立相应的自治地方，设立自治机关，行使自治权。此外，宪法规定，国家在必要时设立特别行政区。在特别行政区内实行的制度按照具体情况由全国人民代表大会以法律规定。“一国两制”，即一个国家，两种制度，是中国政府为实现国家和平统一而提出的基本国策。“一国两制”是指在一个中国的前提下，国家的主体坚持社会主义制度，香港、澳门、台湾保持原有的资本主义制度长期不变。

2015 年，第十二届全国人大三次会议闭幕会上表决通过了关于修改立法法的决定，赋予了更多城市立法权。这是中央统一行权与地方能动性间找到平衡点的有益探索。

三、政权组织形式

政权组织形式是国家采取什么原则和方式来管理国家和社会，主要是处理各个权力机关之间的关系。各个机关的权利和职能基本是明确的：人大（议会）有立法、财政预算、监督的权力，是分配正义的机关；行政机关是执行机关，是执行正义的机关；司法机关是行使司法权的机关，是矫正正义的机关；监察机关是确保权力不被滥用的机关，因其有监督的功能有的国家视之为立法机关的衍生权力，因其有矫正的功能，有的国家视之为司法机关，也有的将之相对独立出来。现代国家一般都会使这些机关的权能更加明确并相互制约。

孟德斯鸠认为，如果司法权不同立法权、行政权分立，自由也就不存在了。如果司法权和立法权合二为一，则有对公民和自由实行专断的权力，因为法官就是立法者。如果司法权和行政权合而为一，法官将有压迫者的力量。分开各种权力，是把政府机构或政府职能予以划分，而制约与合作才是分权的目的和意义。如果说国家权力与公民权利的关系是宪法学发展的一条最基本的线索，那么国家权力之间的关系则是宪法学中最重要的内容。宪法从出生就含有“是一套调控国家机构及其权力运行的法律原则”。

我曾总结我国司法制度在解决纠纷中出现的问题：古代老百姓解决矛盾主要期待“三公”，首先是“包公”，“包公”在人们心目中近乎完美，人们期待能有像包公那样既能大义灭亲又敢杀上级领导甚至最高领导亲戚的正直的官员，但是由于没有现代的分权制度，绝大部分裁判官都没有实力做出这样的裁判，而像包公那样脸上长月亮的少之又少；逼不得已，人们开始向往“宋公”（也就是及时雨宋公明），用暴力的方式解决社会不公，

包拯，字希仁，北宋名臣，廉洁公正、立朝刚毅，不附权贵，铁面无私，且英明决断，敢于替百姓申不平，被称为“包青天”。

宋江，字公明，施耐庵所作古典名著《水浒传》中的第一号人物，为梁山起义军领袖，常救人于危难时刻所以又号“及时雨”，人称“孝义黑三郎”。

但毕竟自己能力有限，上梁山得有功夫，只有少数人可以实现；前两条路走不通了，最后人们又选择“济公”，希望借助超自然的力量来解决问题，迷信就产生了。迷信加利益普遍受损，社会动乱就开始了，黄巾军、白莲教、“天平天国”就出现了。当矛盾冲突加深，百姓愤懑压抑到了一个爆发点，社会就发生了突破性的、革命性的变化。而这不是现代社会应该拥有的状态。社会的矛盾没有通过制度的方式得到有效消解，反而鼓励了愚昧、无知和暴力。当然每一次改朝换代给人们带来的都是无尽的苦难，因为没有一套有效的制度持久地保护、协调人民利益，公允地取舍和判断人民的利益。这也是为什么会出现一个朝代“其兴也勃，其亡也忽”的历史周期率的重要原因。

汉族民间信仰之一，旧时冰窖业、杂技业所崇拜的行业神祇。济公原名李修缘，南宋高僧，后人尊称为“活佛济公”。

依据各个机关的关系，政权组织形式可以概括为总统制、议会制、半总统半议会制，以及各国基于自己的国情命名的相应的政权组织形式。

（一）议会制

在分割北美板块和欧亚板块裂谷附近，是冰岛人引以为傲的“世界最古老的民主议会会址”，被称为 Alping。在建立之初，这个议会就是由集体讨论形成共识，而不是由国王召集或组织，因此所有自由民都可以参加。我曾在冰岛随口问当地人议会是否会影响效率，他们说，这个议会曾经挽救过很多人的生命。今天学校仍然会带孩子们来这里参观和学习，让孩子们永远记住议会的作用和价值，冰岛现行的议会毗邻雷克雅未克市政大厅，没有站岗的，后面的小园可以随意玩耍。但如果要进入议会大厅内，仍然需要有正当理由并登记。

议会制是指议会的权力来源于人民，除行使立法权外，国家的其他权力由议会产生，对议会负责，受议会监督。由于行政权和立法权绑定在一起，而立法权至高无上，实际上使行政机关无论在事实上还是在法律上都有非常大的权力。

议会制是从君临议会到王在议会过渡的产物，英国是世界上率先实现议会制的国家。英国分为上下两院，上议院议员拥有贵族身份，通过贵族世袭、国王册封、贵族内部选举产生；下议院由公民普选产生，是国家权力的核心。议员都是专职的。英王是国家元首，有点协调的权力，主要是象征意义。

英国议会制下议院权力巨大，布莱克斯通就说，“整个王国法律完全控制在议会手中”。英国著名宪法学家戴雪说，“除了将男人变成女人，再将女人变成男人外，议会无一事不能为”。后来英国通过了变性人性别认同法案，人们开玩笑说，变性议会也能行。王名扬先生曾言：“议会主权对法院地位是个威胁。”英国曾将最高法人员和上议院绑在一起，大法官也是上议院议长。英国人也觉得由于议会至上，他们没有宪法保障，因为即便是宪法，议会可以创造它，也可以毁灭它。而立法的控制权又有效地授予了行政机关，行政权受到的约束也很小。因此，英国也一直在改革中，不断下放权力，制定成文法案，废除世袭制，进一步限制立法的权力。近些年英国司法体制改革，也改变了上议院是最高法院这一问题。

（二）总统制

美国的总统制被称为三权分立制度更合适，立法、行政、司法权并立又相互制衡。美国的立宪者做了如下设计：在对立法权的制约上，总统有法律提案权和对立法机关所制定法律的有限否决权，最高法院对立法机关制定的法律有宣布是否违宪的权力；在对行政权的制约上，立法机关（国会）对行政官员有质询权和弹劾权以及总统签订条约和任命官员的批准权，法官对行政官员拥有某些审判权；在对司法权的约束上，国会有决定最高法院法官人数的权力，有批准除最高法院外各级法院的设立的权力，有宣判叛国罪的权力，有弹劾、免职法官的权力等，总统有特赦权和最高法院法官的提名权。汉密尔顿等人敏锐地观察到司法权的弱势倾向。“司法部门既无军权、也无财权，不能支配社会的力量与财富，不能采取任何主动的行动。”所以要保持三权平衡，必须扩大司法权，这样才能使它能够自保，同时免受其他部门的侵犯。当然，实现司法权的有效扩张的典型案例是后来司法实践中马伯里诉麦迪逊一案，它促成了美国司法机关可以裁决其他权力的行使是否违宪。

约翰·马歇尔出生于英国殖民统治时期的弗吉尼亚州，曾参加美国独立战争，1801 年至 1835 年担任美国联邦最高法院第 4 任首席大法官。

美国国会也分两院，选举产生，议员具有相对的独立性，可以不受本党约束发表意见。总统对选民负责，国会无权罢免总统，但众议院因总统犯罪可以弹劾，不过还得经参议院审判定罪才算数。弹劾总统并不容易，这个制度设计也是有考虑的。总统也无权解散国会。这与议会制国会与政府的连带关系很不相同。美国参众两院与英国只有下议院权力来源于人民不同，美国的参众两院虽选举方法不同，但权力都来源于人民，故两院间也相互制衡，一院通过的法案，另一院有绝对的否决权。众议院议员任期与国会任期相同，每两年全部改选。参议员任期6年，每届国会届满时改选1/3，保持一定的稳定性。众议院名额按各州人口的比例分配，1787年制定的宪法规定每3万人选出1名众议员，根据每10年一次的人口普查结果确定各州的议席，但每州至少须有1名众议员。后来根据国会在1929年通过的法律，众议员的总人数被固定为435名，根据每10年一次的人口统计结果于各州之间调整。参议院的名额分配，各州不论大小，都有2名国会参议员，美国有50个州，全国现共有100名国会参议员。美国的宪法审查源于1803年马伯里诉麦迪逊案。

这个案件给了最高法院大法官马歇尔一个向着好的方向发展制度革新的机会。美国第二任总统亚当斯由于种种原因在其任期的最后一天午夜，突击任命了42位治安法官。从政的人都想让自己人继续当政，不过，这一次，他因疏忽和忙乱有一部分委任令没能及时发送出去，继任的总统杰斐逊和国务卿麦迪逊就把委任状扣发了。别人就罢了，但原本应该拿到委任令的人里有一个叫马伯里的富商不干了。马伯里是个官迷，眼看自己没有机会了，就把国务卿麦迪逊告上了法庭，要求法院裁决他交出委任状，自己要当这个治安法官。那时审理该案的大法官叫马歇尔。马歇尔大法官看到这种情况之后，以最高法院的名义致函国务卿麦迪逊，要求他解释扣押委任状的原因。谁料想，麦迪逊对马歇尔的信函根本就不予理睬。在当时的法律和历史环境下，麦迪逊这种目中无人的行为是件稀松平常的事，因为联邦最高法院当时实在是一个缺乏权威的司法机构。这样一来马歇尔就陷入到一种左右为难的状态之中，这个案子该怎么审理判决呢？

按理来说，遵照法律规定马歇尔应当判马伯里胜诉。但马歇尔知道，即便判马伯里胜诉，现任总统和国务卿也不大可能执行这个判决。如果判决出来了对方不执行，那么司法权威就受到影响，以后谁还听你的呢？法院肯定会颜面扫地，威慑力何在？怎么办？判还是不判，这是一个问题。

在经过一番冥思苦想之后，马歇尔想出了一个好办法，他抛弃了简单的马伯里是对还是错的思维，做出了更加智慧的判决。他说马伯里依据《1789 司法条例》第十三条把案件上诉到最高法院违宪了，马伯里不应该直接到最高法院来上诉，而应该先去地方法院。面对这样棘手的问题，马歇尔把坏事变成了好事。马歇尔宣布《1789 司法条例》第十三条因违宪而被取消，使司法机关具有了保障宪法实施的违宪审查权，法院这个最弱的一极可以针对立法权、行政权是否违反宪法做出司法判断，成为权力设计中的重要一极，解决了立宪者当时对司法部门硬不起来的担忧。今天，在美国最高法院的院史博物馆中，唯有马歇尔大法官一人享有全身铜像的特殊待遇。

评价一个历史人物，比如马歇尔，我们无法猜测他究竟是为了自己部门赢取权力还是真的想让国家权力更加平衡，抑或只是为了自己的声誉。我们看待历史人物，关键是他的做法是促进了社会的发展还是阻碍了社会的发展，当然有的时候这种事情在当时很难看得清，只能等历史给人们一个交代。

（三）半总统半议会制（复合制）

复合制是兼有总统制和内阁制（议会制）特点的国家机构体系模式，议会与总统都有相当大的权威。它最早出现在戴高乐主持制定的 1958 年法国宪法之中。总统是国家元首，由选民选举产生，不对议会负责，实际掌握最高行政权，有权任命政府总理和部长等内阁成员，主持内阁会议，并负责公布法律，有权要求议会重新审议已通过的法律，统帅军队等。显然，这些与美国的总统制很相似。但与美国的总统制也有不同之处，法国总统还有权将重要法律草案提交公民投票，有权在征询总理和议会两院议长意见后宣布解散国民议会，并享有采取紧急状态措施的权力等。总理为政府首脑，由议会多数派提名总统任命。总理领导政府的活动，政府决定并指导国家的政策，政府掌管行政部门，政府对议会负责，当国民议会通过不信任案或者表示不赞同政府的施政纲领或者总政策声明的时候，总理必须向总统提出政府辞职。司法机关的设计也很独特，或许是出于对行政权的尊重，也可能是因为对行政权的忌惮，法国司法机关分为行政法院和普通法院，分别管辖行政法律事务和其他法律事务。

四、我国的政权组织形式

人民代表大会制度是我国的根本政治制度。全国人民代表大会和地方各级人民代表大会都由民主选举产生，对人民负责，受人民监督。全国人民代表大会是最高国家权力机关；地方各级人民代表大会是地方国家权力机关。国家行政机关、审判机关、检察机关、监督机关都由人民代表大会产生，对它负责，受它监督。我国国家机构的组织的核心原则是民主集中制，既充分行使民主，又在民主的基础上进行集中。既保障全体人民统一行使国家权力，充分调动人民群众当家做主的积极性和主动性，又有利于国家政权机关分工负责、协调一致地开展工作。

当然，人民代表大会制度并非一蹴而就。1954 年宪法制定前，中国人民政治协商会议代表人民行使最高国家权力，1954 年立宪后，人大产生，行使最高国家权力，并奠定了现今国家政权组织形式的雏形。“文化大革命”后，1975 年宪法对于国家结构改变较多，明确国家不设主席，肯定各革命委员会地位，人民公社是农村权力机关，取消检察院，由公安机关代行权力。法院院长由革命委员会任免。1982 年宪法恢复国家主席设置，扩大了全国人大常委会的职权，设立中央军事委员会，取消政社合一，建立乡级政权，县以上人大设立常委会，国家逐渐正常化。2018 年宪法修改，监察委员会作为国家监察机关入宪。我国基本完成了国家权力的分工与制约的格局。

我国人大除了立法、监督、预算等权能外，还有监督宪法实施的权能。我国人大代表不是专职的，人大常设机构是人大常委会，是最高权力机关的组成部分，人大闭会期间行使最高国家权力。国务院是我国的中央人民政府，是最高国家权力机关的执行机关，最高的行政机关。在中国，司法机关指人民法院、人民检察院两大类。另外，公安机关可以被认为是司法机关的一部分，在行使行政职能时则不属于司法机关；国家安全机关、监狱侦查部门、军队保卫部门等其他负有刑事侦查权利的机关在进行刑事诉讼的过程中其角色同公安机关。很多国家把检察机关作为行政机关的一部分，我国检察机关在宪法中是国家的法律监督机关。监察机关把检察机关贪污渎职查处的权力和党内监督机关合并于一身，是国家的监督机关。中央军委是我国的最高军事领导机关。

五、国家元首

国家元首是一个国家在实际上或形式上对内对外的最高代表。各国的国家元首有所不同，总统制、半总统制国家，如美国、法国、印尼的总统是国家元首，有实权。议会制国家中，没有君主有总统的，如德国，总统是国家元首；有君主的，如日本、荷兰，英国（加拿大、澳大利亚）等，元首没有实权。还有一些带有浓厚传统色彩的国家，如约旦、科威特、文莱等，元首是教长，也是国家元首，拥有实权。我国曾取消国家元首，现在国家主席是国家元首，与全国人大常委会结合在一起，行使元首职权，不独立决定任何国家事务，有权发布法律、发布命令，任命国务院组成成员和驻外代表，有外事职权和荣典权。

7 宪法的制定、解释与修改

一、为什么宪法具有最高性

用法律来管理国家早在古巴比伦的汉谟拉比时期、中国的春秋战国时期就已经开始了。法律是统治者制定的，时好时坏，古代社会经常立法不太好，执法、司法更随意。近代以来，人类发明了宪法，宪法的制定主体是人民，主要内容是保护人民的基本权利；主要方式是防范权力的滥用，当然也包括被其他权利所侵害；主要经验来源于人类的教训。因其与人能否作为人的关系密切，蕴含了人类被权力压榨后的理性，且涉及人性中的善恶规律，而具有了最高性。违反宪法的法律和行为都归于无效，且有一个地位很高的超然机关能够确保宪法得以实施。

（一）宪法的制定者是人民

宪法是由国民委托特定主体制定的一部旨在保护公民权利的、符合人类理性精神的根本法。它不仅仅是统治阶级意志的体现，否则由于被统治阶级的不确定性会使宪法沦为一部压迫法。如果以法治国就是用法来统治国家，那么专制社会是最好的法治国。法治与专制最大的区别就在于国家的归属。从制定宪法的主体来讲，人民是制宪的终极决定主体，人民范围的扩展决定了宪法最终要符合最广大人民的根本利益。

（二）宪法的主要内容是保证人的自由与权利

不是什么法，被冠以宪法之名，就拥有了宪法之实。宪法正是因为保证了每一个人都能作为拥有独立人格的人存在，才具有了合理性。那些脆弱的、经常被侵犯的，有关乎能否称之为人的权利和尊严，必须要在宪法国家里受到保护，各个国家机关的设计正是为此服务，这也是立宪的意义和价值所在。为防止权力与无知侵害到这些权利，需把他们规定在宪法之中，让人们永远铭记。

（三）宪法的主要方式是约束权力

在权力支配法律的历史阶段，没有现代意义宪法。人们经历不断的斗争、不断积累经验，逐渐认识到，只有把国家权力限制在一定范围内，公民的权利才会有保障。直到法律可以支配权力，宪法才有了存在的土壤。毕竟权力的强制性可以极大地激发人性中贪婪的欲望，能够从中独善其身的，古今中外鲜有其人。加之政府也有不断扩张自身利益的愿望，虽然政府与公民利益并非完全的零和，但也非完全一致。布坎南说，立宪的目的中本身就含有这样一个假设，掌权者将滥用政治权利去促进特殊的利益，这不是因为情形常常如此，而是因为这是事物的自然趋势。因此，也有人将宪法称之为“限法”。

（四）宪法的主要经验来源于教训

关于宪法的产生，我们在第二章、第三章曾讨论过。历史上人类的权利被侵害主要来源于皇权，其他危害大都是从这个根本性问题衍生出来。宪法包含人类渴求的正义及其实现形式，用来规制国家权力以保障它们不被滥用，从而保障公民的基本权利。因此地位要高于立法机关制定的普通法律。一般而言，能够制宪的机关只能是民选的机构，有的国家也是由具有民选性质的专门机构来完成。

二、宪法解释、宪法修改

宪法之重要决定了宪法不能轻易修改，但是不能轻易修改不代表不能修改。宪法制定后，由于在实施中遇到问题或者时势的变迁，需要加以解释或完善。为了宪法的稳定性，首选是宪法解释，宪法解释不但有助于宪法与现实的协调一致，还有助于向人民群众普及宪法理念。由有权解释宪法的机关做出既符合宪法精神又符合社会变化的解释说明，使宪法适应新的情境。

世界上能够解释宪法的机关，有的是立法机关，比如我国。我国宪法规定的专门机关是全国人大常委会，人大常委会是人大常设机构，全国人民代表大会有当然的宪法解释权。有的是司法机关或其他准司法机构，在司法的过程中，直接就把宪法的内容解释了，如美国、德国、日本等。

宪法解释是个很好的促进宪法变迁的工具，但有时由于社会各方面变化太大或宪法本身存在较多问题，也可能面临修改。宪法修改不能脱离宪法是公民权利保护法的本来精神，不能脱离宪法要防范权力滥用的本来精神。为此，各国把修宪的机构和程序要求设计得比较严格，较普通法律过半数即可通过而言，美国和日本要求两院过 2/3 票数方能通过修宪。甚至修宪后，一些国家规定需要全民投票过半数方能通过。我国宪法规定，宪法的修改，由全国人民代表大会常务委员会或者 1/5 以上的全国人民代表大会代表提议，并由全国人民代表大会以全体代表的 2/3 以上的多数通过。我国在“八二宪法”之后，为了让宪法更具稳定性，给人一种确定感和安全感，开始使用修正案的方式。但即便是使用修正案，也不应该太过频繁，否则将破坏政府的稳定性。宪法是人民的宪法，修改宪法的过程，也是凝聚共识的过程。在我国，修改宪法需要得到广大人民群众衷心拥护，充分体现人民的意志，实现党的主张和人民意志有机统一。

到了历史的转折点，往往是旧宪法向新宪法过渡之时，一些执政者会从统治集团内部转向赢得民众的支持。毕竟即便有开明的执政者，寻求既得利益者的广泛支持也并非易事。历史上的既得利益者往往有着“近视”的特点和“莫名”的乐观，这时依赖于既得利益者的改变就会变得尤为困难，远远不如来自民众的支持更容易。2010 年肯尼亚宪法改革中采取了民众公投宪法的形式。从肯尼亚宪法修改的过程和结果中，我们可以看到，在历史的转折点及时修改宪法，还可以避免国家走向暴力化。

三、肯尼亚宪法改革模式与埃及革命模式[①]

肯尼亚在特殊的历史背景和机遇下，进行了宪法体制改革，确立了主

① 感谢洪堡学者肯尼亚的 Peter Otieno 以及埃及的 Ayman Abdel-Hamid，Hamada Elsayed Ali 提供给作者的很多宝贵资料。

权在民、人权自有等思想和原则，并建立了切实的保障制度。不但完善了肯尼亚的政治体制，对既有利益触动较少，对经济的破坏较小，还有力地推动了肯尼亚“宪法意识”“公民意识”的大发展。埃及在社会矛盾集聚后爆发了革命，在短期内对政治、经济的破坏都比较大，革命后也并未尽如革命前埃及人的愿望，建立一个真正的民主国家。

（一）肯尼亚宪法修改与社会转型

1. 背景

肯尼亚人民经过多年的努力，终于在2010年8月，全民公投以67.25%的支持率通过了代表现代文明精神的“新宪法”。在这部“新宪法”通过之前，分析人士认为，通过这部宪法必然引起肯尼亚种族骚乱并一发不可收拾，但结果是仅仅几声枪响后，这部宪法就顺利通过。现在我们看到的肯尼亚宪法是经过肯尼亚全民大讨论反复修改而成的，因此当我向肯尼亚知识分子问及“新宪法”时，无论他们是“搞物理”的还是“搞化学”的，每个人都像宪法学家一样，如数家珍般地向我解释了“新宪法”每一个条文的缘由和好处。通过这次修宪，肯尼亚民间掀起了一次宪法普及运动。可以说，通过修宪，肯尼亚既建立了分权与制衡的国家政治体制，也完成了一次有效的全国范围的公民意识教育。

2. 肯尼亚新旧宪法比较

（1）结构的调整

在这部“新宪法”实施之前，肯尼亚实行的是制定于1998年、修订于2001年的宪法，“新宪法”与“旧宪法”明显的区别在于，“旧宪法”的设计更加粗犷一些。“旧宪法”加修正案共计75页，维护统治的意味强烈；“新宪法”则更加详细，有206页之多，“人民国家”的感觉更浓重一些。“旧宪法”开篇声称“肯尼亚是一个主权共和国”“宪法在全肯尼亚具有强制执行的效力”；而“新宪法”则首先提出“人民主权和宪法的最高性”，文本的用语也更加柔和，使用了“宪法维护”来强调全民应当遵守宪法。结构上，“旧宪法”条文顺序首先规定了国家的权力，而权力中首先确认了总统、副总统的权力，然后分别是内阁、行政、议会、司法权，之后是公民的权利与自由、经济、公共服务等。而“新宪法”则分别规定了主权在民、宪法至高无上、公民权利与自由、土地与环境、财产权、人民的代表权，然后是立法权、行政权、司法权、国家治理的原则等，另外还规定了政府进步的目标、原则、政府治理的方式、政府治理的边界、政府监督等。

（2）内容的变化

在人权法案的规定中，"新宪法"总则肯定了人权法案的地位。人权法案是肯尼亚民主国家不可分割的一部分，是社会、经济、文化的脊梁。组织和保护人权的目的是维护个体和集体的尊严，促进社会公正和实现人的潜能。值得注意的是，"旧宪法"提出，根据宪法，肯尼亚的每个人都被授予基本的权利和自由；而"新宪法"则提出，人权法案中规定的基本权利和自由属于每个人，不是国家赋予的。"新宪法"还规定，法院有权对法律没有规定的权利和自由以立法和采纳最有利于维护权利和自由的方式进行解释。并进一步强调，在解释人权法案时，法院或者其他权威机构要本着有助于提升建立在人的尊严、平等、公正和自由基础上的开放的民主社会的价值原则；有助于提升与人权法案精神、目的相一致的价值。"新宪法"根据"无救济即无权利"的法律原则，详细规定了权利法案的执行和救济程序。

"新宪法"较"旧宪法"在权利规定的体例与内容上也更加规范和完整。较"旧宪法"的体例，"新宪法"将每一项基本权利都概括出来，还增加了"人性尊严""隐私权""媒体自由""获得信息权""集会自由""环境权"等，并特别详细规定了保护孩子、残疾人、年轻人、老年人以及少数人群的正当权益。"新宪法"同时组建特别委员会，即人权和平等委员会，专门负责人权保护的事宜。只要肯尼亚公民认为政府或私人机构侵犯了他们的宪法权利，都有权向这个委员会提出申诉。这个委员会的具体作用是：① 促进人权尊重以及在肯尼亚形成人权文化；② 促进总体上的性别平等与公正；③ 促进在公共和私人机构中的人权保护；④ 对于各个领域，包括国家安全机构的人权保护的监督、检查和报告；⑤ 接受并检查对于侵犯人权的控诉并且采取合适的方法对被侵害的人权予以恢复；⑥ 主动或者根据申诉发起涉及人权事务的调查和研究，并提出建议，以改善国家机关的运作；⑦ 作为国家的主要机构，确保执行与人权有关的法律法规条约的义务；⑧ 调查国家事务中的任何行为，或者在政府任何领域里的公共行政中的行为或疏漏，即那些被指认或怀疑有偏见或不适当或者导致任何不适当或偏见的政府行为；⑨ 调查对滥用政府权力、不公平对待或者违法、压迫、不公正或者迟延作为等政府行为的申诉；⑩ 对于⑧、⑨ 款的被调查的申诉做出报告，并采取补救措施；⑪ 执行法律所规定的其他职能。

3. 政治体制

肯尼亚“旧宪法”在诸多国家权力中最重视总统、副总统的权力，并置于宪法之首，然后是行政权、立法权、司法权；而“新宪法”中国家权力的顺序则为立法权、行政权、司法权。在政治体制的架构上，“新宪法”更符合权力运行的特点，在立法权上强调民主的重要性，行政权上则强调效率的价值，而在司法权上更强调它的宪政功能。在立法权的规定上，“新宪法”与“旧宪法”的显著区别在于“新宪法”详细规定了选举的体系和过程。

肯尼亚的政府选举规定了以下五条原则：（1）公民自由地行使自己的政治权利；（2）不超过三分之二的被选举公共机构成员为同一性别；（3）残疾人获得公平代表；（4）公正而平等地普选；（5）自由公正的选举应以下列方式进行：① 以无记名投票方式；② 免受暴力、恐吓、不当影响或腐败影响；③ 由一个独立机构负责；④ 透明；⑤ 以公正、中立、高效、准确和负责任的方式管理。在“无救济即无权利”的原则指引下，设计了专门的独立选举委员会，负责争议的调处和解决。“旧宪法”将立法权集中于总统和议会，而“新宪法”则更注重分权的精神，将立法权回归国会，并将过去的一院制更改为两院制，更强调民主与精英政治的结合。“新宪法”大大加强了议会在制衡总统权力上发挥的作用，立法机关有权视实际情况弹劾总统，有权传唤各内阁部长以及国内高级事务官参加听证会，这大幅度加强了对国家行政机关的监督。此外，“新宪法”还保证利益代表的广泛性，规定众议院中至少要有 47 位女性议员以一州一名的方式从各州县中选出，要有 12 名特殊群体的利益代表，分别代表青年、残疾人和工人的利益。参议院中要保证至少有 16 名女性代表，另有一男一女两名代表青年人利益的议员，一男一女两名代表残疾人利益的议员。

“旧宪法”中行政权由总统与总理共同行使，两个国家权力中心行使行政权，难免产生龃龉，既大大影响行政办事效率，也会由于制度缺陷可能造成内斗。而“新宪法”确定了总统民选的原则与程序，选举委员会对总统选举进行监督，该委员会为完全独立性机构且不在总统管辖范围内。“新宪法”既赋予了总统绝对的权力，避免了行政权多元对效率的损耗，同时又取缔了那些可能滋生总统独裁以及高层腐败的特权。

司法权方面，“新宪法”将许多法律原则规定进来，如①司法普遍适用，无论当事人地位如何；②迟到的正义非正义；③解决争议的替代形式，包括和解、调解、仲裁和传统的纠纷解决机制都应以促进争端解决机制为目的；④司法裁决须经正当法律程序；⑤遵从宪法的目的和原则。“新宪法”规定，传统的争议解决机制，如果违背人权法案，是非正义或者非道德的，或者导致不正义或不道德以及与宪法法律不一致的，不得再使用。“新宪法”进一步确立了司法独立的原则，规定了人事、财政的保障制度。为确保法官独立公正行使审判权，还设立了法官服务委员会。

此外，在国家与地方关系问题上，强调相互尊重、相互合作，为了提高地方工作的积极性和主动性，维护好少数民族的利益，“新宪法”确立各级政府管理地方财政、地方自治的治理策略。在财政事务上，提出凡涉及财政的相关事务，必须有开放性和问责制，公共财政体制应促进社会公平。并强调①税收负担应地方与中央公平分担；②国家提高的税收收入应在中央与地方间公平共享；③支出应促进国家的公平的发展，特别是边缘化的群体和地区。此外，还规定要实现代际公平，不但要考虑当代人，也要考虑后代人；公帑必须谨慎和负责任地使用；财务管理责任应落实，财政报告应清晰等。

正如我们所知，在现代社会治理中，独立机构正在发挥着越来越重要的作用，肯尼亚宪法设立了多个对社会事务有重大影响的独立机构。除了上文提及的人权委员会、独立选举委员会、法官服务委员会，还有宪法执行委员会、国家土地委员会、道德与反腐败委员会、财税委员会、公共服务委员会等。

这次修宪成功是肯尼亚各方呼吁修宪20载的欣慰成果，而肯尼亚人民意识到国家出现各种社会问题的主要的、根本的原因是宪法中的根本政治制度和公民权利保护制度设计得不够科学和合理，并愿意为修宪付出实际行动，是修宪成功的内在原因。当然这次修宪通过也有其特殊的政治背景，以总统为首的主要政治势力达成一致是这次修宪成功的重要外部原因。总而言之，内外原因综合作用共同促成了修宪成功。需要提及的是，即便肯尼亚“新宪法”较“旧宪法”有明显的改善，符合社会发展潮流、符合广大人民群众的切身利益，但仍然有30%以上的人不支持。可见，并不是所有人都能够支持利益调整。但历史的趋势是不可避免，社会终究会按照自身规律去发展。

（二）埃及革命与社会转型

1. 背景及原因

1月25日是埃及法定的警察假日，这一天也成了穆巴拉克执政近30年的终结日。在2011年1月25日至2月11日，超过100万人走上街头游行示威，抗议穆巴拉克的统治，提出实现民主以及总统胡斯尼·穆巴拉克下台等要求。2011年2月11日，副总统奥马尔·苏莱曼通过国家电视台宣布，穆巴拉克已经辞去总统职务并将权力移交给埃及武装部队最高委员会。

有人说，这次革命的“始作俑者”，主要是“初生牛犊不怕虎”的埃及“80后”“90后”年轻人。社交软件“推特”（Twitter）和“脸书”（Facebook）是埃及发生革命的重要原因。而埃及分析家认为，“仅仅失业与贫穷不会导致政府被推翻”，“仅仅困苦的经历也不会导致人民去反抗”，“推特”和“脸书”更不是埃及革命成功的主要原因。虽然“脸书”是一个重要的新闻来源，但只有17%的人是通过互联网得到的消息。埃及革命并不是偶然、简单的事件，而是长期的社会不公正，包括社会财富、资源、岗位等分配不公的积累和总爆发。进入21世纪以来，埃及经济获得了长足的发展，然而，大幅度经济增长没有使民众感到幸福与富足，财富越来越集中在少数人手里，穷人手中的财富随着通货膨胀加剧缩水。民主的呼声与民主实践间的差距越来越大。在父权式的国家里，不同于其他类似国家可能以较少的自由换得高品质的国家服务，埃及人则两样都得不到，因此这种生活质量的双重降低使埃及人认为这个旧政权不是一个慷慨的过度保护民众的父亲，而更像一座不折不扣的监狱。埃及作为一个阿拉伯大国，地区影响力日渐式微，在巴以问题上处理不力也是这次革命的重要导火索。此外，本·阿里在突尼斯的下台极大地鼓励了埃及人摆脱政治宿命论的束缚。

全球知名的民意测验和商业调查机构盖洛普（Gallup）公司曾做过一个广泛的社会调查，或许能够使我们更清晰地看到这次埃及革命的内在原因。这组数据的采集时间包括革命前几个月，采访对象涵盖15岁以上不同性别、不同年龄、不同地区、不同教育程度的埃及公民。该调查的代表性广泛，时间跨度也较大，从一个侧面展示了导致革命的社会因素。这些因素主要包括以下几点。

（1）埃及人民没能得到埃及的经济发展成果

一般而言，社会福祉与 GDP 有一定的关联，因为公民通常会从自己国家的经济增长中受益。例如，经济增长通常会提供更多的创业和就业机会。然而在埃及，虽然 2010 年的国内生产总值增长约 5%，但调查显示，与其他类似增长的国家相比，埃及人享受的国家发展成果相当少，低工资和高通胀并行。盖洛普调查按照生活满意度，把公民分为“生机勃勃”“努力奋斗”“遭受痛苦”三种类型。尽管这些年埃及的国家财富增长不少，但认为自己“生机勃勃”的埃及人的比例，从 2007 年一直在降低，“遭受痛苦”的人跟其他国家比起来则高很多。埃及该比例的人大约为 31%，而利比亚为 8%，苏丹为 13%。仅仅最富有的 20% 的埃及人认为 2010 年比过去的一年更好。

（2）国家自身的缺陷

公众对于政府提供的创业机会、就业机会、可预期的经济条件、住房、社会服务、公共交通、自然环境、教育水平、年轻人发展的潜力激发等方面的满意度都呈下降趋势。该调查显示，仅房地产价格 2010 年较 2009 年就增长了 10%；在保护环境方面，26% 的民众对目前政府对于保护环境所做的努力表示满意，而 2009 年的这一数字为 41%；对教育体系的满意度也从 2009 年的 61% 跌到了 2010 年的 56%。

（3）民主愿望得不到实现

调查显示，埃及人除了崇拜西方的技术，还崇拜西方的民主思想。97% 的人希望制定一部“新宪法”并保障言论自由，而 3/4 的人提出了类似于埃及实现自由的愿望。埃及人认为，民主能够促进社会进步，但在埃及无法实现。革命前认同这个思想的比例高达 89%，是盖洛普调查的 150 个国家中比例最高的。仅有 4% 的民众认为他们能够向官方表达他们的意见，这组数据则是被调查的 150 个国家中比例最低的。

2005 年和 2010 年，埃及分别进行了两次政治选举，但代表们并没有真正成为民众的意见代表，民众也无法向代表们表达自身的利益诉求。由于这些政治挫折，埃及人对自身自由的满意度再创新低：由 2005 年的 77% 降至 2010 年的 47%。

2. 革命后埃及人的现状及愿望

（1）坦承当前状况恶化但对未来充满希望

2011 年 6 月，盖洛普公司为了继续探寻埃及国家政治经济走向，在埃及一次革命刚刚结束，即 2011 年 3 月至 4 月间，对埃及境内不同地区、年龄超过 15 周岁的 1000 个埃及公民又进行了一次面对面的调查。调查显示，人们不再相信任何领导，没有一个政治党派的支持率超过 15%。埃及的经济局势、人民生活的医疗保障等正在恶化，更多的人表达了对犯罪率升高的担忧。受访者对当前生活水平的预期与前四季度相比呈下降趋势，但对未来的预期则有更多的埃及人表示乐观。83% 的人认为，这个社会将会变得更公平、更自由。有趣的是，这次革命后，尽管埃及的生活水平有所下降，但更多的埃及人愿意留在本国，而非移民他国。盖洛普调查了 2008 年、2009 年秋、2010 年春、2010 年秋、2011 年春五个时点，民众对当前生活标准的满意度分别为 72%、79%、76%、70%、63%。也就是说公民对于革命后的生活满意度最低，却有更多的人愿意待在国内，是这五个时间点中最高的。这也表明，从长远看，埃及人对国家的信心还是很强的。在“后穆巴拉克时代”，64% 的埃及人认为，这个国家可以通过构建民主政府来解决埃及当前存在的社会问题，比较而言，只有 34% 的人认为这个国家必须由一个强人执政才能变得更好。

（2）理性对待重建

埃及人相信非暴力是纠正社会不公的最有效的方式。在对待传统的宗教问题和宗教冲突上也表现出冷静、理性的态度。在宗教问题上，埃及人表现出了中东少有的宽容态度，2/3 的埃及人不反对他的邻居有其他的宗教信仰，这个比例在中东地区仅次于黎巴嫩的 76%。这为宗教多元化和宗教宽容奠定了良好的社会基础。针对宗教领袖的地位，调查问卷提出：① 宗教领袖在国家政治生活中有建议作用；② 宗教领袖在国家政治生活中有绝对的权威；③ 宗教领袖在国家政治生活中不发挥作用；④ 不知道。关于这个问题答案的比例分别为 69%、14%、9%、8%。

（3）对未来领导人的希望

这次民众还对未来领导人提出以下希望：① 经济体制改革要与政治体制改革同步，保证国家实现健康的过渡。埃及领导人必须举行人民所希望的自由与公正的选举和宪法公投。90% 接受采访的公民希望选举是公正、公开和真实的。在3月的宪法公投中，司法监控发挥了重要的作用。80%的公民对司法体系有信心，认为未来的选举应当继续利用司法监控系统。94%的民众对军队保障选举有信心，并希望电视等媒体能够教育和鼓励民众去投票。② 创造新的商业和工作机会。③ 通过强化国家统一和公民平等增进宗教间的和谐，而不是简单地推进“世俗国家”。④ 改革当地政府和机构，包括地方的管理者从政治指派向直接选举过渡；研究创建当地警察部队的可行性来代替国家警察，重建对警察的信任；通过社区共建，邻里互助降低犯罪率。⑤ 全身心地去解决巴以冲突。⑥ 重塑埃及形象，与美国构建良好的关系，实现相互尊重，互利共赢。

（4）在埃及和美国的关系问题上希望与怀疑并存

大约2/3的埃及人不相信美国会真心实意致力于埃及的民主化建设，68%的埃及人认为，美国不是希望埃及人民能够掌控自己国家的未来，而是正在试图对埃及的未来政治施加影响。在对待美国援助上，虽然埃及当前十分需要经济上的支持，但大部分人（75%）反对美国针对某些特殊政治组织进行援助。与之形成鲜明对照的是，有88%的民众仍然将美国作为他们的建国榜样。这也说明埃及人在对待美国援助方面的冷静态度，他们明确反对的是美国的有目的的政治援助，而不是反对美国的政治原则。

民众对美国提出以下建议：① 通过支持民主原则保护埃及政体的独立性，而不是支持个别政治派别；② 把资金投在那些社会需要的、可视的贸易中，而不是所谓的“民主促进”上；③ 全身心地去解决巴以冲突。

3. 教训

当然，这次埃及革命也付出了血的代价和巨大的经济损失，包括（1）造成了巨大的人员伤害。这次革命和示威造成大量人员伤亡，其中很多是年轻人。（2）经济上蒙受了巨大损失。旅游业是埃及的主要经济支柱，为埃及提供了13%的就业岗位，贡献了11.3%的GDP。由于政局动荡，当年埃及游客数量比动荡前一年同期减少40%，损失超过20亿美元。埃及8000万人口中贫困人口占40%，30岁以下年轻人的失业率超过50%。（3）革命的果实有被武力拥有者窃取的可能。在政治层面，革命将独裁者穆巴拉克送进了囚笼，却可能迎来军人独裁，“除了没有穆巴拉克，其他一切都没改变”。军方在交权方面拖拖拉拉，军方控制的临时政府还在2011年10月份提出了制定“新宪法”的“指导方针”，规定100人的制宪委员会中80多人要由军方指派；未来军方行事和军方开支，不受文官政府监督。这样的政治进程，完全背离了埃及社会的期待。

从世界范围来看，不同的国家有不同的民主模式，埃及的未来朝哪个方向过渡，还存在着很大的争议。但毫无疑问，更广泛的全民参与，明确选举条件，宪法改革的范围和顺序等将成为埃及未来必须要做的。而当下，军队在埃及民主中扮演着更为积极的角色，建立独立的司法体制和有效的安全部门必不可少。

（三）两种模式的比较及启示

1. 社会过渡方式不同

肯尼亚模式的社会过渡方式是由上而下的，是统治者在面临内外双重压力以及社会机遇时顺应历史潮流而为；而埃及模式则是自下而上的，是底层发现改革无望而诸多社会问题无法得到解决，最终失望演化成示威、革命的。

2. 社会破坏程度不同

肯尼亚模式只在零星枪响后就实现了宪法改革，对于社会及经济的破坏性很小；而埃及模式则造成了大量的伤亡，经济损失也比较惨重。

3. 宪法理性程度不同

肯尼亚宪法改革确定后，得到了大部分民众的支持，因此有时间、有条件进行广泛的社会讨论和比较全面的理性型构；而埃及则是社会矛盾的集中暴发，可以说没有明确的组织者，没有明确的一揽子纲领，因此来不及理性型构宪法，革命后在社会中还存在巨大的思想差异，只能依靠革命后不断试错，从而找到社会治理过程中民众共同接受的方案。

4. 公民意识的普及不同

公民意识是一个国家正常存在的前提和基础，培养公民意识一方面是权利意识，一方面是规则意识，也就是守法意识。二者相辅相成，不可分割，毕竟守法的前提是该法能够保护公民的权利。肯尼亚宪法在制定过程中广泛征询意见，几乎每一个公民都能够深刻理解社会科学特别是宪法科学的科学性，使宪法修订成为一次重要的、有利于社会治理的公民意识普及活动，未来也会更加理性平和地争取社会进步。而埃及模式则激发了人们不遵守法律通过暴力解决问题的意识，埃及本来就有不管“有理没理”都去游行示威的惯例，这次革命必然会加重这种意识。

5. 社会效果不同

肯尼亚模式实现了权力合法化，而实现的途径并未大幅度触及原来社会成员的核心利益，从长远而言却是维护了他们的利益。肯尼亚模式通过社会公平体制的重构，权力和利益的重新分配，调动了全社会的积极性；而埃及模式则彻底剥夺了以穆巴拉克为代表的传统势力的利益。埃及革命者明确表示，所有穆巴拉克及其家族在位时剥夺的广大人民的财富都要“吐出来”，而穆巴拉克这位阿拉伯世界的枭雄在笼中受审的一幕也足以让人震撼。然而，革命的果实现在仍然没有完全回到民主派的手中，反而被军方所窃取。

虽然目前尚不具备充分的时间条件检验肯尼亚宪法改革与埃及革命后的效果，但可以想到的是，制度，特别是顶层制度若设计科学，其他权力配置就会更顺畅，经济运行就会更有活力，人民的权利就会更加有保障，人民会更加有尊严，生活更顺心。所谓顶层制度设计科学，核心就是宪法设计科学。判断一部宪法是否科学，关键在于是否符合人性，符合人性的宪法既有助于促进社会公正，也能最大限度地激发人的潜能。人性中有善有恶，有野心有欲望也有互助友爱的一面。激发人性的潜能就可以促进人类社会的进步。

把人性中的恶设置上枷锁，通过对权力的分立与制约、对权利滥用的限制、对责任与义务的界定，把恶放在盒子里。那些妄图打开“潘多拉魔盒”的人随时都可能被确定无疑的制度惩罚。张扬人性中的“善”，用制度保障“善”得到尊重和鼓励，可以促进人的素质提高和社会良好风气形成。

8 宪法的实施

既然宪法是人类理性的象征，人民通过宪法把权力授予政府来管理人民，如果政府权力滥用，违反宪法而没有任何办法予以纠正，人民就没有了武器。现代国家的实质就是保证国家机器在宪法的轨道运行，任何与宪法不一致的行为都应当得到纠正，或者彰显出宪法的价值。

纵观人类发展的历史，我们甚至可以说，人类的文明史是一部诉权的扩展史。早期人类的诉权有限，统治者不希望人民起诉反抗，古代拥有诉权的人更多的是达官显贵或有关联的人，普通老百姓要想诉讼获得公平裁判并不容易；即使达官显贵想拥有诉权依然有一定的随意性，有可能大，有可能小，也有可能没有。人们的经验教训已经反复告诉人们，说得再好都没有做得好重要，要想让权利得到实现，救济制度的设计与完善是前提和基础。到今天，法律面前人人平等，民可告“官”，规范性文件甚至立法违反宪法及精神都可以得到一定程度的救济已经成为常识。“无救济即无权利”的原则已经深入人心，在世界范围内得到了广泛的认同。“无救济即无权利”也已经不再纠缠于到底是先有救济还是先有权利这种讨论，而是强调权利一定要与救济相伴而生、相伴而行，特别是没有救济，权利的规定也只是镜花水月，从这个意义上讲，也是相伴而亡。“找个地方说理”是人的本性的必然要求。对权利救济原则的历史梳理和语义分析让我们更有理由相信，诉权还将进一步扩张，任何权利都具有实质的救济性会成为趋势。权利救济的制度在中国不断丰富和发展，违反宪法可以得到有效救济已经在路上。

一、各国的宪法监督实施机构

中国是世界最大的发展中国家，正在朝着实现中华民族伟大复兴的中国梦大步迈进。在以习近平同志为核心的党中央的领导下，全面深化改革的浪潮正在也必将更加深刻地改变中国社会。习近平总书记指出，“宪法的生命在于实施，宪法的权威也在于实施”[①]。并要求把全面贯彻实施宪法提高到一个新的水平。在这里，我们将讨论各国宪法实施的机构及相关案例，为我国宪法落地生根提供可资借鉴的经验教训。

（一）英国

各国根据自己的政治体制，建立了符合本国国情的宪法监督实施机构。英国是世界上最早打破皇权政体，建立起以议会为核心的政治体制的现代国家。英国采用的是议会至上的政权组织形式，也就是议会具有至高无上的政治地位，其他国家机关由议会产生，对议会负责，受议会监督。2000年以前英国的上议院也是英国的最高法院，对它而言修改宪法，也并非难事。因此在英国，很难建立起对议会立法进行纠偏的宪法监督实施机构。立法机构内有个委员会进行事前的立法审查，更多发挥震慑的作用。直到20世纪末，随着英国议会及司法体制改革，法院从议会中剥离出来，加之当时加入欧盟的需要，英国通过了《人权法》并确立了英国的宪法监督实

英国议会

① 《习近平谈治国理政》，外文出版社2014年版，第138页。

施机制。对于《人权法》，议会被要求必须解释或修改得与《欧洲人权公约》相一致；如果公权力机关的行为与公约不一致，那么该公权力机关的行为就是不合法的。此外还授权法院行使审查议会立法的权力。根据《人权法》，英国法院在历史上第一次有权依据这些被法典化的基本权利审查议会立法。《人权法》也因此被视为英国走向一个真正宪法国家的里程碑。

不过，英国在历史上是一个强议会弱司法型国家，能否充分发挥法院在宪法审查中的作用还需要拭目以待。

（二）美国、日本

1. 美国

英国在20世纪末改革之前根本算不上三权分立的国家，但美国则是一个典型的三权分立的国家。之所以能够形成三权分立的格局，很大程度上在于美国法院拥有对宪法实施进行监督的权力，有权对美国国会及各州议会的立法，总统、州长及其下属人员的行为等进行是否违反宪法的监督，对不符合宪法的直接宣告无效，这才能与管着钱袋子的立法机关和管着社会种种事务的行政机关形成制衡。

不过，美国的宪法监督实施机制只存在于诉讼中，不存在脱离诉讼案件单纯的对一般立法的违宪审查。在他们看来，正式案件中才可能发现宪法问题，宪法监督实施与一般司法管辖不应该有什么分别，也无需特殊对待。在案件审理中，只有当事人提出某项法律可能违反宪法的问题时，法院才能在具体判决中对有关法律、法令的违宪问题做出裁决。也就是说，没人告状，法院不能进行是否违反宪法的事前审查。最高法院有权通过调卷令对下级法院的判决进行审查，但最高法院并不是只审查宪法内容，而是要对移交的全部案件进行全面审理，对事实部分、法律部分以及法律的合宪性等均要做出全面的衡量。

2. 日本

二战后，日本政府受美国影响，以美国为原型设计了他们的宪法监督实施制度，以法院作为宪法监督实施机构。根据《日本国宪法》第八十一条的规定，最高法院是拥有宪法监督实施权的终审法院。关于地方法院是否拥有宪法监督实施权，宪法没有明确规定，但在司法实践中，地方法院也拥有宪法监督实施的权力。日本法院的宪法监督实施方式同美国一样，也是附带式审查，有案子才附带审查是否违宪。但自日本有宪法监督实施制度以来，违宪的案件数量极少，人们开始质疑法院对国会、政府行为进行纠正的勇气和面对问题、解决问题的魄力。因此，现在也有一些呼声主张改变现有模式或者提升法院审查力度等，他们认为，日本现在的这项制度还远远没有达到通过裁判过程运用宪法来保障人权、限制政府行为、维护宪法秩序的目的。

日本的地方法院在宪法监督实施方面相较于最高法院，则勇敢得多，但地方法院做出的违宪判决经常被最高法院驳回。这个情况估计跟日本最高法院法官的任命与内阁关系过于密切有关。可见，实现任命上的平衡对于准备建立宪法实施机构的国家也是一个应当考虑的问题。但无论如何，日本宪法监督实施制度产生了明显的积极影响。通过司法机关对议会的立法活动、政府的行为进行宪法监督，这一程序本身就会对议会和政府形成一定的震慑力，使议会和政府在行使权力的过程中更加谨慎，不得不考虑宪法规范的存在，同时，在一定程度上也有助于限制政府滥用权力并保障公民权利。宪法诉讼的存在本身就会对于形成宪法意识、促进宪法共识产生一定的影响，特别是一些最高法院做出的著名的宪法判例成了社会关注的焦点，使人们更多地认识到宪法的存在，提高了社会公众的宪法意识和人权意识。

（三）德国、法国

1. 德国

德国、法国既有欧洲议会至上的传统，比较尊重立法权，又吸收借鉴了美国司法机关的独立性，我更愿意称之为兼容式的政治体制。在宪法监督实施机构的设计上，德国、法国既不同于英国以前的弱宪法审查机制，也不同于美国法院的宪法审查制度，而采取了另起炉灶、另建一个机构的做法，避免了政治体制的冲突，也最大化地确保了宪法的实施。德国建立了独立的宪法法院，法国建立了独立的宪法委员会。

与美国不同的是，德国的宪法法院不仅可以就违反宪法的案件单独进行审判，有独立的宪法诉讼程序和独立的宪法判决，也可以直接对法律和法规进行审查。为了防止人们滥用诉权，随意提出对法案违宪的诉讼，使立法处于不确定的状态，他们还有一个机制设计，即要求此类审查的提出者只能是联邦政府、州政府或者联邦议院的议员。在普通诉讼中，当法院“发现”法律“违宪”时，要立即停止诉讼程序，将案件“移交”给宪法法院审理，一般法院自己不能进行是否违反宪法的审查。而宪法法院只对案件中法律是否违反宪法进行裁判，而不审理发生于当事人之间的具体的权利义务关系，不能干预原适用该法律所审理的具体的民事案件或刑事案件，更不得代替原审的一般法院所审理的民事、刑事案件。宪法法院审查完毕后，将审查结果告知提交宪法监督实施的法院，法院再根据宪法法院的审查结论确定该案的法律依据，并对该案做出终审裁决。其实，这也是对宪法法院的一种分权。当然，还有对普通法院的权力制约，即在诉讼时，如果当事人违宪审查的建议不被普通法院接受，没移交给宪法法院就其合宪性进行审查，而是直接依据该法律做出法律裁判，当事人如果坚持认为所依据的法律违宪了，可以在普通法院做出终审法律裁判后，把普通法院所依据的法律是否合宪，向宪法法院提出诉讼。

2. 法国

法国早期设计了一个独立的宪法委员会，审查法律的合宪性。但是最早设立的这个委员会其实用处不大，因为它只负责审查尚未颁布生效的法律草案。如果宪法委员会宣布违宪，则法律不得被颁布实施。但是法律一旦颁布之后，即使存在合宪性的疑问，宪法委员会也无权进行审查。它其实只是一个立法机构滥用权力的震慑机构，用我们常人的理解，就是吓唬吓唬立法机关而已。直到 2008 年 7 月，法国通过了宪法修改的方案，改变了法国宪法委员会事前审查的模式，实行事前审查与事后审查相结合的方式。也就是说，从那时以后，法院受理的一般诉讼案件中，如果当事人提出请求，认为案件所涉及的法律条款侵犯了宪法所保障的权利和自由，那么法院应该中止案件的审理，根据其所属的司法管辖体系提交最高行政法院或者最高法院进行审查。如果最高行政法院或最高法院认为确有必要，再转交宪法委员会进行审理。据说，在原来的改革方案中曾考虑由最初受理案件的法院直接向宪法委员会提起审查请求，不过最终的文本是设立“过滤机制”，由最高法院或最高行政法院作为“调节法院”，向宪法委员会提出申请。这样的设计可以避免宪法委员会受到超出其工作能力的大量案件的困扰。显然，经过这次改革以后，公民可以对生效的法律提出审查的请求，从而使法国的宪法监督实施方式兼具“事先审查”和“事后审查”的特点，扩大了对公民权利保护的范围。

（四）韩国

亚洲各个后发国家和地区也纷纷依据自己的国情设计了宪法监督实施机构，其中韩国是比较有代表性且运行较好的范例。

韩国的宪法监督实施机制并非一劳永逸，而是经历了极为艰辛的探索过程，从而使韩国成为唯一一个试验过世界上所有成功的宪法监督实施模式的亚洲国家。从宪法委员会到宪法法院和法院审查，再到20世纪70年代新的宪法委员会，韩国的宪法监督实施制度几经波折，反复博弈，直到20世纪80年代，韩国制定并通过了新宪法，才确定了现有的宪法监督实施机构。1988年韩国国会通过了新《宪法法院法》，宪法监督实施制度开始步入正常轨道，以宪法法院作为宪法监督实施机构。韩国宪法法院兼容了各国的不同做法，其宪法实施监督对象非常广泛，既包括法律，也包括权力之间的界限，公民的宪法诉愿等多个方面。韩国法律规定，一旦宪法法院判决一项法律违反宪法的规定，宪法法院可以同时宣布该法律无效，同时要求国会在规定日期内进行修改，或制定新的法律。但该违宪判决原则上不溯及既往。

二、宪法实施案例选

我们选取了以下案例：包括没有按照社会发展后宪法的精神实施的案例、促进社会发展的案例以及至今还存在争议的案例，希望能给大家一些关于如何构建我国宪法监督实施方式的思考。

（一）“斯科特诉桑福特案”及其影响

我们知道，美国1787年制定宪法的时候，虽然在制度建设方面做了很多的考虑，但是基于当时的历史情况，仍然有很多局限性。比如，宪法并未明确而坚定地反对奴隶制，黑人仅被当作是白人的财产，他们不是美国公民，也不受美国宪法保护。

随着时间的推移，经济发展要求普遍性的人之为人的权利，毕竟创造性主要来源于人，而非工具和奴隶。人们的权利意识、文明意识也自然开始萌生。这时，美国北部的一些州开始废除奴隶制，且法律规定一个奴隶一旦到过自由州，就自动获得并且此后一直拥有自由人的身份。即便如此，那个时候的美国，与一个文明社会相比，还仍然有一段距离。

这是我们今天要讲的臭名昭著却影响深远的“斯科特诉桑福特案”的开端。

斯科特出生于1799年的弗吉尼亚州，出生时的身份是黑人奴隶。斯科特曾随着他的主人、军医埃默森东奔西走。他曾随主人迁居到《密苏里妥协案（1820）》规定的禁止蓄奴的州，并在主人的允许下结婚，因此以当时的法律可以获得自由。但这个时候，斯科特并没有主张自由人的身份。而后，在1838年斯科特回到了蓄奴州密苏里州。再之后，主人埃默森死了，斯科特在其遗孀桑福特手下生活得并不舒心，于是在1846年4月，为了自己和家人的自由提起诉讼，理由是自己曾随埃默森医生到过自由州伊利诺伊和《密苏里妥协案（1820）》规定的排除奴隶制的地区，这样的过程已经使他成为自由人，而他的妻子和孩子也应当是自由人。

斯科特最初在密苏里州巡回法院提起诉讼。1850年，陪审团做出了有利于原告斯科特的裁决，斯科特暂获自由。随后，埃默森的遗孀桑福特上诉到密苏里州最高法院。1852年3月，密苏里州最高法院3位法官以2：1的票数，推翻了下级法院的判决，判定斯科特仍然是奴隶。1854年12月，斯科特将该案上诉到美国最高法院，请求自由人身份。1855年12月，美国最高法院受理此案，最终，以坦尼为首席大法官的最高法院，以7：2的比例做出了不利于斯科特的裁决。坦尼等依据“宪法原义”认为，美国人制定宪法时，就没有把黑人当成公民，“他们当时被认为是一类从属的、低人一等的人”，他们只是公民的财产，根据美国宪法，未经正当法律程序，不得剥夺任何人的生命、自由和财产。一个国会竟然颁布法令规定，仅仅因为公民自身或携带他的财产进入合众国某一自由州，而公民本身并没有任何违法行为就没收本州公民的财产，是一件令人感到羞耻和滑稽的事情。因此，最高法院最后判定，一个奴隶一旦到过自由州，就自动获得，并且此后一直拥有自由人的身份的法案因违反宪法原义而归于无效。无论斯科特本人，还是他的任何家人，都不能因为进入自由州而获得自由。坦尼的这段宪法说理以宪法中“未经法定程序不得剥夺财产”这一规定优先于宪法中“一个人应该拥有的自由权”的规定，在今天看来，显然是更加令人感到羞耻和滑稽的事情。正如美国宪法学者大卫·科里说的那样，“如果没有其他可能，种种站不住脚的、差劲的和多余的宪法论证仅表明了要不惜一切代价得出预定结论的决心”。

斯科特诉桑福特案

当时，作为伊利诺伊州共和党参议员的林肯多次抨击“斯科特诉桑福特案”的判决，驳斥认为黑人不受独立宣言和宪法保护的观点；而他的政治对手道格拉斯则从宪法赋予最高法院权力和正当性的角度为“斯科特诉桑福特案”的判决做出辩护。林肯在这一时期发表了那篇《分裂之家不能持久》的著名演说：“我相信我们的政府，不能永远忍受一半奴役一半自由的状况。我不希望联邦解散，我不希望房子崩塌，但我的确希望它停止分裂。”

“斯科特诉桑福特案”的判决表明美国最高法院承认了州权的有效性，尤其是各州有权自行决定奴隶制在本州是否合法，而不用考虑国会的意见。本来人们正在逐渐接受社会的文明与进步，但这一判决无疑是对旧秩序的维护和确认，背离了宪法中“平等”的根本性原则，也背离了美国《独立宣言》的根本要旨。《独立宣言》中提出“人人生而平等”，为了保障生存权、自由权和追求幸福的权利，人们才在他们中间建立了政府；而政府的正当权力，则是经被统治者的同意而授予的。我们知道，无论什么种族、民族，无一例外，都是渴望幸福、渴望自由、渴望得到尊重的鲜活生命，即使是社会地位不高的黑人也应该享有基本的人权，也有获得自由的权利，也应该受到公平的对待和法律的保护。而坦尼以维护奴隶制为出发点，做出了司法决断，进一步激化了原已对立的南北矛盾。判断一出，就连那些原本对奴隶制争端漠不关心的北方人，也认为这一判决是令人震惊和道德败坏的，并加入了废奴主义者的阵营。双方的矛盾更加尖锐，之后爆发“约翰·布朗起义”，起义被镇压后，南北战争爆发。坦尼的“斯科特诉桑福特案”判决也因此被后世普遍认为是南北战争的导火索，被牢牢地钉在了美国最高法院判决的耻辱柱上。

“斯科特诉桑福特案”告诉我们，人类社会在不断向前进步，在关键的时间节点上，对社会有重大影响的人应该做出符合社会发展趋势，有利于国家民族进步的决定。这个判决严重削弱了联邦最高法院至少在一代人心目中的威望。南北战争结束后，美国通过了宪法第十三、十四、十五修正案，这三项修正案因为主要涉及战后社会秩序及重建，因此又被称为“重建修正案”。这三项修正案规定，“所有在合众国出生或归化合众国并受其管辖的人，都是合众国的和他们居住州的公民”。这三项修正案的通过，不但废除了奴隶制，还大大保障了黑人的民权，特别是黑人的投票权利。

不过，理想虽然丰满，现实依然骨感。南部各州制定了所谓的黑人法典，依然把黑人视为劣等公民。尤其是以前的南方各州，种族隔离的情绪依然十分强烈。从 1876 年至 1965 年，南方各州及地方政府相继制定、实施了各种各样的种族隔离法律，后人将这些法律以 19 世纪歌舞剧中一个思想保守老套的黑人吉姆·克劳命名，统称为“吉姆·克劳法”（Jim Crow laws）。

（二）“普莱西诉弗格森案”及其影响

1896 年美国最高法院做出了“普莱西诉弗格森案”的判决，这个判决在美国历史上占有重要地位，它再次维护了种族隔离的合法性，使得美国南部各州在公共场合实施的“隔离但平等”的种族隔离法延续了半个多世纪，直到 1954 年最高法院判决“布朗诉教委案”以及国会于 1964 年通过《民权法》、1965 年通过《投票权法》后，南部各州实施的种族隔离法才彻底消失。

实施种族隔离的一系列法案统称“吉姆·克劳法”，它的立法依据是“隔离但平等”，虽然在公共场合为所有人提供平等的设施或待遇，但要把白人与黑人分隔开来，使得白人与黑人生活在不同的区域中，减少接触。在南方各州实施种族隔离法律的场所包括公立学校、公共交通设施、餐厅、公立图书馆、公共体育场馆等。

1890 年，路易斯安那州众议院通过了一项法案，其中第一节规定：本州的所有铁路公司在运送旅客时，都必须为白人和有色种族提供平等但隔离的设施，可以为每列客车设两节以上的车厢，也可以把一节车厢分为两部分，以保证设施的隔离。该法同时规定了不遵守此规定的处罚措施。据称，此举能够提升旅客的舒适程度。根据当地一份报纸的报道，“本州的白人几乎全体一致的要求制定这样的法律”。这样的法律还持续在南部其他州蔓延。

这些法案引起了非洲裔美国人以及一些白人的不满，许多人认为这样做侵犯了人权。荷马·普莱西的祖父来自德国，祖母是被解放的黑人，有八分之一的黑人血统。根据当时的路易斯安那法律，普莱西被认为是有色人种。1892 年，普莱西因坐上白人专车，违反了种族隔离法律而被拘捕。初审判决认为，铁路公司有权按照州的法律分隔白人与黑人，普莱西犯了法，被判罚款 25 美元。普莱西当庭不认罪，并提出上诉，官司从州最高法院一直打到联邦最高法院。

最高法院认为，此案涉及宪法基本权利的主要问题有两个：一是路易斯安那州强制做出黑人白人车厢分隔的规定是否违反宪法恢复黑人自由地位的规定；二是该州有关本案的法律是否违反了宪法第十四条修正案所给予黑人的宪法保障的规定。

联邦最高法院多数法官认为，白人和有色人种本来就有肤色的差别，这是个事实，一部指明这种肤色差别的法规，并不损害两个民族的法律地位，也不会建立起一种奴役性的服务状况。尽管联邦宪法中规定了两个种族在法律面前完全平等，但是并不想取消由于肤色不同而形成的差别，也不是想在两个种族的任何一方不满意的情况下，强迫实施两个种族的社会平等，或把两个种族混合在一起。当两个种族有可能互相接触时，法律允许甚至要求把两个种族在空间上隔离，这并不意味着一个种族在地位上低于另一个种族。因此判决路易斯安那州“隔离但平等”法令不违反宪法关于废除奴隶制的第十三、十四条修正案。这一案件把宪法中的平等权理解为只要平等对待了，就是平等权的全部内涵，显然有意缩小了平等权的实质内容。

普莱西虽然没有赢得判决，但他表示：“我们作为自由人，仍然相信我们是正确的，我们的事业是神圣的。”最高法院判决以后，确定了“隔离但平等”的原则，为南部各州的种族隔离奠定了法律基础。自此之后，种族混合学校被认为是非法。

（三）“布朗诉教委案”及其影响

“布朗诉教委案”是美国宪法历史上一个著名的改革及进步意义的案件，是真正落实美国种族之间宪法平等权的一个里程碑。

20 世纪 50 年代初，堪萨斯州的布朗夫妇要求当地学校允许他们的孩子在专为白人子弟开办的学校上学，但被拒绝。布朗夫妇根据宪法第十四条修正案关于平等保护的原则，向地区法院提起诉讼。地区法院以 1896 年

“普莱西诉弗格森”一案中所确立的“隔离但平等”原则为依据，判决布朗夫妇败诉。1954 年，布朗夫妇以同样的理由再次上诉到联邦最高法院，控告堪萨斯州托皮卡地方教委在学校中实行公开隔离的种族歧视违反宪法。

同时，在南卡罗来纳州、弗吉尼亚州、特拉华州和哥伦比亚州的一些被拒绝进入白人学校的黑人儿童也通过他们的法律代理人请求法院援助。他们的诉讼请求除特拉华州的案件外，均没有获得初审法院的支持。所以他们也把案件上诉到了美国联邦最高法院。而且，特拉华州的格伯哈特诉贝尔顿一案也被移送到了美国联邦最高法院。所有这些案件被最高法院认为涉及一个普通法上的法律问题，从而作为一个集团案件对待并进行审理。

最后，最高法院沃伦大法官代表法庭阐述了他们的多数意见，他们认为，孩子的教育对社会太重要了，它是公民未来享有权利与履行义务的基础，也是未来一个人生活的基本条件。如果某个孩子受教育的机会被剥夺了，那么指望他今后在生活中获得成功是令人怀疑的。因此，接受教育这种机会必须是基于平等条件的所有人都可以获得的权利。之后，沃伦大法官他们为了避免“隔离但平等”的普莱西案先例，没有简单地从平等与不平等的概念来考虑这个问题，而是运用社会学的思考方法指出，把年龄和资质相当的孩子仅仅因为他们的种族隔离开来，会使孩子在社会中产生差人一等的感觉，这会对他们的心灵和思维造成难以复原的影响。这实质上是在黑人儿童和白人儿童之间造成了实质的不平等，违反了宪法第十四条修正案的平等保护原则。因此，最后判定，在公共教育领域，“隔离但平等”的原则没有它的位置，黑人儿童应当获得进入白人学校的权利。

布朗诉教育委员会案件的终审判决终于推翻了“隔离但平等”的原则。最终，在社会大势所趋和民权运动风起云涌的大背景下，美国国会先后在 1964 年、1965 年和 1968 年通过了三个被统称为“第二次解放黑奴宣言”的民权法案，从法律上彻底结束了种族隔离和种族歧视制度。

民权法案的通过虽然使黑人在法律上获得了平等地位，但要完全铲除种族歧视遗留的恶果、实现真正意义的种族平等还需要一定的时间。但是，我们也不能否认，经历了从“斯科特诉桑福特案”到“布朗诉教委案”两个多世纪，美国社会从种族奴役走向解放奴隶，从种族隔离走向民权运动，从取消法律上的不平等走向对少数族裔、妇女和残疾人等弱势群体利益的刻意维护，不能不说是一个伟大的历史性进步。

从以上三个案件中，我们能够清晰地感受到，总有一部分人希望延续自己的特权，斯科特时期的南方奴隶主、许多白人都是如此。而唯有像林肯那样能够把国家与民族的利益，把社会正义置于个人或者小团体利益之上的英雄，才会永久地铭刻在人类历史的丰碑上。相反，像“斯科特诉桑福特案”的大法官坦尼那样，留给历史更多的是骂名。就像任何事件都有多种声音一样，“斯科特诉桑福特案”的判决也有人认为，它有助于促进民主党内的团结，有其正面的意义。但即使持这种论调的人也无法否认“斯科特诉桑福特案”本身的可鄙性及其对历史的负面性。就如同清末中国的变法，我们的那个老佛爷慈禧，时时刻刻想着的都是自己的权力会不会有损失。也有人认为，只有慈禧才能保住大清没有直接灭亡；但在我看来，只有关键时刻做出符合国家利益选择的人才值得长久怀念，否则只是为遗老遗少们提供茶余饭后的谈资罢了。慈禧及其后继者的保守和不愿按照社会发展规律做出妥协的举动，最终促进了清王朝的覆灭。

宪法规定得再美好，也需要通过实施来得到验证。正义不仅要实现，还要以看得见的方式来实现，宪法得到实施是那么美好的宪法实现的必要方式。一般而言，包括宪法裁决在内，有效的司法裁决是缓和社会矛盾的重要方式，但从这些案件中，我们明白，仅有宪法监督制度还不够，一个宪法判决，不同的法官会有不同的立场和不同的理解，也总是会有多种多样的解释。但从历史长河来看，有的解释是促进社会发展，符合社会趋势；有的解释是违背社会潮流，阻碍社会进步。用美国历史学家大卫·波特的话说，“德雷克·斯科特判决之所以失败，是因为法官们遵循了狭隘的法条主义，导致了他们将宪法置于美国基本价值的对立面（或者说人类价值的对立面），他采取了一个站不住脚的立场”。而美国宪法学家艾斯格鲁伯说得则更为明确，坦尼的错误在于他对正义漠不关心。他采纳的是一种无视正义诉求的原义主义，他用他那完全没有道德原则的方法论，做出了一个极不道德的判决。

如何确保宪法监督制度有效运行，习近平总书记曾指出，那就是努力“让人民群众在每一个司法案件中都感受到公平正义”[①]。感受到了公平正义，宪法和这个国家就往前又迈了一步。而涉及平等权的问题在当代中国也不仅只是个理论问题，更是个实践问题。这些问题都可以通过有效的宪法监督实施得到保障，一次好的宪法裁决比 10000 个有良知的声音更有用。

---

① 《十八大以来重要文献选编》（上），中央文献出版社 2014 年版，第 529 页。

平衡是宪法的核心精神，任何极端的思想和做法在实践中都是不可靠的，也应当通过宪法实施加以纠正。一个又一个科学的宪法裁决，一轮又一轮恰当的价值判断，一步又一步扎实的转型步伐，人类的理性就会慢慢回归，人们的心情就会慢慢平复，社会稳定性的投入产出比就会大幅提高，社会的幸福指数就会越来越高。

（四）我国台湾地区男女平权案

我国台湾地区 20 世纪 90 年代发生了一起男女平权问题案件，有个叫孙德宾的老公，在大儿子两岁，小儿子还在襁褓中时，有了外遇，因此夫妻间争吵不断。之后，丈夫与婆婆联手把自己的老婆梁秋蓉撵出家门，并且数日之后将二儿子也丢给梁秋蓉抚养，然后又诬陷老婆趁家人不注意私自把小儿子抱走，且不履行夫妻同居义务，试图和梁秋蓉离婚。用我女儿的话说，这位老公太狠了。因为本来长子是丈夫家照顾，次子由梁秋蓉带在娘家，并逐渐成为她的精神支柱，而孙德宾又向法院提请交付子女，想把二儿子也要回夫家。当时台湾地区所谓“民法”第一千零八十九条的规定很有旧时的特点，它规定，父母对子女权利之行使意见不一致时，由父行使之。换句话说，对孩子主张任何权利最终是要以父亲的意见为准。也就是说这个案件中，关于子女抚养问题，父母意见不一致，得听父亲的。后来经历了几级台湾地区司法机关的判决，都判定丈夫孙德宾胜诉。期间，孙德宾向法院提请强制执行，要带回次子。梁秋蓉当然不服，申请“大法官”解释所谓“宪法”。那么，台湾所谓“民法”第一千零八十九条是否违反所谓“宪法”保障男女平等权的规定呢？

台湾所谓“释宪大法官”的结论是：家庭关系应当适用所谓“宪法”中平等权以及两性地位实质平等的规定，男女只有在特殊情况下才可以差别对待，这个特殊情况只有在基于男女生理上的差异并且基于生理差异所造成的社会角色不同时才可以认定为合乎宪法。“大法官”这段话本意是想说，男女是平等的，有时所设定的职业，比如搬砖，这种生理差异造成的某种要求不能认定为歧视。即便如此，仍遭到台湾许多学者的质疑，认为这个“筐”仍然太大，让人费解。所谓的“大法官”接着说，所谓“民法”第一千零八十九条规定是基于当时特殊的传统文化习俗和社会环境，但随着教育的普及，男女就业情况已发生改变，男人不再只是家庭的唯一支柱了。之前所提出的当父母意见不一致时，应以父亲的最后决定为准的规定，与现代的形势不相适应了。这与男女平等的宪法原则相背离，也与当前妇女在家庭中实际享有的地位不一致。因此该规定与台湾所谓“宪法”第七条男女平等以及消除性别歧视的意旨相悖，应该检讨修正。不过这个案子最遭人非议的地方在于，所谓“大法官”最后说，在台湾地区立法机构没有修正之前，本条文依然具有两年的有效期。这一“落日条款”也使梁秋蓉无法立刻用于主张自己的权利。这就造成了一个矛盾，一方面台湾司法部门要维护所谓的宪法秩序，另一方面，所谓违宪的条文没有立刻失效。后来台湾所谓的“司法改革”和“大法官释字 725 号”将这一矛盾予以处理，提出为消解“定期失效”制度所产生的不正义现象，以后如果“大法官”解释所谓“宪法”，宣告终局裁决所使用的法令于一定期限才失去效力，当事人也可以把这个案件申请再审或其他救济，而台湾地区的法律检察部门负责人必须提起非常上诉，“法院”不能以这个“落日法令”还在有效期内为由驳回当事人的申诉。对此又做了个解释，之所以宣告所谓“违宪法令”一定期限后失效，是基于对于相关机关调整规范权限的尊重，也为避免所谓“法令”立即失效造成法规真空状态或对法秩序骤然产生巨大的冲击，但是不影响所谓“法令违宪”的本质，由当事人申请再审或台湾地区的法律检察部门负责人提起非常上诉，有助于保护当事人权益，也有助于肯定当事人维护所谓“宪法”的贡献。

（五）2021 年全国人大法工委公布的备案审查案例

我早年主要研究宪法义务和检察权，后来更加关注法治实践，曾提出过国家长治久安、人民幸福舒适要靠法治秩序而不能一味强调稳定（《政治稳定与法治秩序——国家治理策略的抉择》〔2009〕、《法治化化解拆迁矛盾》〔2013〕、《法治化化解医患纠纷》〔2014〕、《法治化处理乞讨者问题》〔2015〕、《精准扶贫的关键在法治》〔2016〕）；执政党讲法治就是最大的讲政治（《依法治国是治国理政的基本方式》〔2014〕）；信访制度改革（《信访与司法关系实证考察》〔2012〕）;《花钱买刑的恣意防范》〔2011〕；监察委员会也应该有监督（《对监察委员会的监督制度设计》〔2017〕）；人的劣根性不是天生的，可以通过制度来改变（《科学的制度既能养君子也能防小人》〔2011〕、《人的劣根性是压制性社会的产物》〔2017〕）；诚信制度对于道德的培养（《用制度构建“诚信中国”》〔2013〕、《构建“诚信中国”的困难与解决之道》〔2014〕）；社会治理不能要么不管要么管死（《不能在“禁”

与“不禁”间徘徊》〔2016〕);《建立可行有效的宪法实施机制》〔2013〕;制度设计要避免有意创造稀缺(《稀缺和创造稀缺是万恶之源》〔2018〕);制度设计要关注细节(《细节决定制度成败〔2019〕);防控疫情也要遵守宪法(《恪守宪法底线,伤身不能再伤心》〔2020〕);语言上的腐败《少用大词,杜绝“语言形式主义”》;地方治理现代化(《责任超出权力易诱发不作为》〔2020〕,《绩效制度不应成为一种“剥削”手段》〔2021〕,《过度的“比”不是社会主义》〔2021〕)等。

在国家行政学院授课时设计了“中外改革历史比较”〔2012〕,“人性、权力与制度设计”〔2013〕,“预防腐败,制度为王”〔2014〕等推动制度改革。在备案审查制度设计上,提出过把“备案的案例公之于众”“以平等权为突破口推动合宪性审查”“合宪性审查决定的效力不仅来源于强力,还来源于说理”等建议。我们欣喜地看到,备案审查制度在习近平法治思想的引领下,在全国人大有关机关的推动下不断前行。2021 年全国人民代表大会常务委员会法制工作委员会关于 2021 年备案审查工作情况的报告首次公布国务院相关部门提出的合宪性审查建议的审查研究情况,以及公民提出地方性法规相关规定与宪法相关规定不符的审查建议的审查研究情况。重申了“国家尊重和保障人权”“无过错不处罚”“过罚相当”“正当程序”等基本法律原则和法治精神,这对于我们更加深入地理解宪法思维,哪些行为合乎宪法和宪法精神具有十分重要的意义。现分享这一报告备案审查中纠正部分,盼望更多宪法精神和法律原则在备案审查说理中体现出来。

国务院有关主管部门对有的民族自治地方民族教育条例等法规提出合宪性审查建议,认为条例中的有关规定存在合宪性问题,不利于促进民族交往交流交融。审查认为,宪法和有关法律已对推广普及国家通用语言文字作出明确规定,包括民族地区在内的全国各地区应当全面推行国家通用语言文字教育教学,有关法规中的相关内容应予纠正。经沟通,制定机关已废止有关法规。

有的地方性法规规定,有关行政部门为调查计划生育违法事实,可以要求当事人进行亲子鉴定;对拒不配合的,处以一万元以上五万元以下罚款。有公民对上述规定提出审查建议。审查认为,亲子关系涉及公民人格尊严、身份、隐私和家庭关系和谐稳定,属于公民基本权益,受宪法法律保护，地方性法规不宜规定强制性亲子鉴定的内容，也不应对此设定相应的行政处罚、处分、处理措施。经沟通，制定机关已对相关规定作出修改。

有的地方性法规规定，小区业主参选业主委员会成员的前提条件之一是必须“按时交纳物业费等相关费用”。有公民对此规定提出审查建议。审查认为，业主委员会是业主自治组织，其参选资格以业主身份为基础。业主未按时交纳物业管理费，属于业主违反物业服务合同的民事违约行为。地方性法规以此限制业主参选业主委员会的资格，与民法典的有关规定相抵触。经沟通，制定机关已对相关规定作出修改。

有的地方性法规规定，停车人应当按照规定缴纳道路停车费用，逾期未缴纳的，进行催缴同时并处二百元以上一千元以下罚款。有公民对有关罚款规定提出审查建议。审查认为，停车人逾期未缴纳停车费，行政机关催缴同时并处二百元以上罚款的规定，程序设置失当，规定的罚款额度与行政处罚法确立的过罚相当原则不符，建议制定机关遵循法治原则，从实际出发，在充分论证的基础上，调整完善罚款的额度和程序。经沟通，制定机关已对相关规定进行修改完善。

有的地方性法规规定，开锁、公章刻制、信托寄卖、金银首饰加工、废旧金属收购等特种行业从业人员利用该行业便利进行违法活动受过行政或刑事处罚的，终身不得从事该行业。有公民对此规定提出审查建议。审查认为，地方性法规对某些特种行业设定较为严格的从业资格条件，对维护公共安全有积极作用，但在法律、行政法规没有规定从业限制的领域，地方性法规作出相关从业限制规定时，不宜规定“终身禁止”，建议制定机关调整完善相关规定。经沟通，制定机关已对相关规定作出修改调整。

有的地方性法规对随意处置垃圾等行为规定的处罚，轻于修订后的《固体废物污染环境防治法》的规定；有的地方性法规对未按规定设置大气污染物排放口及其标志的行为规定的处罚，轻于修订后的大气污染防治法的规定。已要求有关制定机关对上述规定作出修改，确保生态环境保护领域法律得到严格实施。此外，还通过备案审查工作推动有关方面完善法律法规制度，支持地方开展地方立法探索。

国务院《婚姻登记条例》规定的办理结婚登记应出具的证明材料中，不包括婚前医学检查证明。有公民对此规定提出审查建议，认为该规定与《母婴保健法》关于结婚登记应当持有婚前医学检查证明的规定不一致。审查认为，自 2003 年 10 月《婚姻登记条例》实施以来，婚前医学检查事实上已成为公民的自愿行为；2021 年 1 月实施的民法典规定了婚前重大疾病的告知义务，将一方隐瞒重大疾病作为另一方可以请求撤销婚姻的情形予以规定，没有再将“患有医学上认为不应当结婚的疾病”规定为禁止结婚的情形。与国务院有关部门沟通，推动根据民法典精神适时统筹修改完善有关法律法规制度。

有的地方性法规规定，驾驶无号牌的非机动车上道路行驶，专用号牌电动自行车未按规定进行安全技术检查，驾驶禁止通行的非机动车上道路行驶，或者未按规定使用悬挂专用号牌的电动自行车的，由公安机关处五十元以上二百元以下罚款。有公民对上述规定提出审查建议，认为处罚幅度明显超出《道路交通安全法》有关规定。审查认为，《道路交通安全法》自 2003 年实施以来，随着社会的发展，出现了许多新的非机动车种类，数量多、速度快、安全性差，事故发生率、伤亡率高，社会危害性明显增加。地方人大基于道路交通安全管理的实际需要，通过制定法规对非机动车上路行驶的新情况新问题作出具体回应，既符合法律的原则和精神，又一定程度补足了法律规定的滞后。为发挥地方立法实施性、补充性、试验性作用，应当允许地方在合理范围内先行探索，逐步形成行之有效的经验，既解决实践急需，又为下一步修改完善国家法律提供实践依据。

9 宪法意识要求不能“一刀切”

习近平总书记指出，普及宪法知识，增强宪法意识，弘扬宪法精神，推动宪法实施。[①] 宪法意识是以宪法共识为基础，自觉运用宪法进行思考、判断、处理各种社会问题的一种独特的觉知，是对宪法价值（社会主义核心价值观）予以维护和对其侵犯予以警惕的意识，它内在含有人之为人的独立、权利、自律等自由和秩序的追求。

宪法意识至少包括：（1）在宪法和法律的框架下有自己的意志和行动自由；（2）在尊重规律的基础上宽容对待人的多样性；（3）不在非黑即白中做出极端性的抉择；（4）以解决问题为重点提出建设性意见……

一、在宪法和法律的框架下有自己的意志和行动自由

坚持依法治国首先要坚持依宪治国，坚持依法执政首先要坚持依宪执政。依宪治国、依宪执政是按照宪法意识来治理国家。现代宪法是以人民权利的现实为根本和信奉，人民谋求生存、自由及追求幸福的权利应当得到国家的尊重和保障。在宪法和法律的框架内，一个公民拥有自己的权利，这个权利是不得干涉的。即使遇到比如疫情等突发事件，这个干涉也要以“必要”为限。这里涉及三个问题：第一，人为什么要有意志和行动自由；第二，为什么要在宪法和法律的框架内；第三，为什么遇到紧急情况了，还要讲必要性。

① 《习近平对“五四宪法”历史资料陈列馆作出重要指示强调：普及宪法知识增强宪法意识 弘扬宪法精神推动宪法实施》，人民网，http://politics.people.com.cn/n1/2016/1205/c1024-28923806.html.

（一）人为什么要有意志和行动自由

人作为动物，一直保持着自主的天性、自我的意识；现代人作为高级动物，又明白这种天性不能侵害到他人的天性，我们称之为文明。宪法的存在就是肯定、呵护这些人之为人的天性，或称之为权利。换句话说，如果一个人不能拥有意志和行动的自由，很难说他是一个完整意义的现代人。这些权利和自由往往是一个人认识自我价值，满足基本需求所必不可少的，否则缺失的越多，生活就会感到越痛苦。没有自由的意志，人的创造性、责任感就不强，更为重要的是，缺失了什么，就会在其他的方面找补回来，以减少这种痛苦。比如古代社会人的尊严没有保障，我们看到就会层层下压，压到阿 Q 这个层面，没办法就“精神胜利”，但指望他们能够顺应历史潮流去做“对的”，很不容易。再如古代社会自由度不高，工作的主动性就不强，创造力也不足；古代社会财产权保护得不好，投资的积极性就低，再生产能力就差。“幸福”不是“姓什么”，而是人权的保障。人权保障的越充分，人们就会感到越幸福。社会越是牢固地建立在自由和自愿的基础上，就越能自由地取得一切成就。

（二）为什么要在宪法和法律的框架内

享受到自由的权利拥有者，一定会深刻地理解，自由与权利从来都与对他人的自由和权利的尊重密不可分。如果自由与权利只有一部分人享有，这些人所拥有的自由和权利就有无限扩大的倾向；而另一部分则会把精力集中于如何像他们一样拥有这种“特权”。这是古代等级社会的特点。这样的社会既不公平，也无效率。自由和权利是现代社会和现代人的追求，但这种追求需要在宪法和法律的框架内，需要考虑他人的权利和自由。

（三）为什么遇到紧急情况，还要讲必要性

习近平总书记指出，疫情防控越是到最吃劲的时候，越要坚持依法防控，在法治轨道上统筹推进各项防控工作，保障疫情防控工作顺利开展。[①]

突发紧急情况、出现应急状态，一般都会关乎一个国家和民族的安危，这个时候是不是意味着政府可以无所顾忌，想怎么办就怎么办了呢？紧急

① 《习近平主持召开中央全面依法治国委员会第三次会议强调 全面提高依法防控依法治理能力 为疫情防控提供有力法治保障》，《人民日报》2020 年 2 月 6 日。

状态是为群体利益不得不对自我权利做出更多限制，但我们必须明白，这种限制的目的仍然是维护自我的利益。这就要求在紧急状态下，也要尽可能谨慎地限制权利，防止权利被过度侵害。否则，这种侵害不但是当下的痛苦，还可能演化成为一种权力行使的惯性。特权很容易产生互害性，从历史看来落在自己头上的概率还不低。

国务院印发《关于做好公路交通保通保畅工作 确保人员车辆正常通行的通知》(以下简称《通知》)，提出了“五个严禁”：严禁擅自封闭高速公路出入口；严禁阻断国省干线公路；严禁硬隔离或挖断农村公路；严禁阻碍应急运输车辆通行；严禁擅自在高速公路服务区和收费站、省界和国省干线公路设置疫情防控检疫点或检测站。《通知》还强调，对擅自阻断公路交通基础设施、干扰公路运输正常秩序的，要严肃追究有关部门和单位的责任。

随着中央“依法科学有序防控”要求的不断落实，许多地方及时纠偏。如，北京市在 2020 年 2 月 1 日重申，任何社区、村、物业无权自行阻止体温检测合格返京人员进入；郑州市于 2020 年 2 月 7 日提出要求，全市社区（村）“既要科学合理严格管控，又要注重人文关怀服务”，不得禁止身份准确、体温正常、无其他异常状况的常住、租住、暂住人员出入本小区（村）；浙江省于 2020 年 2 月 9 日严令省内各地，对“无理由擅自升级管控措施”的行为切实加以制止，尽可能减少疫情防控对群众生产生活带来的不便影响。这是依宪治国的基本要求，也是宪法意识的体现。

前法治社会主要是形成制度意识，明白通过制度来解决问题；而后法治社会则要明白，法治不是冷冰冰硬邦邦的东西，而是充满温情的治理方式。紧急状态应当如此，正常状态更应当如此。

我在一本阅读量很大的杂志上曾读到过一个小故事：一位老人临终的唯一愿望是看看自己的宠物猫，但医院禁止宠物入内。她的家人把小猫包裹成孩子的模样带进了医院，护士说你家孩子的尾巴露出来了……这个故事中最温情的词是什么？“孩子”，言外之意，护士允许老人见宠物最后一面。这本来是个很温馨的故事，但作者把结论搞错了。作者认为，实现生活中“法治难免和人情冲突，当二者冲突时，法治要让位于人情”。

结论错在哪里？

护士的做法完全正确，让老人见到宠物猫恰恰符合法治的精神。如果护士“机械执法”，让老人这个并无什么严重影响的临终前愿望落空，才不是我们希望的法治社会。

上述案例中也蕴含了宪法中的一个原则——比例原则，也称合理性原则。

比例原则原是行政法上的原则，因其对公权力行使的基本普遍约束价值，也被纳入宪法学研究的视野。

比例原则广泛应用于很多领域，如游乐场的旋转木马，总用分贝很高的刺激性音乐，从而导致游客精神负荷过重。警察如果认为这种做法“有害健康”，可以命令减小音量或禁止放音乐，但不能将整个木马设施都强行关闭。如有的企业违反一些商业法令，如果有其他的温和手段予以禁止，就不应该采用吊销营业执照这种最为极端的方式。有的地方养猪污染环境，如果有办法能够让猪场避免污染或者达标，就不能一纸禁令禁止养猪。还有一种办法或许能够最为有效地选择出对当事人侵害最小的措施，那就是由当事人自己选择。具体到立法领域，在立法过程中广泛引入听证制度，让老百姓知情和有讨价还价的空间，有利于人们衡量自己的利益，进而选择最佳手段。但是参加听证的必须是真的利害关系人及其代表，而不能仅仅是一方的代表，而且听证的结果要对最终的结果产生实际影响。

1914 年，法国有个地方的行政长官认为有个人的房子影响了当地的景观，决定让这个人把房子拆了。这个人就起诉了，当地行政法院对行政长官的自由裁量权加以衡量，认为该地区不属于历史文物保护区，也没有特别的保护必要，以此来剥夺公民财产权而没有获得更为明确的社会收益，因此认定地方政府的这一决定无效。再如，1973 年 5 月国际劳工法庭首次使用比例原则。国际劳工组织的夜间守卫员因在执勤时睡觉而被解雇。法官认为，虽然这个守卫员工作有疏忽，但就本案事实以及这个守卫在过去 6 年的工作绩效来看，该解职的处分与所犯的过失是不符合比例原则的，或者说惩罚过重而不合理。

有个村子规定，从 2019 年 10 月 1 日起，该村不允许过满月、1 周岁生日、60 岁生日、搬家宴请、上学宴请、当兵宴请，葬礼不准披麻戴孝、不准进行祭奠活动……凡是以上情况，全村村民不准前去参加，否则，道德银行的星级积分给予降级，贫困生、转学、上户口等手续不予办理，是两委干部和党员的上报上级纪委，严肃查处和处理。这项规定的出发点可能是希望摒弃一些旧习，但涉嫌违反了宪法的精神。我们知道，披麻戴孝与转学、上户口之间没有任何内在的联系。违反规定过生日、披麻戴孝等，导致贫困生、转学、上户口等手续不予办理，这样的规定违背了比例原则引申出来的另一条原则，即禁止不当联结原则。

正如近来网络热议过的，有的父母拒不还钱或者真的无力偿还，能否剥夺孩子的受教育权？答案是否定的。绝不能因为父母的过错来惩罚孩子，如果真是如此就是不当联结。但是，限制上高收费的贵族学校则不属于不当联结。因为有免费的公立学校，仍选择去私立学校，意味着家里的经济条件并没有那么窘迫，欠债不还，相当于拿着别人的钱让自己的孩子读私立学校。《最高人民法院关于限制被执行人高消费及有关消费的若干规定》限制的只是其子女就读高收费的私立学校。

那么有的地方亲戚不拆迁，本人作为公务员就要受到惩罚是否构成不当联结呢？作为公务员，要求对其家属进行劝说，这无可厚非，但如果亲戚没搬家就要暂停其工作、停发工资，这样的做法是否符合宪法和法律的精神？我们大多数人会隐隐感觉这样的做法不合适。为什么不合适？我们说，这种做法违反了比例原则，目的与手段之间并不相关，或者更确切地说，叫做违反了“禁止不当联结原则”。有的管理者或许说，办法好使就行，只要达到了管理目的，你管我用什么手段呢？但是，历史告诫我们，个别的手段或者有用，但如果被普遍使用，随意地联结将会影响整个政府的公信，甚至使权力挣脱制度的笼子，成为驱使百姓的巨兽，给人类自由造成很大的损害。人类在解决了基本的物质需要后，最令人担忧的是没有合理预期，法治最大的功用是提供合理预期，从而大幅度增加人们的安全感。我们知道，在古代社会，把不当联结做到极致的有一个很残忍的制度，叫做株连九族，还有一次株连过十族。为了防止后代人报复，古代发明了这样一个“诛九族”的残忍罪名。什么是九族呢？就是从当事人起，往上数四代而至高祖，往下数四代而至玄孙，这八代人，如此再加上自己这一代，正好是九族。所谓“诛九族”，就是将这九代人杀得干干净净，一个不留。按常理说，诛九族是将当事人和其亲属杀光，直到杀无可杀，已经算是刑法之极。但是明成祖朱棣又发明了“诛十族”。大家知道，朱棣上位后想拉拢方孝孺，朱棣说，我本无心于皇位，现在打入南京，不过是效法周公辅佐成王而已。孝孺抬头瞪视：“成王在哪里？”这成王自然是指建文帝。朱棣做无奈状说：“他已经不见了。”孝孺仍不肯罢休，为什么不立成王的儿子或弟弟呢？朱棣的耐性终于消失殆尽："这是朕的家事，不劳你来多心！"叫方孝孺赶紧起草他的登位诏书。方孝孺不从，朱棣大怒，说不但杀你，还要诛你九族。方孝孺怒喝："你便诛了我十族又如何？"这句话引了一个大灾难，心狠手辣的朱棣不但诛了与此无关的方孝孺的九族，还创造性地把方孝孺的不少亲友门生都给杀了。随意的权力就是这么任性。在中国，连坐起源甚早，夏、西周、春秋、战国时期都有连坐制度。商鞅变法时就规定了连坐之法。如不告奸，腰斩；匿奸与降敌同罪。我国《唐律》明文规定："诸谋反及大逆者皆斩，父子年十六岁以上皆绞。"《唐律》关于株连的规定，一直为宋、元、明、清所沿用。除族诛外，还有缘坐、连坐、没籍等团体责任方式。想想一个与自己行为无关的罪名就可以安在自己头上是多么可怕。古代社会的制度野蛮而残忍，与现代法治文明格格不入，更谈不上国家治理现代化。但这种现象绝不是中国独有，能够查到的比较早的人类法典，汉谟拉比法典中就已经能找到类似的株连：父母犯罪，其子女也当承担刑事责任；盗卖他人财物的罪犯如果死亡，其家属负担五倍于原物的赔偿金。在法国，路易十四规定，一人犯罪，祸及全家和全村，即使是幼儿与精神病患者也不能幸免。

汉谟拉比法典

当然，这是极端的情况，古代社会经常出现滥用国家权力，为达国家目的不择手段的事情，包括随意拘禁、罚金等。这是在奴隶社会和封建专制时代，统治阶级为了维持自身的统治，攫取特权，对劳动人民实施残暴镇压的措施。结合历史教训，法治理念上形成了这样一条原则，即在国家公权力的运作中，公权力的行使必须与公权力的目的保持合理正当的关联。从株连到罪责自负，这是人类法治文明的成果。

现代意义的宪法自其发明时就是为了避免历史上的人伦悲剧重演，现代意义的法治希望让人感受到舒适与幸福。

二、在尊重规律的基础上宽容对待人的多样性

人类社会并不完美，我们能做的就是在不完美的人类社会中寻求抑恶扬善、更加舒适的理念与制度。所以，即便是突发事件，甚至紧急状态，我们也应该做到以下几点：第一，有一些基本的人权依然要充分考虑，如人的尊严。疫情期间大家都不好受，不能搞歧视，国外不能，中国人自己更不能，解决问题的目的是为人类服务，而不是毁掉人类的文明。第二，合乎情理、合乎比例，以最小的方式获得更大的利益。比如，发生疫情时可以回家自行隔离的，就没必要让人滞留在路上。第三，禁止不当联结。比如疫情期间可以曝光一些人的行动轨迹，但没必要把人的全部信息都曝光。第四，有财产要征用，也要首先考虑征用公共的财产，必须征用私人的，也要予以补偿。有的人或许说，国家都没了、人都没了，还管这些干什么？但可以肯定地说，突发事件、紧急状态不是世界的末日，人类还有很长的路要走，这个度一定要把握好，既应最大化防范该类事件造成的伤害，也要最大化防范人类给自己造成的次生和衍生伤害。把握好“度”是国家成熟的标志，主体、程序、哪些权利不该被侵害，权利侵害的度在哪里，中国正在修订相关法律，希望能通过细化相关程序予以完善。

（一）人类有近似的发展规律

人类社会同呼吸共命运，更重要的是，在思想、行为、样貌，甚至在价值上都没有根本性的不同。作为“人”，没有人希望不要尊严、不要权利、不要自由、不要财产……因此，从这个角度来讲，人类是有一些共性的，是大同小异的。因此，人类社会的演进才会从特权向平权社会发展，这些都是社会的共性和趋势，这也是各国宪法和法律大同小异的根本原因。但是，宪法绝不妄想把人整齐划一，因为一旦成功，社会将会变得很可怕，危险将会接踵而至。

（二）多样性已成常态

宪法的产生不是压制的产物，而是妥协的产物。人们平等地享有各项权利，是宪法意识的基石；而诚恳地承认人的多样性，则是宪法意识的保障。现代社会之所以快速发展，不再是一个人全能，一个企业全能，而是

各取所长，相互补充。把自己的事情干好才最有效率，步调一致很难带来生机与活力。现代化为我们呈现的是多方面、多层次、多维度、多利益格局的多面向世界。各种事务各种因素交叉连接形成的立体网状结构，改变了一个思维指向、一条思维线索、一种思维结果的单维型思维模式。改革开放促进了陈旧观念的破除，纠正了对集体主义的扭曲，解放了人们的思想。拒绝人的多样性，要么社会变得虚伪而“多情”，要么影响社会的和谐与稳定。

（三）宽容对待多样性

宽容是市场经济、民主政治、人的多样性的必然要求。无论是社会的发展，经济的需求，思想的变迁，都要求在尊重规律基础上承认多样性，宽容对待人的多样性、思想和“异端”，也是和谐社会形成、依宪治国的内在要求。

现代意义上的宽容最初主要是针对宗教信仰提出来的。中世纪的欧洲宗教非常狭隘，主张一神论，排除一切其他的神，凡是信仰其他神的宗教一概被看作是异教予以镇压。当然也有例外，没能成为主流宗教时多主张宽容，一旦成为主流则排斥异己。没有宽容的欧洲中世纪，人人自危，社会动荡，被我们称之为“黑暗的中世纪”。奥地利学者斯蒂芬·茨威格在《异端的权利——生活在迫害的年代》中记载了16世纪瑞士在加尔文时代被宗教（新教）所迫害，展现了加尔文的残忍和贪婪。1553年10月，因反对“三位一体”的教诲，塞尔韦特在火刑柱上被活活烧死。欧洲中世纪300年间，以“异端”为名，近100万人像塞尔韦特一样经受了残虐的火刑。作者认为，正是吃人者的无限贪婪和被吃者的普遍隐忍纵容了独裁的可

伏尔泰是十八世纪法国资产阶级启蒙运动的泰斗，被誉为“法兰西思想之王”、“法兰西最优秀的诗人”、“欧洲的良心”。主张开明的君主政治，强调自由和平等。代表作《哲学通信》《路易十四时代》《老实人》等。

能。而恰恰是所谓的宗教口中的“异端”之思打破了精神控制的铁幕，使人之为人成为常态。洛克、伏尔泰都是在这个时期发现问题，并成了提出解决方案的先驱。

伏尔泰是法国最伟大的思想家和反对专制宗教控制的斗士，是18世纪法国资产阶级启蒙运动的泰斗，被誉为“法兰西思想之王”“法兰西最优秀的诗人”“欧洲的良心”。伏尔泰的《论宽容》向我们展现了宗教的顽固、保守、残忍和极端，以及宽容对于人之为人的重要。

《论宽容》一书的出版是由一个偶然事件引起的，一名叫做卡拉斯的商人，仅因是新教徒而被宗教狂热分子处以车轮之刑。事情的经过是这样的。

卡拉斯有一个儿子，名叫马克·安东尼。马克·安东尼生性抑郁，郁郁寡欢。1761年10月13日，家里来了马克·安东尼的一位朋友，他在晚餐席上先行告退。朋友走后，当二儿子掌灯送他走出店铺时，发现他的哥哥马克·安东尼吊在门框上身亡。邻居赶来围观，立刻有旧教徒在没有证据的情况下扬言马克·安东尼是被父母杀害的，因为他们家是新教徒，他儿子曾说要改信旧基督教。

在整个社会盲目的推波助澜下，没有任何证据，法官也被裹挟，卡拉斯全家被拘捕，法庭判父亲车裂死刑，二儿子比埃尔充军。这一判决既残酷又荒谬。老卡拉斯自始至终鸣冤叫屈，当法官询问他与何人同谋时，他总是答：“唉，既没有犯罪，哪里来的同谋？”

最终他被判处极刑。行刑手用铁棍打断他的臂骨、腿骨和肋骨，随后把他绑在车轮上让他慢慢死去，末了再用火刑。临死前，他对身旁的神父说：“我无辜而死，我哀怜我的妻儿，对于那位我因礼貌而留他晚餐的客人，尤感抱歉。”连在场的旧教徒都相信他是无罪的。

这个案子令伏尔泰震惊继而愤怒，他觉得卡拉斯的罪状是不近事实，而他更难于相信图卢兹的法官会如此草菅人命。他亲手查案，多次询问卡拉斯家人，确信此案系冤狱。此后四年，伏尔泰奔走呼号，为卡拉斯一家平反冤案，他还说服了王室为之声援。这件事轰动了整个欧洲，以至伏尔泰申请复审成功。

巴黎法院重审此案时终于主持了公道。图卢兹法庭的判决于1766年春被推翻，宣判之日，广场上到处挤满了人，大家都想目睹使卡拉斯一家沉冤大白的人。法官走过时，公众都报以热烈掌声。当日是3月9日，是当年卡拉斯惨遭极刑的日子。之后，法王赐予卡拉斯寡妇3.6万金币作为抚恤。

书中记载了宗教狂热分子的愚昧与残忍，伏尔泰说，“偏执的权利是荒谬的和不文明的”。怎么能有人说，“你要信我信的教，你不能信什么什么教，否则就性命难保”。伏尔泰提出“少一点教条，就少一点争论；而少一点争论，就少一点不幸”的名句。伏尔泰以大量的事实说明了这种独断的信仰是何等荒谬。连基督教本身都一直处于分裂之中，存在着各种各样的教派，它们之间冲突不断，有什么资格去要求别人统一于自己？而这一局面恰恰是由统一信仰的要求造成的：每个人对于宗教信条有自己的理解，那些有权势的人于是就强迫他人服从自己的理解。这一要求的实质就是：别人放弃自己的独立思考，以我的大脑为大脑！容纳不同意见，就是容许别人用自己的大脑思考问题。独立的意志，是作为一个人起码的尊严。

伏尔泰指出，宽容就是承认人是有缺陷的，有缺陷就会犯错误，做错事。既然大家都难免，那么为什么不宽容别人的错误呢？既然自己也不完美，有什么理由要求别人是个完人呢？这是毫无道理的要求。连圣人都会犯错误，其言行也不一致，我们这些普通人不是更不可能避免错误吗？

不能宽容别人，其实质是利益的驱动，为了自己的私利而不允许别人的信仰存在，这实在是野蛮的行径，任何人都没有这个权利。

有趣的是，与此同时有人专门写了一本教人如何迫害新教徒的规则的书……当然这样的书显然更受宗教的欢迎。之所以选择这个时间出版这样一本书也是有这个考虑。18世纪的法国还没有进入文明时代，伏尔泰的不懈努力最终使公众接受了宗教宽容、思想自由的原则。后来颁行的《人权宣言》废除了排斥和迫害新教徒的法律。

伟大的思想家总是有着相同的思考，更早的洛克曾对那时欧洲宗教的不够宽容深恶痛绝，他在《论宗教宽容》中追问，为什么一个人不去礼拜邻居们就准备给予可怕的惩罚？为什么祭祀只能放羊头而不能放狗头？……这些强制性要求是否合理？洛克承认一些人有傲慢或野心，一些人偏激或狂热，这或许是人类难以完全避免的过错。但假使赞同对于不合于己的东西一律加以谴责，实际上并不能使不同意见的人的内心充分相信；而以己之好恶动用暴力消灭另一部分人更难以带来长治久安。当然宽容不是无度的，不损害他人的权利，也不破坏社会的公共和平是底线。洛克特别提醒，对国家危害更大的是以特别富有欺骗的言辞，掩饰宗派谋求的某种特权。基督教世界之所以发生以宗教为借口的一切纷乱和战争，并非因为存在各式各样的不同意见（这是不可避免的），而是因为拒绝对那些持有不同意见的人实行宽容（而这是能够做到的）。洛克在《论宗教宽容》中有对人性的细致观察，有对宗教发展的中肯建议，有对未来的责任使命感，其思想对政教分离、良心自由发挥了思想启蒙的作用。

从文艺复兴以来，思想家们提出了宗教宽容的思想，主张应当承认不同信仰的正当性。这种观念逐渐发展为具有一般意义的宽容观念。宽容在今天已成为现代文明社会的基本品质。

1995年联合国教科文组织发布的《宽容原则宣言》，将宽容界定为宽容是对世界丰富多彩的不同文化、不同的思想表达形式和不同的行为方式的尊重、接纳和欣赏。宽容通过了解、坦诚、交流和思想、良心及信仰自由而促进求同存异。宽容不仅是一种道德上的责任，也是一种政治和法律上的需要。宽容这一可以促成和平的美德，有助于以和平文化取代战争文化。

同时，宽容不是让步、屈尊或迁就，尤其是，宽容以积极的态度承认普遍的人权和他人的基本自由。在任何情况下，都不可用宽容来证明侵犯这些基本价值是正当的。宽容与尊重人权是一致的。宽容既不意味着宽容社会不公正行为，也不意味着放弃或动摇人们各自持有的信仰。宽容是指人们可自由坚持自己的信仰，并宽容他人坚持自己的信仰。宽容是指接受事实，即人虽然在相貌、处境、讲话、举止和价值观念上天生不同，但均有权按其本来之方式和平生活。宽容还意味着一个人之观点不应强加于他人。而古代宗教讲得宽容多数不顾及于此，他们经常告诉人们的是“忍了吧，这就是命”，这和我们现代社会的宽容还有很大的不同。

三、不在非黑即白中做出极端性的抉择

黑与白之间还有很多颜色，好与坏之间才是人类。当然或许有从来没坏和从来没好过的人，但可以肯定，他们都是极少数。看待问题非黑即白，是典型的非宪法思维。多彩的世界才是我们面前真实的世界。大家可以看到，宪法的产生，就是妥协的结果；宪法的内容，是权力与权利、权力与权力、权利与权利的合作、制约与平衡，宪法的稳定性就在于能够尽量保

持人类理性而不偏激。

疫情期间，流传着这样一个段子：隔离，人权没了；不隔离，人全没了。要人权还是要人全？这种说法听起来挺押韵，但把二者对立起来却毫无道理。第一，生命权、健康权本身就是人权的有机组成部分；第二，在保护生命权的同时，也并不意味着可以全然不顾其他人权。我们也经常听说，如果没有了生命，还要权利干什么？这种把生命的权利和其他诸如自由、平等、尊严等权利对立起来，极端化的思维方式不是宪法意识。虽然活着的意义如何强调也不过分，但现代社会的人类绝不仅仅是为了活着，而是有尊严、有权利的活着。突发情况会结束，人类的文明不能因之而结束。

思想上承认多元，行为上也不能走极端。要么不管，要么往死里管；要么不干，要么往死里干；要么失之过宽，要么失之过严，这不是宪法意识的本意。有的地方，养猪场环境污染一直不管，要求保护环境时，则直接把猪场给关停了，还说，“你不养，中国有很多地方养”。有的地方，排放废气一直不管，当集中整治时，要求“一律关停”“先停再说”，甚至有的冬天除了“自我采暖”没有别的采暖方式，“先停再说”将难以度过严冬。有的地方疫情期间不仅封村堵路，还禁止与没有外界接触的农民下田、农机上路。有时要么把一些人看成一点错误都没有的神，要么因一点问题恨不能揪出祖宗十八代。不过，宪法中的平衡精神不是“和稀泥”，在权利和界限中，权利的基础是保障；权力的防范和效能中，效能是前提；在历史与未来中，了解历史的目的是走好下一步……

一刀切的现象不只在中国有，而是法治发展初期的共同问题。比如，在 1980 年的“巧克力糖果案”。根据德国《消费者权利保护法》，在圣诞节和复活节的糖果制造商不能销售可能与巧克力产品相混淆的食品。这项法律最后被宪法法院推翻，法院认为，这种规定把整个除巧克力以外的相关市场都关闭了，并不合理。如果还存在有更小的侵害效果也能达到这一目的的方式，立法应该首选这种方式。在该案中，保护消费者的合法权利未必非要对产品销售予以全面禁止，合适的标准、保障消费者的知情权就可以达到这一目标，没必要予以禁止。当年的残忍和愚昧已在德国人的自我反思后渐渐远去，现在的人们已经能够更好地把握分寸。德国的规定和我们一样，公交车有先行的权利。但有一次我在德国坐公交车，公交车停下来让对面的车先拐过来，以免影响一排的车辆。这种综合考虑的现象在德国还比较普遍。一次和德国环保部长会面，问及德国是否在环境治理中有一刀切现象，如果有该如何避免。她说，德国老百姓如果遇到这种问题，可以直接起诉，第一，邻居可以起诉猪场污染环境，也就是说，猪场污染问题不会持久。我们这几年环保公益诉讼开始运转，现在提起诉讼的主体是检察机关。第二，如果猪场主被不合理的要求关停，可以起诉政府或者找议员，议员们很愿意处理这些事务。可见，治理一刀切需要时间，需要思维向宪法意识靠拢，也需要制度的调整和保障。中国传统文化中也有这方面的基因，如“中庸之道”，不要“削足适履”“过犹不及”“杀鸡焉用牛刀”等，这些人类的智慧都有异曲同工之妙，符合人类的共同文化心理。

四、以解决问题为重点提出建设性意见

有问题是否会动摇我们的信心？理性来讲，不会！

因为我们知道，每个国家、每个人都不完美。对待不完美，真正的自信是“三人行，必有我师焉，择其善者而从之，择其不善者而改之”。自卑无法认清自己，而自大则无法推动自身的进步。宪法的演进可以清晰地看到人类祛除积弊，适应文明的努力。只要有人类，就会有问题。有问题从来不是最可怕的，可怕的是有没有反思问题，解决问题的勇气、决心、能力和行动。宪法的设计就是要解决权力滥用侵害公民权利的问题，他本身就是解决问题的产物。

当做一件事时，总有人“抓小放大”，把责任推给别人，彰显自己的“远见卓识”。当改革时，他说影响稳定；当说民主法治好时，他说有弊端；当反腐时他说可能亡党亡国；当治理污染时他说会影响经济……作为一个理性人，大家都知道，做事就可能产生一些负面的影响，但必须要进行利益衡量再做出一种相对理性的选择。

在中国转型的大背景下，应当培养公民学会马克思主义的抓住主要矛盾、学会“弹钢琴”、学会“数指头”的思想方法与工作方法。当然，这也有赖于制度设计，政府还应将自身的工作更好地向民众传播，让公众知其然并知其所以然，以赢得更多的理解和支持，同时强化民主制度，培养民主思维。公众不是旁观者而是国家的主人，让大家思考如何来推动中国社

会向前发展，而不应是简单的质疑。批评不是目的，建设才是。

此外，批评和建议的语言系统也要加以完善，以务实的话语和行动来解决问题才是宪法意识的最终落脚点。

现代社会进入科学化时期，核心是细化各种制度设计。如果我们享受现代社会的便利，就不得不接受这样的现实：多元化社会必然瓦解单一化的价值取向、道德意识、思想信念和行为模式，也必然需要开放包容的社会环境与之协调匹配。

国家的主权是人民的，公民权利意识兴起，与市场经济、民主政治相协调，社会更加开放包容，不走极端不偏激，不断解决存在的问题，这些都是宪法意识的应有之义。回顾40多年改革开放史，正是这些因素共同推动中国社会不断变得更好。

10 宪法意识要从小培养

没有人不爱惜自己的权利，没有人不希望有尊严地活着……所以“人”的宪法意识是客观存在的，但就好像孩子心爱的玩具，你总不提起，她也会忘记。更何况如果本来就没养成好习惯还天天吓唬她威胁她，她就更无暇顾及。

一、前现代社会，宪法意识被“故事”讲没了

古代皇家从来就是讲故事的高手，也养了不少这样的高手。比如皇权天赋论、血缘优裕论、命里注定论……龙生龙、凤生凤，作为老鼠的儿子永远只能去打洞。人间本无鬼神，但讲得人多了，渐渐地不由你不相信。虽然有时被逼得没办法，起义中也有“王侯将相，宁有种乎？”的质疑，但并不多见，多见的是把自己又描绘成了“真龙”。

这些故事讲得越久，相信的人就越多；相信的人越多，安于现状、不愿改革的人就越多。还有很多人久而久之把自己都忽悠了，看似稳定但革命突然到来；看似听话但执行各种事务总让人觉得别别楞楞；看似强大但实际不堪一击；创造力不强，主人翁意识极差……鲁迅的《阿Q正传》把这个场景描绘得入木三分。《阿Q正传》是鲁迅先生于1921—1922年撰写的中篇小说，以辛亥革命前后的农村为背景，向人们展现了那时一个畸形的社会和畸形的国人的面貌。鲁迅的这篇小说文笔很幽默，想必大家早已领略。让我们再一起回顾一下那个受压迫时期中国人的特点。

第一，奴性心理。阿Q说自己姓赵，与村里的赵太爷是本家，因此还被赵太爷打了嘴巴，阿Q一声不敢吭。有意思的是，或者因为阿Q说是赵太爷的本家，虽然挨了打，大家也还怕有些真，总不如尊敬一些稳当。否

则，也如孔庙里的太牢一般，虽然与猪羊一样，同是畜生，但既经圣人下箸，先儒们便不敢妄动了。据阿Q说，他曾在举人老爷家里帮过忙。这一节，听的人都肃然了。

第二，欺软怕硬。对赵太爷是打不还手，骂不还口。对王胡则充满了瞧不起，因为虱子没有王胡多而极其愤慨。遇到比他更弱的小尼姑以及小D，则欺负起来很来劲。遇强先软、遇弱则欺，嘴硬力短是阿Q的重要特点。

第三，重利益、轻对错，无价值。鲁迅说，阿Q的耳朵里，本来早听到过革命党这一句话，今年又亲眼见过杀掉革命党。但他有一种不知从那里来的意见，以为革命党便是造反，造反便是与他为难，所以一向是“深恶而痛绝之”的。殊不料这却使百里闻名的举人老爷有这样怕，于是他未免也有些“神往”了，况且未庄的一群鸟男女的慌张的神情，也使阿Q更快意。

而赵秀才这些人更是墙头草，一知道革命党已在夜间进城，便将辫子盘在顶上，一早去拜访那历来也不相能的“假洋鬼子”。这是“咸与维新”时候了，所以他们便谈得很投机，立刻成了情投意合的同志，也相约去革

《阿Q正传》是鲁迅先生于1921—1922年撰写的中篇小说，以辛亥革命前后的农村为背景，向人们展现了那时一个畸形的社会和畸形的国人的面貌。

命。他们想而又想，才想出静修庵里有一块“皇帝万岁万万岁”的龙牌，是应该赶紧革掉的，于是又立刻同到庵里去革命。因为老尼姑来阻挡，说了三句话，他们便将伊当作满政府，在头上狠给了不少的棍子和栗凿。尼姑待他们走后，定了神来检点，龙牌固然已经碎在地上了，而且又不见了观音娘娘座前的一个宣德炉。

第四，保守而爱面子。阿Q很自尊，所有未庄的居民，全不在他眼神里，甚而至于对于两位“文童”也有以为不值一笑的神情。夫文童者，将来恐怕要变秀才者也；赵太爷钱太爷大受居民的尊敬，除有钱之外，就因为都是文童的爹爹，而阿Q在精神上独不表格外的崇奉，他想：我的儿子会阔得多啦！加以进了几回城，阿Q自然更自负，然而他又很鄙薄城里人，譬如用三尺三寸宽的木板做成的凳子，未庄人叫“长凳”，他也叫“长凳”，城里人却叫“条凳”，他想：这是错的，可笑！油煎大头鱼，未庄都加上半寸长的葱叶，城里却加上切细的葱丝，他想：这也是错的，可笑！阿Q与闲人打仗打败了，被人揪住黄辫子，在壁上碰了四五个响头，闲人这才心满意足地得胜的走了，阿Q站了一刻，心里想，“我总算被儿子打了，现在的世界真不像样……”于是也心满意足得胜地走了。看完这段想起清末战败后，各国使团前来，清王朝让他们这些人走偏门，以示蕞尔小国拜大邦之意，又与阿Q有什么区别呢？

第五，恨人有笑人无。当阿Q谈及不高兴再给举人老爷家帮忙了，因为这举人老爷实在太“妈妈的”了。这一节，听的人都叹息而且快意，听的人为什么快意呢？因为阿Q本不配在举人老爷家里帮忙。

第六，错误都是别人的，不愿在自己身上找不足，特别是皇帝。中国古代有个词叫做“红颜祸水”，今天我们知道，人家长得好看那是先天优势，怎么就是祸水了？鲁迅先生也嘲讽到，中国的男人，本来大半都可以做圣贤，可惜全被女人毁掉了。商是妲己闹亡的；周是褒姒弄坏的；秦……虽然史无明文，我们也假定他因为女人，大约未必十分错；而董卓可的确是给貂蝉害死了。

第七，无人权意识、无同情心和宽容心。有人问阿Q“你们可看见过杀头么？”阿Q说，“咳，好看。杀革命党。唉，好看好看，……”他摇摇头，将唾沫飞在正对面的赵司晨的脸上。这一节，听的人都凛然了。

第八，“各人自扫门前雪莫管他人瓦上霜”。阿Q最终被砍头了，至于舆论，在未庄是无异议，自然都说阿Q坏，被枪毙便是他的坏的证据：不坏又何至于被枪毙呢？而城里的舆论却不佳，他们多半不满足，以为枪毙并无杀头这般好看；而且那是怎样的一个可笑的死囚呵，游了那么久的街，竟没有唱一句戏：他们白跟一趟了。

此外，从众心理，保守而不自知，如鲁迅笔下还曾写过为救孩子去买人血馒头的华老栓一家。中国人的劣根性，这是过去的“故事”造成的劣根性，是任何民族都有的，只是宪法意识这个新故事讲久了，劣根性渐渐散去，文明渐渐浮现而已。

《阿Q正传》等小说对当时的封建礼教进行了猛烈地揭露和抨击，希望和倡导人们能够抛弃“吃人的礼教”，接受新思想，拯救自己、拯救中国。唯有如此，才会有开放包容理性的公民，才会有法治社会实现的根基。鲁迅先生具有极强的现实主义精神，既接地气又有思想，也时刻提醒我们不断解决现实中的各种问题。

但我们要强调，这些所谓的劣根性不是中华民族与生俱来且不可更改的。欧洲黑暗的中世纪，人们也基本都是如此。这才有了那些伟大的思想家的思考以及后世的发展。因此，归根结底，所谓的劣根性或者不文明不是哪个民族特有的，而是长期的压制型社会资源匮乏、规则缺位、救济无效、无处发泄而促使有理性的人形成的一种自我保护的策略，或者说是民主法治缺失造成的。

在漫长的专制社会，“听话”往往是暂时利益最大化的选择并深刻印刻在一代又一代人的记忆之中。在古代社会里，能活着已是不易，更别提有尊严的幸福生活。国家的公立救济往往不好使，司法机关与行政机关合体，无法有效解决公民对于来自权力的侵犯，抗争的结果往往是身败名裂，又没有其他的发泄途径，莫不如精神胜利求得一时之安慰。爱面子恰恰是人格尊严长期得不到保护的一种变态反应，如阿Q一般。历史上，人们把眼睛都盯在拥有权力的人身上，因为只有他们才是资源的分配者，而唯有媚上才能获得最大的利益。而身边人的利益考虑与不考虑，尊重与不尊重都没有关系。媚上者必压下，人的尊严是个很奇妙的东西，总要找回平衡。而层层压下的后果到最底层没人可压，就可能导致精神胜利或形成互害社会。

社会无法形成公平公正公开的氛围，“管闲事”往往容易“落不是”，国家社会与个人的利益没有挂钩的机制，人们没有动力和能力管别人的“闲事”。社会还没有习惯遵守普遍性的规则以及感受到形成规则后所带来的利益。更多的是，制定规则者不用遵守规则；遵守规则者不参与制定规则。因此，遵守规则往往被看作是没能力的表现，有特权的用特权，有钱的花钱，没钱的靠抢才能得到某种不该得到的利益，争抢正是资源匮乏、规则缺失后最理性获得资源的方法。而科举制度选取状元的模式加剧了竞争性，弱化了合作的可能性。加之农业社会本身的不开放性和国家有意识地阻止多元和开放，渐渐地形成了所谓的“劣根性”。

可以说，在那个时候，社会上的大部分人通常都只是权力的附庸，而不是为自己“生活”。特权意识所滋生的机会主义，使人们发现万事“赶早不赶晚”，“会哭会闹才有奶吃”，整个社会就会焦躁不安、急功近利。拥有权力的人随意地行使权力，人们得不到人格的平等和处理问题时的公平对待，生活得不舒心，大部分人就没有那么强的社会责任感。“劣根性”是那个时代的产物，不是哪个民族固有，更非不可移除。改革开放以来，国人已不再是见到官员退避三舍，特别是“八项规定”后，“官老爷”的作风得到了明显改变。可见不是不能变。

二、宪法意识是国家治理体系和治理能力现代化的基石

国家治理体系和治理能力现代化是以制度文明推动社会文明，实现人的全面发展、社会的高度文明和长治久安。而社会大多数能否拥有宪法意识则是国家治理体系和治理能力现代化的基础和关键。如果大多数人依然像阿 Q 时代那样砍头时都伸长脖子去看，甚至相信人血馒头，又或者听说维新就去抢尼姑庵，那么现代化的改革就会很难。所以，宪法意识的形成是解决顽障痼疾的良药。

（一）宪法意识有助于提升主人翁责任感

我们很少听说谁愿意在自己家里随地吐痰，恐怕现在文明的地方，在家里吸烟都会被撵出去。可是在外面吐痰的可比在自己家里吐痰的人多得多！为什么回家就没痰了？在他们看来，家才是他的家，宪法意识能够使人们意识到国家也是他的家。

我在德国德累斯顿住过一段时间。大家都知道，过去东德人素质很差，各扫门前雪，不关心公共事务；而现在我把垃圾没有扔在固定的垃圾位都会有人管。变化的原因正是公共事务交给了公众，人们的宪法意识得到了培养和增强。靠一个人不会带来普遍的责任感，这是人的属性决定的。

培养公民宪法意识，有助于增强社会责任感、政治认同感，维持社会稳定，促进社会经济发展，保卫人类的文明与进步。

（二）宪法意识能够使社会更加文明

我们知道，古代社会是丛林法则的社会，弱肉强食，强者通吃。当然今天还有人崇尚这种观点，但是真的轮到自己成为“弱者”那一天，才知道丛林法则不会永远带给他食肉的欢愉。宪法意识增加了人民的权利意识、平等意识，当拥有宪法意识的人数在社会居多时，各自秉持权利界限，平等真诚相待，不给国家、社会、别人添麻烦的感觉就找到了。

（三）宪法意识提升社会活力

如果让我们为社会活力找个源头的话，那么非社会主义核心价值观——自由莫属。改革开放，改革的是自由度；开放促成了包容，仍然是自由度，同样的中国人，一下子就激发了史无前例的活力。大到国家，小到企业、家庭，宪法意识都很重要。

宪法的各项权利是社会活力的基石，有（秩序内）自由的人更有活力和创造力；财产权提升了为财产而奋斗的动力；政治权利则提升了社会的责任感……

（四）宪法意识增强社会稳定性，避免周期率重演

我们看到，近代社会故事的开端往往以反对专制开始，以新的专制而结束。从根本上来讲，在于宪法意识在老故事里被磨灭了，而新故事还没有把宪法意识纳入进来。如果人们没有一种独立的精神和自由的愿望，那么仅仅把宪法写在纸上没有什么意义。托克维尔在《论美国的民主》中曾经这样评价法国，“国内的最有权势、最有知识和最有道德的阶级，根本没去寻找驾驭革命的方法，以便对它进行领导。因此，任凭民主由其狂野的本能支配，使民主就像失去父母照顾、流浪于街头、只知社会的弊端和悲

惨、靠自力成长起来的孩子那样，而独立壮大起来……但到后来，当它由于自己举止过分而削弱时，立法者便设计出鲁莽的法案去消灭它，而不想法去引导和纠正它；立法者不愿意让它学会治国的方法，而挖空心思要把它挤出政府。结果，民主革命虽然在社会的实体内发生了，但在法律、思想、民情和道德方面没有发生为使这场革命变得有益而不可或缺的相应变化。因此，我们虽然有了民主，但是缺乏可以减轻它的弊端和发扬它的固有长处的东西；我们只看到它带来的害处，而未得到它可能提供的好处……我们虽然破坏了贵族社会，但在我们恋恋不舍地环顾旧建筑的残垣破壁时，又好像愿意把自己永远留在那里”①。

（五）宪法意识推动社会良性发展

社会要发展，制度有重要的引导作用，同时，能否形成一种共识，托克维尔称之为民情，其实就是宪法意识，也是法治社会实现的重要保障。比如，司法运行规律告诉我们，司法机关不能被其他机关干扰，要保证司法机关依法独立公正行使职权，没有独立难有公正。这里的矛盾点在于司法机关独立行使职权是公正的基础，而现有条件似乎又不能独立性太强。破题的办法唯有从小塑造宪法精神和公民意识，大部分人能够在宪法和法治的框架内思考和行为，才能构建起治理体系和治理能力现代化需要的社会基础。

法律、思想、道德、民情一体提升，从小培养，才能更好地提升国家治理体系和治理能力现代化需要的意识。

三、如何培养宪法意识

人类社会在向前行进中，有时候遇到的是固化利益的阻挠；有时候遇到的是固化思维的阻碍。

意识的培养并不容易，即便人类天生就有，不加呵护也会云淡风轻，甚至烟消云散。花园里的花草不让踩，如果写着“爱护花草，人人有责”与“践踏花草，罚款五百”，效果肯定不同。但是，光靠制度也不行，光靠

① 〔法〕托克维尔，董果良译：《论美国的民主》（上卷），商务印书馆 1991 年版，第 9—13 页。

制度，人们就会和你“打游击”，有人管就噤若寒蝉，没人管就我行我素。大家也会发现，改变一个成年人的行为很难，而改变一个成年人的思想更不容易。孩童时期才是形成宪法意识的最佳时机，培养宪法意识，既要靠制度引导，也要靠儿时培养。

（一）制度引导

科学的制度对于消解人性弱点，形成普遍的可预测性进而更广泛地规范和约束人的行为发挥着十分重要的作用。科学的制度既包括引入参与、制约平衡的宏观政治制度，也包括调整人们行为趋向文明的微观社会制度。

代议制民主、协商式民主改变了皇帝做主或少数人代为做主的模式，为民众参与社会管理，调动民众积极性提供了根本性的制度基础，不同利益群体的人们通过在这个平台讨价还价、表达意见、制定法律、管理社会。这是实践宪法多元利益互动博弈，制定科学立法的基础和前提，也是现代社会的不二选择。宪法的实施过程很大程度上是不断增强代议者的广泛利益代表性并确保这些代议者能够在讨论场域中为所代表的利益发表意见的制度演进的过程。而反过来这种制度不仅增强了公民的权利意识，也增强了公民的责任意识，为现代社会的宪法实施提供了基础性条件。此外，自治性激励制度也是弥补社会管理空白的有效方式，毕竟，市场经济下国家权力的无所不包不能持久维系一个繁荣的经济体，传统模式下的行政强制式、命令式、行政权力大包大揽必将退出历史舞台，一定会有很多角落被遗留而无从管理，各种社会组织和自治组织将会发挥补强的作用，而这也强化了人们自我意识的觉醒。

各种细节性的制度也发挥了重要的引导性作用。2016 年德国埃森市一家银行，一位 83 岁老人在自动取款机前突然昏厥倒地。据报道，之后有 4 名顾客经过，但没人关注地上的老人，直到第 5 名顾客才拨了急救电话。据悉，老人在被送到医院后不治身亡。被告辩称以为是乞讨者，但证据显示，老人衣着干净，常识可以判断并非乞讨者，最后埃森市法院对涉事的被告处以 2400 欧元至 3600 欧元不等的罚款。在德国，不诚信受到的惩罚要远远大于诚信犯下的错误。汽车刮了要赔偿，但如果逃离，则要追究几倍、几十倍甚至刑事责任。

20 世纪 80 年代在比利时的布鲁塞尔出现一个案件：一名女子在半夜

不慎掉下露台受重伤，一名男子路过时发现了伤者。这名男子洗劫了毫无反抗能力的受伤女子，然后又不忍女子伤重而亡，于是报了警后离开。但事件的经过被附近的监控摄像头拍摄下来，于是警察成功地抓获了这名男子，并予以起诉。最后在经过长达四周的激烈辩论和商讨后，法庭做出该男子无罪释放的判决。当时法官给予的判决宣言是这样陈述的：每个人的内心深处都有脆弱和阴暗的一面，对于拯救生命而言，抢劫财务不值一提。虽然单纯从法律上说，我们的确不应该为了一个人的善行而赦免其犯下的罪恶，但是如果判决他有罪，将会对整个社会秩序产生极度负面的影响！所以从表面上看，今天法庭不仅仅是单纯地赦免了一个抢劫犯，更深远的，是对救死扶伤的鼓励，是对整个社会保持良好风气的促进传承。我们要结合自己的国情，把那些好的经验都学来，让我们变得更好。

随着我们对制度规律认识的不断深入，越来越多的细节被加以利益取舍并规定下来，但还是有大量的制度设计内容空泛，可操作性差，如规定“逐步实现”“有关部门协调解决”等，在实施中并不容易。

有些制度设计缺乏对各种可能性的提前预估，而惩罚措施又欠缺或不足以引起后来人的广泛重视。如我们反感有人随地大小便、随地吐痰，但各种规定不痛不痒，随地大小便、随地吐痰者仍不在少数。

日本轻刑法案则对此都加以明确规定，违反者将承担“高达相当于人民币 60000 的罚款和 24 小时监禁”。

性歧视和性骚扰在国内已经见怪不怪，美国通过具体的司法判例把性歧视与性骚扰很多细节都加以明确，如女上级更喜欢和男下属一起工作已构成歧视与性骚扰，上级给异性讲个黄段子也将构成性骚扰等。

此外，制度对救济的设计不够，实践中很容易衍化成“大闹大解决、小闹小解决、不闹不解决”的非法治状态。如我国《消费者权益保护法》虽然规定：“经营者提供的商品或者服务不符合质量要求的，消费者可以依照国家规定、当事人约定退货，或者要求经营者履行更换、修理等义务。”“经营者不得对消费者进行侮辱、诽谤，不得搜查消费者的身体及其携带的物品，不得侵犯消费者的人身自由。”但在具体执行中，我们知道，诉讼耗时过久，行政机关出手难度不小，消费者机构来协调又力度不大，看着用着都不吓人。而通过自媒体，哭闹这些非正规的维权途径正在有成为主流维权方式的可能。消费者协会本来可以成为最方便的救济途径，但消费者协会除了协调基本没有其他手段可以作为，听不听全在经营者，显然威慑力不足。在我国香港，政府出资设立了一个消费者诉讼基金，如果消费者协会协调不成，可以使用此基金去诉讼，助力消费者协会。

中国的立法者已经认识到了这一点，民法总则已经修改，其他道德方面的立法正在研究中。世界上的发达国家发展到今天，不是他们的种族民族有多么先进，都是有好人有坏人，关键在于制度提供了更为明确的指引，办了坏事有惩罚，好事有激励。古代社会以“内化于心”的方式提升道德素养在市场经济和利益诉求的冲击下正日渐式微。习近平总书记强调，要用法律来推动核心价值观建设。[①] 立法应当贯彻社会主义核心价值观，并使之成为道德的有力支撑。

制度发挥了一定的或威慑或激励的作用，但不可能时时事事安装一个摄像头保证得以实施。制度对于宪法意识的形成有用但仅凭制度是不够的。

（二）儿时培养

有权机关经常抱怨管不过来。因为国家治理体系现代化根本不是管出来的，而是靠大部分人自觉地做出来的。大部分人自觉，极少数人违反规则得以纠正，这就好办了。我在德国访学时看到德国遵守红绿灯是常态，回国后，聚齐一波无视红灯过马路是常态。在一些小城市里，经常可见翻过隔离带，慢条斯理横穿马路的人。横穿马路，有制度问题，也有教育问题。我曾经问过一个闯红灯的孩子，“老师没告诉你要遵守交通规则吗？”这个小朋友理直气壮地说“没有”就过去了。我相信不会真的没有告诉，但显然影响不够深刻。这时的他随意地突破规则，长大以后呢？

闯红灯

成年人可以通过制度管住一些问题，但管不住根本，从

① 《习近平谈治国理政》，外文出版社2014年版，第165页。

小养成宪法意识的习惯是源头。生活中随意闯信号灯、开车逆行、违法占道停车、不遵守规则等并不少见。有些人说，这是权利讲多了，没告诉规则。其实这个说法似是而非。古代社会没有讲权利，大家也不讲规则。不是权利讲多了，而是权利我们从小讲错了，没有形成真正的宪法意识。

1. 权利激励

我曾在火车上遇到过这样的事情，中午吃完饭，本想休息一会。车上有个人一直在用很大的声音外放影片，其中还有一段大喊“醒醒，醒醒”。当时我还特意把这个人拍了下来。试想，如果有人外放电影，有人外放音乐，有人外放京剧……结果会是什么？

更有意思的是，下车时，他又在离我不远的前面。不知谁把眼镜掉在了地上，恰恰是这位同志把眼镜捡起来并放在了一个显眼的高位，以便主人回来捡到。可以看到，这个人并不坏，甚至可以说，相当不错。

这样的人在生活中并不少，一个善良的人在公共场所外放音乐等，我觉得至少说明宪法意识的培养具有急迫性。

以孔子为代表的儒家其实早就发现解决这些社会问题应该主要靠自律，以道德来实现自律。不过我们也看到，古往今来，有道德而又自律的人并不多，特别是权力的拥有者。不道德的人或者叫“小人”反倒比比皆是。现代社会，在儒家的基础上还应该再往前走一步。我们都知道，“大梨”都让给别人并不符合人性，要么造就真小人得利，老实人吃亏；要么造就了大量的伪君子。权利观念则有很大的不同，他是从人的需求出发，人类需要尊严、需要自由、需要安全、需要财产……为了这些需要，国家不能滥用权力，其他人不能滥动权利。每个人都因为热爱自己而热爱他人，比每个人要热爱他人更加符合人的本性。感到权利的价值，人们更容易自律。换句话说，不侵犯他人的合法权利，自身权益才能被保障，彼此权利都能被维护，社会的福利才能最大化。

在教育中，如果告诉孩子，老师的铅笔橡皮谁也不许动。这话没问题，但是并不容易促使孩子们形成充分的自律。孩子，特别是现代社会的孩子会问，为什么老师的铅笔橡皮不能动？如果铅笔橡皮不能动，能不能动老师的其他东西？如果不能动老师的，能不能动别的小朋友的？你会发现，禁止性的规定总难以涵盖全部的领域，总有你看不到的地方。宪法意识是要告诉孩子，每一个人的财产是每一个人自有的权利，这个权利在社会上十分重要，你不侵害别人的财产权，也没有人会侵害你的财产权。当人们养成这种财产权的观念时，贪腐在心里就不容易被接受，而未来只管住那些管不住自己的就行了。

宪法意识是从人的自身出发，而形成的一种意识，较道德意识更容易形成权利界限的意识。我不太喜欢用规矩一个词，因为它给人的感觉是从上到下。而权利和权利的界限，给人的感觉是从里到外，大多数人更容易接受和实施。

在国家全面实现治理体系和治理能力现代化后，我有个预测，人们不再说谁是好人、谁是坏人，而会说谁更文明。

2. 民主激励

一般意义而言，只要拥有一个国家的国籍，就是一个国家的公民。但在现代意义上，拥有宪法规定的公民权利并履行公民责任与义务的人才是公民，现代公民与古代臣民的区别就在于此。因此爱国主义不仅仅是对国家忠诚、遵守法律、尊敬官员和政府、个人服从集体等简单的规则组成，而是围绕着人存在的目的与意义是什么，政府存在的目的与意义是什么，什么是正义、政府责任、公民责任等。比如，公民有纳税的责任，就要告诉人们税是交给谁的，为什么要交税，谁对税拥有控制权，国家和财政的收支由谁来监督，这些机构如何产生，政府如何使用税收，等等。

在漫长的专制社会，政府有意阻碍创新，抑制新的思想，很多人成了处处依赖的“巨婴”，自治能力和民主能力都不太强，但这不是阻碍推进民主的理由反而是民主激励的动力。越早推进公民真正的自治和民主的能力，公民越早找回自我，政府和官员就会越早从两难中摆脱出来，社会的责任感和创造力也会因之而勃兴。

3. 平等激励

在传统国家，官民关系体现为“统治者和被统治者的关系”，而宪法所确立的官民关系是“委托与代理关系”。不平等的关系不是人类的希望，也不是宪法意识。虽然生活中我们总听见人们说社会就是不平等的，这种说法其实是混淆了禀赋、财产等的不平等与权利的平等性。无论古代先哲、近代启蒙思想家，还是马克思主义者，乃至我们大多数人，都承认，人与人在人格尊严和自由权利上是平等的，不因权力的高低、财产的多寡、出生的家庭而有所不同。

我去某地调研，这里要求学生都要向老师鞠躬，孩子们做操时一张张恐惧而不敢言的面孔至今记忆深刻。即便鞠躬也是相互的，因为今天的社会，我们不准备把它建设成为一个单向性的、膜拜式的国家。所以平等精神的激励也是宪法意识要培养的内容。

4. 包容激励

孔子所期待的理想世界是“大同世界”，习近平总书记讲“人类命运共同体”，这些理念都有一个共同点：宽容包容、共同繁荣。我们会发现，人的本性虽然有自利自私的一面，同时以权利意识为主的宪法意识也告诉我们，要考虑别人权利，才会实现互利共赢。如果有个小朋友，天天强调自己的独特性，自己的爸爸是谁谁谁，自己多么与众不同，别人要把玩具都给他玩，与他不同的小朋友都是坏孩子，别人的优点一概视而不见，“严于律人，宽以待己”。可以想见，这样的小朋友的好朋友会很少。现实中，我发现这样的孩子很少。我觉得，因为即便是小孩子也都明白，自己不应该那么做。

宽容激励，能够抑制嫉妒心，更好地推动良性进取。看过《天龙八部》的都知道这样一个片段：

鸠摩智上少林要“易筋经”，少林寺众僧皆不敌鸠摩智。虚竹挺身而出，救少林于危难。而少林反而因其使用其他门派武功而责罚虚竹。每每看到这一段，都为虚竹不值。不能宽容地吸取各门所长，可能也是“中国武功”没有创新发展的原因之一。

孩子的姥姥很喜欢听老歌，拒绝接受新歌。究其原因，我觉得既有她对年轻时的怀念，也有那个时代可以选择的歌曲太少，使她只对那时的那么几首歌念念不忘。所以，宽容也要让孩子们开眼界、开心门，见多识广，充分掌握各种信息，长大后也更容易宽容与包容。

5. 尊严激励

“君臣”之间的关系大致经历了共坐火边——站于身边——跪于庭前的历程。这一坐、一站、一跪，把人的尊严分了类。我们知道，奴隶社会、封建社会、法西斯统治下的社会，都在想方设法践踏人的尊严，其核心目的是使大部分人没有尊严从而换得一部分人拥有格外的尊严。“天佑下民，作之君，作之师，惟其克相上帝，宠绥四方”[①]，总是从上到下的差序结构。今天，人们都已经感到了尊严的重要性。有人说，我通过努力，使自己高于别人一等，别人就会把我当作人来看待。我依然觉得，这个努力把方向搞错了。毕竟即便高于一部分人，但高于所有人，仍然是不现实的。要么激发野心家无止境地攀爬，要么仍有一部分人无视你的尊严，更别提努力之时所付出的尊严。因此，我们努力的方向应当是，营造无论何时无论何地，人们相互之间都会把对方当人的社会环境，或者叫法治环境。

如果说我们这代人还没有充分养成尊重的习惯，那么下一代人决不能再耽误了。人的尊严、人的幸福、人的发展才是教育终极性的价值目标。在现在，孩子的学校里依然广泛存在不够尊重的情形。有的人或许说，孩子不打不成器，其实这些做法最大的问题是消磨孩子的尊严感，学生自身的尊严意识没有被唤醒，尊重他人和尊重自己便是奢谈。自尊心、自信心是快乐幸福的人生的必需品，也是许多美德之母。教育不只是为了传授知识，更重要的是把人当作最高目的，才能切实地发展，让人富有尊严和信心，最终依靠作为人的能力而获得发展。

事实上，从日本、韩国、泰国等亚洲国家和地区来看，历史上形成的以伦理秩序代替法治秩序，进而巩固等级制度的方式在现代社会市场经济和个体意识觉醒后正在被宪法实践逐渐瓦解。而中国的南方较北方、东部较西部更早努力尝试促成传统文化精华与现代宪法理念的相互作用与耦合，积极推动以市场经济、法治政府、公众参与等为特征的现代宪法文明的实践，在这些地区官本位思潮日渐式微。而人们的投资愿望、政府的服务性、社会的开放包容度、社会质量等方面有明显的不同。这也说明了上述问题并非个人问题，而在于社会对宪法意识的回应及程度。

许多人一谈起中西差别，就会认为西方有宗教，可对权力构成制约，可为人们行善提供文化和思想基础或者其他理由。实际上这是因不同而找不同，其实不同只是时间的累积，认识的早晚，而非根本性的不同。比如我们传统文化中的谦抑、诚信等都可以转化为现代宪法所需要的精神。继续把知识变为常识，把常识推广出去，从小进行常识教育，问题意识教育，务实地解决身边的问题、推动公民责任的培养，回到宪法享有权利是履行

① 出自《尚书·周书·泰誓》。

义务的基础。履行义务是享有权利的保障，为自由发挥个人潜质提供平台和基础。自由地选择学习的方向，鼓励理性思维和批判性思维，既能承认事物的共性又能发现存在的问题，进而提出更好的解决方案。全方位地从创新科技到创新思想再到创新制度，理性规避极端主义和激进主义所带来的发展风险，中国的文明随着宪法的实践并非遥不可及。

推动中国社会儿童教育从道德自省到权利意识变迁，从血缘亲疏到一视同仁变迁，从压制性向激发激励性变迁，从封闭自我崇拜向开放包容变迁，从命令服从向自尊自信变迁，法治社会所需要的自律、自治就会慢慢生成。

宪法意识与人渴望尊严、自由、平等价值观念紧密相连。从历史上看，宪法意识是与维护等级特权的治理方式逐渐决裂分疏的过程，而城市化、市场化、信息化等现代化运行机制又加剧了这一进程，不可避免地瓦解了农业社会所塑造出来的传统和习惯，以及解构特权社会所形成的思想体系和行为模式，使原有的传统社会的价值观和生活规范面临解体、分化与重组。在宪法的世界里，“人民向往的美好生活”不仅仅关乎生存权，还包括有尊严的幸福生活。而这些权利又与宪法中民主权利内在勾连，进一步触动政治的民主化、社会化、公开化。

最后，我把在2018—2019年到德国访学时读到的德国幼小教育的一篇文章的感受同大家分享。尝试管窥这个不到8000万人口的“小国”的幼小教育是如何使之成为一个创造性大国的。概括起来有以下五点体会。

第一，知识更多以判断表达为主。

理性的判断是一个国家和平发展的基石，是一个国家进入文明社会的必要条件。

德国的教学内容，较国内略显简单，数学不强求速度，语文也有诗歌等课程，但不会要求背诵那么多。有的课程，老师只是讲故事，学生提问互动，可以听到不同的声音，鼓励独立思想和勇敢表达，充分尊重孩子，老师更多的是协助者，让孩子们做出自己的判断。

课业负担很轻，培养孩子自由而自律。与之相配合，课堂上孩子们可立可行，可坐可卧，显然更加活跃，但不许说话影响他人，眼神中透露出没有负担的样子。

为保障学生自由展现个性，也受二战的影响，大部分的学校对着装都没有统一的要求。

可以预见的是，背诵不会也不应成为未来生活工作的主要需要。反观历史，以背诵为主的科考，从内容到形式都不鼓励创新，承载着明显的“政治”重任。

当然，那时还难以意识到人类的现代化进程和感受国际竞争的压力，是不公平社会相对公平的竞争。

但毫无疑问，背诵是“命令——服从”教育模式的重要方式，使人产生依赖，既包括路径上的也包括心理上的。这里，不是主张不能背诵，而是应当鼓励基于个人兴趣选择性地背诵。

扪心自问，当年我们喜欢的诗句，甚至许多并非课本之中，今天仍然能朗朗上口，激情澎湃；而那些没弄明白的或理解不了的，还有多少能全部讲出来？

第二，思想教育由虚向实，更强调的是常识和规则。

这里的幼儿园不学太多课程，以玩为主，培养动手能力、学习交通规则、学习垃圾分类、学习爱护大自然等。这些规则意识的培养对成年人也是一个教育。

当看到老师领孩子们实践操作过马路，左右左，小脑袋晃来晃去的样子实在可爱。孩子们能够在学习中切实感受自由和不能侵害他人的自由。在道德上更多的是培养孩子们对他人的尊重，敢于认清自我，诚实守信。

老师与学生也是平等相待，鼓励相互尊重，有话直说。在常识教育之下，道德没有被拔高，反而大家既能维护自身权益也有帮助其他人的热情。

我们生活中有很多人，不但自扫门前雪，还要把自家的雪堆到别人家的大门口。比如遛狗只管自家狗是否“自由”，不顾别人是否安全；“鬼哭狼嚎”在公园里唱歌只管自己是否唱得舒心，不管别人是否听得快乐。

归根到底，是不懂得自由的真实含义，不明白自由是到触及别人的权利为止的道理，而这些都是从小就应该培养的。

此外，社会主义核心价值观里的民主本身就是最好的爱国主义教育，基于人的本性，自己都是国家的主人，哪能不爱自己的国家。

课外课更多是以孩子们喜闻乐见的形式探寻、了解是生活中的常识。

比如小鸡是如何孵出来的，参观大学的实验室，看看生活中的物理现象，通常参与性更强。去参观通常不是简单地看，而是可以参与进去的。

实践课带领大家远足，住在郊外。偶遇的松鼠、奇特的虫子、如何野外生存等让孩子们用切身的感受感知大自然、热爱大自然、敬畏大自然。

这些课外课，我们作为成年人听听都觉得挺激动，何况孩子？如果成年人都不愿意去干，又何况孩子？

德国的课外课都不用“考家长”，孩子自己就能完成，也没有给“上面”什么人看的意思，孩子和家长都轻松。

第三，更加重视身体素质的培养。

特别值得一提的是体育课，老师明显动了很多心思，把锻炼身体和娱乐结合起来，无论是上肢运动还是下肢运动，都很有趣，都是某种形式的娱乐或者有趣的活动，而不是简单的、枯燥的跑步做操。

此外，每天孩子们都有很多在外面玩的时间。不管刮风下雨，老师都让孩子出来玩。

每个孩子都有雨衣雨裤雨鞋，即便下小雨孩子们也照常摸爬滚打，踢球捣蛋。这里要说明的是，保险制度也很重要，之所以敢于放手让孩子们玩，不担心磕着碰着，因为保险制度发达，有问题可以找保险。

第四，对孩子的关爱是全社会性的。

举个例子，只要你带学龄儿童来德国并注册了，无论你是公民还是难民，无论是长期居住还是短期逗留，都能收到附近学校的邀请信，请你到该校就读，不去他们就起诉你。保证每个学龄孩子接受教育是政府基本的责任。

在德国，并没有那么多高楼大厦，甚至在我们常讲的“硬件”上，似乎还比不上一些欠发达国家，但社区每隔几百米，就有一个搭建的儿童玩耍的地方。孩子们有很多玩的地方，能感受到整个社会和政府对孩子的爱，而不仅仅是每个家长对自己孩子的爱。

第五，老师与家长，老师与学生间平等对待，勇于接受批评。

老师比较尊重孩子们的想法，甚至有孩子直接对老师说，我不喜欢你，老师也很淡定说“谢谢！”家长会上，家长们全是提意见，提不满，提问题，老师或解答或记录，很淡定。

曾看到家长们因对于200多欧元的学校公共基金使用基础建设花销语焉不详而要求公开详情。

过节送礼物，立法规定不能大额，都是几元钱的东西。更多情况下自己不用买，是家长们用班费一起给老师买个东西。既表达心里装有老师，又防止老师因礼物大小而歧视孩子或涉嫌贿赂。在这种环境下，学校、老师、家长、学生心都不累。

当然最终能够培养出什么样的人，绝不仅仅是学校自己的事情。如果最终的考评标准是指挥棒，最后的考试以记忆为主，那么毫无疑问人们就会选择去背、去听话、去待在家里学习。

而整个社会环境如果仍然是白领、金领、官员与一般劳动者在人格、收入上有明显的区分，那么围绕这根指挥棒的各种努力就不会停歇。德国在收入上，蓝领与其他人没有过大差距，在人格上更是平等。我看到孩子们互相交流的小本上记录着孩子的理想，几乎没有孩子打算当科学家、政治家，更多的是要做厨师、机械师、工程人员等。

而这也是一个社会正常的配比。

其实“人”的创造性是无穷的，但“奴隶”就会小得多。根据《中国制造 2025》规划，预计到 2025 年，中国将从“制造大国”变身为“制造强国”。

习近平总书记要求：“中国要强盛、要复兴，就一定要大力发展科学技术，努力成为世界主要科学中心和创新高地。”[①] 要实现这个目标既需要这代中国人的努力，也需要对未来中国人的培养。

如何教育中国的下一代，可能答案不一。

但实现向创新驱动转换，需要创新型人才应该是个共识。中国是世界第一人口大国，这么大的人口基数，理应产生更多创造力。如何发挥这一得天独厚的优势，完成教育的现代化转型，是摆在当代人面前的一项重大课题。而这件事做起来可能功不在当代，但利一定在千秋。

从历史纵向对比来看，我们今天的教育与我儿时的教育，确实有了很大的进步；而与中国历史上八股取士、文字狱相比，那更是进步得不得了。

横向对比世界其他国家，我们国家的教育做了很多的工作，有很多可圈可点之处。不过与发达国家相较，在细节上还是有差距的。

未来的中国，应该如何把握住人口优势，使人符合社会发展的需要？

我坚持认为，能够通过幼小教育，把人培养成为有一些现代科学知识、有个性、爱自由、有底线、负责任、心态健康、身体良好的公民，这就够了。

---

① 《习近平谈治国理政》第 3 卷，外文出版社 2020 年版，第 246 页。

“盖有非常之功，必待非常之人”，如果我们中的某些人的兴趣爱好能够不被“压力”所泯灭，一路都有对其“火花”精心呵护的制度体系，在这么大人口基数的国家，一定能培育出更多的创新型人才，一个稳定的法治社会也是可以预期的。

下篇

共天知宽

宪法在很多人眼中是部看得见摸不到的法律，似乎对生活没啥用。实际上，只要在现代社会，我们一直都在宪法之下。在这一部分，我把近年来发表的与宪法和宪法思维有关的小文章整理出来，内容涉及制定规则的原则及注意事项（《稀缺或创造稀缺是万恶之源》《过度的“比”不是社会主义》《绩效制度不应成为一种“剥削”手段》《责任超出权力易诱发不作为》），思维方式和语言方式（《法治思维让社会变得更好》），探寻宪法的基石——人的本性的“正义实验”（《何为公正？一节法治实验课》）等，以及周游一些国家的见闻，包括教育、医疗、保障、衣食住行与法治的关系（《冰岛见闻录》《德国见闻录》等）和回应一些现实问题（《从“排队插队”看法治中国实现》《禁摩限电不能在“禁与不禁”间徘徊》《疫情防控恪守宪法底线，伤身不能再伤心》《科技创新的要素分析及现实路径》），并附我作为漳州市副市长挂职一年的工作心得，以及其他一些小文章。通过这些事例，让我们更容易运用宪法思维去思考和解决生活中的问题，在自由和秩序中寻找到更佳的结合点，让社会更有活力和宽容但并不无度，人们更容易感到舒适和幸福。

德国见闻录

（一）

2010 年，我以洪堡学者的身份在德国访学一年，也深切感受到了德国人的“高素质”。尽管许多人将其归因于经济水平，甚至是血统，但当深究其原因时，会发现高素质的背后总有着详细缜密、符合人性的制度作为支撑。

一、开车的学问——一个举止有度的社会

柏林是个国际化大都市，交通极其发达，地铁四通八达，而且多数情况都十分准时。虽然有的地方地铁 20 分钟一趟，但人们可以根据地铁到达时间安排出行，所以特别方便。准时的最大好处还在于它本身的规范性，赶飞

机、坐火车、上班、开会、聚会，何时出发、何时到达都是可以预期的，可以真正享受“时间由你掌控”的感觉。因此在柏林总感觉时间比较长，一天能做很多事，回想起来，与交通准时方便、节省大量时间有很大关系。柏林交通设计之科学已有很多人介绍过，比如汽车与地铁的“无缝衔接”等，就不再赘述了，这里想和读者一起分享一些我乘坐公交车的经历。

德国的公交车设计很人性化，停靠站后会自动向马路边倾斜，以方便人们推儿童车或大箱子上下车。另外还有一个可以放下来的板子，当有残疾人上车时，司机会下车把木板拉出来以便于残疾人上车。在柏林似乎有这样的不成文规定，私家车一般都会让公交先行。但我看见一次例外，有一辆车横在另一侧车道准备转到公交车行驶的这条道上来，此时公交车完全可以不必理会而正常行驶，但这辆公交车为了能让另一侧车道不致堵车，停下车等那辆车转弯后才继续行驶。

一般来讲，公交车都会等待那些跑过来想要坐公交车的人，特别是老年人、残疾人、推小孩儿的人等。老太太远远跑过来车都会等她，但是他们却能够做到不等那些不紧不慢、耽误大家时间的人。那些在外面抽烟，即使车来了也不着急上车的人，他们真的能做到关门开车不等客。

有一天临时修路，公交车在站点前十米左右的地方停了下来，因为如果停在原来固有的站点，载客时则会堵住整个道路，因此司机选择了提前停车，以便于其他车照常通过。一个公交车司机都可以将合法性与合理性结合得如此之好，让那些抱守“合法性”而不顾其他的官员们“情何以堪”。

过马路也很有意思，如果有红绿灯的地方，行人不按照规则闯红灯，有些车辆甚至会加速行驶；而在没有红绿灯的斑马线，如果有行人，车一般都会停下来让行人先行。

在法律范围内做出合法与否的判断是公共服务工作者的最低标准。把握好公共服务的度，做出的行为不仅符合法律的规定，而且能够客观、适度、合乎情理，能够满足现代社会公共服务的要求。我知道荷兰有个监督机构，叫做 Mbudsman，它的监督范围不仅包括行政行为是否合法，还包括行政行为是否合理。比如法律规定批准某个事项的法律时限为 30 天，相关行政机构对于几乎所有人都用了 10 天就履行了行政行为，唯独对于某个人是 30 天，那么这个人就可以以行政行为不合理为由向该组织提出申诉。试想，连这样的事情都能够得到解决，当事人当然不仅“口服”，而且也会“心服”，很多对政府的不满就这样被制度消解了。

德国总理府开放日

二、较高的宽容度——一个心态健康的社会

中国人有句老话“恨人有、笑人无”，这句话在德国好像并不“流行”。无论你是否有权、有钱都与我无关，犯错误也不会嘲笑和歧视你。体现在一些小事情上。我曾看见有人逃票被抓，这里要介绍一个背景，像欧洲多数国家一样，德国的地铁与城铁无人检票，但会有人在不固定的时间查票，如果查到没有票将会苛以票价数十倍的罚款。这种随机性的惩治必然会使一些人心存侥幸心理。法律并不能也不准备时时处处发挥作用，只要能够在大多数人身上起作用即可，并且一旦违法，无论是谁，都可能被随机性而不是选择性地查处，那么就可以说达到了一种较优状态。有人逃票并不奇怪，恰恰说明作为人类，本性都是一样的。奇怪的是竟然没有一个人“伸长脖子”去看，甚至连抬头的都没有，似乎这件事根本没有发生，这着实让我惊讶不已。

偶然的机会路过一所学校，我旁听了一节初一孩子的课。这节课讲的是美国的三权分立政治模式，讲得十分详细。严格地讲，德国体制与美国体制有很大不同，但老师并不介怀讲授美国政治制度设计时是如何考虑的，以及相互制衡的优势与劣势。学生的思维也是发散性的，会让学生们自己去思考、去比较哪种模式更好以及为什么。德国的教育和许多发达国家一样，讲知识，然后培养独立思考的能力。当然这种教育的变化也有个过程。我曾经读过一本英国人写的书，叫《众生之道》。书中十分详细地描绘了英国 19 世纪宗教势力影响下僵化教条、扭曲人性的教育以及由此产生的恶劣后果。我国的教育体制正在朝素质教育方向努力，在这个过程中我们看到极少数教师还没能适应素质教育的需要。如学生在考试中，对于“三国最聪明的人是谁”这一问题，只能回答“诸葛亮”，回答“周瑜”“司马懿”“庞统”甚至“孔明”都是错误的；回答“《背影》中最喜欢哪句话”只能是上课时老师讲过的那句话等。这种教育模式不仅会束缚中国人的创新力，更会影响国民的整体判断力和政府正确决策的执行力。

德国学校冰上课

当然，宽容并非无止境。2011 年初，德国媒体几乎天天都在关注“国防部长古滕贝格博士论文抄袭事件”。古滕贝格在接受议会质询时辩称，博士论文写作时他在议会边工作边写论文，加上组建家庭不久，身挑工作、学习、生活等多副重担，论文写作确实不够严谨，“确有错误”，但否认抄袭论文。然而，面对古滕贝格的辩解、道歉、放弃博士学位，民调结果(一家调查机构的民调结果显示，73% 的受访对象认可古滕贝格作为国防部长的表现)以及总理默克尔的支持都没能抵挡舆论的压力和诚实信用的社会公平底线，古滕贝格最终不得已而辞职。不管什么原因，繁忙的德国部长因博士论文抄袭而下野，在我们看来还是个新鲜事。

三、衣服挂树梢——一个争当好人的社会

生活中的许多细节往往能够看出人的道德素养。我家宝宝 9 个月来到德国，有一次将衣服丢在了路上，回去一找竟然被人挂在路边的篱笆上。

虽然我住的这个居民区有很多孩子，家长不去捡别的孩子的衣服也很正常，可是路人担心小孩子的衣服被风吹走或被他人不小心踩到而挂在篱笆上却令人敬佩。我曾经在路上看见过衣服挂在路边还不明所以，直到自己孩子的衣服丢了才弄清楚这么做的真实目的。

德国人通常有为后面人扶门的习惯，我推车带宝宝去逛街，前面一个似乎刚刚学习"轮滑"的人早已经走过了那扇门，回头看我推着孩子，竟然跌跌撞撞地又回来给我开门。

我曾在德国波恩住过一段时间，在波恩的超市门口，很多箱包不方便拿进超市就放在外面，不知是东西不值钱不怕丢，还是不会丢。我想主要还是后者，因为在其他一些国家，即使不值钱也早就被"三只手"盯上探寻一番了。说到小偷，最为有趣的是我的一个朋友告诉我，她的包被小偷偷走了，小偷竟然把护照寄到了大使馆，真可谓"盗亦有道"。我们不禁要问：什么原因使德国人如此？是他们生下来就素质高吗？

四、有效监督和合理发泄——制度的力量

德国的自然环境保护得很好，问题是企业和公民为什么愿意为环境付出那么多，甚至不惜损害经济利益？根据德国的法律，企业必须为污染环境负担高额的费用，如果污染严重，这个企业的税负足以使其无法生存。当然如果能够大幅度缩减污染甚至低于欧盟标准，还可以以出售指标的方式获得经济利益。我们看到的是老百姓都自觉对垃圾进行分类，殊不知，如果不分类，垃圾将不被运走，德国很多是一家一个"别墅"运走，那对生活的影响将是不可想象的。久而久之，人们通过制度的引导形成了这些习惯。换句话说，习惯是长期的制度惯性形成的。

洪堡曾组织我们拜访德国环保部，一个署长接待了我们。他向我们介绍说，德国是个联邦制国家，各地环保部门负责监督环境污染问题。同行的一个老师问，如果地方企业老板和环保部门领导是朋友，这个监督如何保证？我们得到的答案是"他们肯定有朋友是企业的老板，也包括污染企业。但是他们不会因此而不予监督，因为如果这样，下次民众就不会选他们了。他们不会因友谊而损害自己终身的事业"。人的本性是一样的，监督发挥作用了，效果自然也就好了。看来，所谓"寻租""吃拿卡要"，还是因为风险过低而收益过高，为百姓服好务需要切实的民主才行。

在波恩学习德语的时候，我的德语老师很不喜欢德国现任总理默克尔，

德国无人自助蔬菜购买

她也不喜欢东德人。上课时她经常说默克尔的决策错误，但问及她是否会反抗现任政府时，她很肯定地回答说不会。她说她会继续呼吁大家选举的时候不选择默克尔及其党派。毕竟没有政府可以让全体人民满意，只要能够保护大多数人利益，防止少数人利益遭到不公正的待遇就是较好的政府了。从人类历史上看，不可能找到完美的政府，若能够使人们有机会发泄自己的不满，防止累积的愤懑演变成为暴力性的变革，将会成为重要的社会稳定器。

在超市，一个妈妈领着从 5 岁到 10 岁不等的三个孩子在交款，每个孩子都从自己的钱包里拿出钱负担自己想要的玩具。他们分别挑了几件便宜的玩具，不像我们的孩子到了商场什么都想要。一旦从“妈妈的”变成“自己的”，一旦把责任交给每个人的时候，即使是小孩子，也懂得考虑效益和珍惜自己的东西了。这有点像我们的改革开放，包产到户，发现人性的规律并使之制度化就能激发出巨大的生产力。虽然事情有小有大，但道理是相通的。

我们从小接受的教育是“孔融让梨”式的教育，把大的留给别人，小的留给自己。这就得完全依靠分蛋糕的人的德行，但这与市场经济中人的本性是相悖的，在现实中这么分的人越来越少。而发达国家则设计一个制度来分蛋糕，切蛋糕的人后选蛋糕，这既避免了不公平，也不影响分蛋糕和选蛋糕的人的德行。我们许多人在遭遇到不公平时都想“告御状”，期待“海瑞”“包拯”再现；如果这一途径无法实现，就寄希望于“路见不平一声吼”的“梁山好汉”，甚至于“哪里不平哪里有我”的“济公”等超自然力量。而理想的做法是用司法制度来作为明确固定的判断方式，社会判断标准统一完善，社会公平了，人的心态也就趋向健康了。

德国民居公园

我在柏林机场退税时曾遇到一件特别可笑的事情：一位国内来的女同志想要插队退税，并解释说她是公务人员并手持公务护照。当然她绝对不能代表全体公务人员，但是显然在极少数公务员中确实存在一些特权思想。在规则社会则没有特权，任何人在规则之下都是平等的。成熟的制度模式使德国成为一个我们眼里的发达国家，一个规则的社会。从规则社会中得到好处的是所有公民而不是个别人。德国人已经享受到规则社会带来的巨大好处，因此十分痛恨那些破坏规则的人，一旦有人不遵守既定规则，小到乱扔垃圾，大到违法犯罪，经常会有人主动去批评和制止。明确的制度规则为包括执政者和普通民众在内的所有人提供了确定的社会地位、角色和行为模式，使人们能够较快地适应社会生活，从而避免了个人与社会出现的大量的矛盾和冲突。同时规则还以明确的方式调适了人际关系，充分发挥了社会组织的正常功能，清除了社会运行的障碍，建立了正常的社会秩序，实质上也就是实现了亚里士多德所谓的“法治社会”的两个要素：法律获得了普遍的遵从，获得普遍遵从的法律是良法。这种以法治规范为核心而形成的社会秩序再通过不断积累、沉淀、继承与扬弃，使之世代沿袭与发展，并在空间上得到进一步普及，久而久之就变成了人们的信仰和习惯。

素质差异主要原因不是经济水平和发展速度，更不是人种的不同，只是他们较早地认识了法治带来的好处，并采纳了适合本国实际的模式，通过日积月累，从而将人逐渐引导、规范，塑造成了一个个“好人”。

原载《法学家茶座》2012 年第 3 期，
《学习时报》2013 年 3 月 18 日、2013 年 3 月 25 日转载

（二）

2018 年，我公派德国访学，受音斯坦 FM 邀请，讨论了德国的教育、医疗、保障、衣食住行，以及它们与法治的关系。[①]

一、有没有办法让交通更舒心

在德国，坐友人车出门，当有支线的车要并入，我都会在副驾驶位置不由自主地往下踩一下，而友人开车似乎没看见，径直在自己的主道“冲”过去，之所以用“冲”，是因为他根本没有一点踩刹车的意思，甚至有时我感觉还踩了油门。

大家都知道，我们在国内开车，好多时候容易愤怒。在德国，大家开车没那么大的气，很大程度上是有规矩、讲规矩、守规矩。我曾说，“看一个地区法治状况怎么样，就看这个地方的交通状态如何”。但凡狭路相逢勇者胜的地方，走别人的道让别人无路可走，法治都不太好！法治其实各行其道。

所有现象的背后都有制度的因素，那么为什么德国人开车那么有底气，不用考虑那么多呢？

① 因部分内容在正文中已有收录，故将此部分内容进行了删减，并重新进行序号调整。——编者

第一，在这个问题上，首先，我觉得最重要的是符合法治精神的执法。

德国在交通的立法上和我们国家基本一样，主路先行、右侧先行。你或许笑了，一样还说啥啊！但在执法上却有一定的不同，比如在我们国家，汽车在自己的路上甚至高速路上碰了电动车或者行人，交警说后者是弱势群体啊，一个巴掌拍不响啊，你在自己的路上走还要承担一定的责任。其实这么做的交警没有理解什么叫“弱势”，敢于走在别人路上的都不能叫弱势。有人或许会说，机动车撞了人不让他担点责任太残忍了吧？我说，这么做更残忍，因为这等于鼓励了人们不顾及最基本的交通常识，违反交通规则的人越多，交通事故就越多，开车的心情也不会好起来。

自行车和汽车并行道无人摁喇叭

第二，细节立法。

自行车一般都有自己的专用道，但在德国有些路比较窄，自行车道和汽车道重叠在一起。这时候如果有个自行车在前面行驶，你要超过这辆自行车，立法规定，超车时你至少要距离自行车 20 厘米以上，要不然必须慢慢跟在后面。我曾拍下过这样的情形：一辆自行车在前面，后面跟着长长的汽车队。有意思的是，后面没有一辆车摁喇叭。

说到摁喇叭，在德国，随意摁喇叭是被立法禁止的，被别人按了喇叭，是非常严重的事情，就好像做了坏事被人谴责一样。包括自行车，经常遇到的情况是自行车默默在后面骑，若你不回头，根本不知道，他也不摁铃，不催促。即使在北京，这也做不到，我记得自己在正常的人行道上走，后面竟然开在人行道上的汽车向我摁喇叭，可见立法的明确要很重要。我去古巴，也是社会主义国家，他们也不常摁喇叭，问及原因，也是交通规则明确规定了这种情况。

第三，有效的司法救济。

大家都曾调侃过“中国式过马路”的行为，那么“中国式过马路”真的只是中国特有，无法改变的吗？不是啊！在德国的时候，当我过街前突然变成了红灯，我正想三步并作两步迈过去，这时候有一辆车加速向我驶来，我就退回来了。我就研究了，他怎么敢加速向我驶来？研究后我发现，虽然立法上没有规定撞了白撞，但有判例，这种情况下，车不承担赔偿责任。如果我被抓住了闯红灯，我的信用体系受损，我将来贷款的利率会变高，保险利率都会变高，人家会说你比别人更不爱惜生命。如果对闯红灯的人予以保护，看似保护了闯红灯人的权利，但实际上不但影响交通的效率，还会导致更多的人因此而受伤或者丧命。我们看到，那些在人行道让人的国家和地区，法律和判例明确了这种情况撞到人要巨额赔偿。人们的素质是通过一系列的有效制度逐渐把人调整的，而不是天然的。我们的制度在一步步修正，比如信用体系的完善，这些都可以为未来完善制度做准备。让违反规则的人受到惩罚有助于整个社会不去破坏规则，最终则保护了更多的人的利益。一个法治社会，闯红灯，睁着眼睛也可能被撞；过绿灯，闭着眼睛也会安然无恙。这才能幸福嘛！

第四，避让急救车辆。

谈到让路，还有一个是给警车、救护车让路的问题。德国交通法规定，如果遇到正在执行任务的消防车或急救车，“所有道路使用者必须立即让路”，否则，你就要承担没有让路造成的法律后果。因此，几乎没有发生过因堵车致救援车辆无法及时到达救护现场或医院而误事的情况。让路后的好处是明显的，保障了更多人生命财产的安全，带来了人们之间相互的关爱，对于有限的道路资源而言，因为相关车辆一来，大家都让路，那条应急车道就没什么用了，不必占用一条车道。对

德国车被拖车拖走

社会上的每一个人来讲，就等于进入了良性轨道。

第五，落实处罚制度。

在德国许多路不能速度太慢。你看我们的高速路，有的车只开了30—40迈，瞎耽误功夫，而这在发达国家是违法的。我们知道，前不久，一位中国女子在英国开车，被警察拘留了15个小时，皆因开车开得太慢了。警方表示，她驾驶的车道速度要求达到70英里（113公里）每小时，而这位女子当时仅仅开了40英里（约64公里）每小时，而且她因为某种原因还踩了刹车，由于未支付罚款，最终被警察拘留了15个小时。

停车违章罚款也可以靠制度解决，我在国内遇到过好多次有其他车停在我的停车位的情况，我也火冒三丈，但办法都成本太高、收益太低。在德国，这个就简单多了，一个电话，拖车公司就来了，他要被罚款300—400欧元，还得去很远的拖车公司取车。所以在德国，就算临时停错位置一会儿，都紧张兮兮。可见制度真的能解决很多问题。

最后做个小结，本篇为大家讨论了一些细节的办法让交通更舒心。包括：

第一，符合法治精神的执法；

第二，细节立法；

第三，有效的司法救济；

第四，避让急救车辆；

第五，落实处罚制度。

今天，我们讨论了发达国家交通规则和执法方式，尝试寻找交通幸福的密码，也能够明确我们社会发展和努力的方向，希望能够对大家有所启发。

二、舌尖如何能更安全？

都说“民以食为天”，习近平总书记要求，要确保人民群众“舌尖上的安全”。[①] 那么本期我就来和大家谈一下，怎么做才能使食品更安全？

我曾经听说过这样的声音，中国人多，要是都按照发达国家检测那么严，中国人就饿死了。不对啊！这是给自己在找借口，严格标准产生的是高质量的食物，把好了各个关口，对食品的产量没有多大影响，凭啥我们必须吃不安全食品呢？德国到底是怎么做的呢？

在食品安全标准的制定上，欧盟的法律规定得很细致，还配备了相关

① 《十八大以来重要文献选编》（上），中央文献出版社2014年版，第673页。

的“操作法典”，使执行中更容易有的放矢。德国食品安全有以下几个步骤。

第一，明确企业责任。

谁整的谁要负主要责任。每种食品或饲料生产方或销售方，无论是农业经营者、面包师、屠宰工人，还是食品集团和超市，都得负责确保其产品合格无暇，履行其“谨慎义务”。

参与食品生产链的各方必须在其责任范围内通过例如自检等适当措施来确保相关食品是安全的。如果一个生产商、销售商或餐馆老板忽视其谨慎义务，就可能产生严重后果。不符合相关卫生、残留或标识法律要求的食品被视为不安全，很简单，必须从市场上撤出。主管监管部门可以实施这些措施，同时，相关的食品企业必须为由不合格产品导致的损失承担民事赔偿责任。

第二，可追溯原则。

为了配合谁生产谁负责的原则，自2005年以来，生产商不仅必须记录各种食品的去向，而且还必须证明产品的原料来源。只要发生一例产品污染的情况，就能够很快地找到原因，并将同一批食品从市场上召回。以鸡蛋为例，每个鸡蛋都有个身份证，谁家蛋出了问题，谁就要承担相应的责任，别指望找个官员或媒体能摆平这种事。

第三，官方食品监管原则。

政府随机抽检，特别是对消费者提供线索或者联邦州在发现异常的情况下，各州还有食品检验员也将采取样品。若发现不合格项目，官方职责在于确保立即处理与解决该问题。我觉得这已经够了，为达到此目的，最严厉的措施为关闭企业。食品的监控频率较高。食品安全不可能全指望政府都查到，但一旦查到，必须毫不留情，这很关键。

第四，设立专门科研部门预防。

从科学角度出发，风险因素始终不能得以彻底解决或澄清，例如，人们可能发现到目前为止尚未知晓的有害物质，需设立专门科研部门预防。这个机构是独立于政府的第三方机构。

第五，独立的科学风险评估。

人们如何能够得知，一项风险对健康的影响是大还是小？人们如何评价在畜牧场出现的具有抗生素耐药性的细菌对于食品安全的影响？在联邦州一级，州监督局承担该项任务。在联邦一级，联邦风险评估研究所 (BfR) 对此负责，最重要的是，评估者与管理者之间有一个明确的分离。这表明科研人员能够在不受任何政界与企业界影响的情况下制作评估报告，之后才有风险管理者参与管控。这个机构不受任何政界、社会与企业界的影响，该研究所自由、独立地调查和评估食品和饲料对于人类与动物的风险。

第六，风险沟通透明化。

主管联邦州和联邦部门将通过新闻工作通知公众。尽管食品企业已采取了一切预防措施，如果还是有对人体健康会产生风险的食品进入市场销售，消费者将得到相关通知。德国的食品不是没有过问题，但有问题不藏着掖着，就会让人比较放心，说明大部分都是安全的；而一旦故意捂着不报，就会影响公信力。

以农药残留为例，我们经常能看到，国内食品农药喷洒过量的视频及消息。在德国，若要加工例如谷物、水果和蔬菜等生的农产品，必须进行全面自检。无论是德国食品还是进口食品，各联邦州的食品监管部门将当场检查相关食品的农药残留量是否在规定最高限量范围内。如果超出了最高残留限量的其中一个指标数值，则不许再出售相关食品。这损失就大了，即使在超标情况下也没有即时的健康风险，因为设定最高残留限量时已计算了较高的安全边际。

其实大部分的制度我们已经有了，但在配套制度上、可操作性方面、责任的划分以及执行中的细节上还有一定的差距。而往往细节才是成败的关键，公布及处置的环节公开透明，也会提升公众对食品安全的信心。这里还要讲那句话，不能让拥有权力人享有特供的食品。有人说，有钱人可以花钱买好的食品，不也是不公平，也是一种变相的特供。人类因为经济上的原因造成的一定差别是市场经济带来的副产品，我们可以通过普遍的食品安全措施，保证即便不花高价也不会买到有问题的食品。在这里，我强烈反对特供的原因在于掌权者本来有能力改变现状，但如果享有特权，则没有改变的动力。

就如同德国食品和农业安全保障部门的小册子开篇讲得那样：我们理所当然地期望销售商提供的产品是安全无害的。由官方食品监管机构严格控制的生产商和销售商对此承担相关责任。在食品和饲料方面，防范健康风险是首要重任。

做个小结，本篇为大家说的是怎样做才能使食品更安全，有以下六点具体措施：

第一，明确企业责任；

第二，可追溯原则；

第三，官方食品监管原则；

第四，设立专门科研部门预防；

第五，独立的科学风险评估；

第六，风险沟通透明化。

有时候我们一出食品安全问题，就会听到人们大骂企业无良，做企业的人黑心，好像都是那个人坏透了。而德国不是，很简单，依法办事，真的让“无良”企业后悔做了这种事，食品安全仍是法治而非道德敦促的结果。

冰岛见闻录

借新年之际，本人到冰岛转了转。冰岛之纯、之美、之静，仿佛来到了另一个与我们今天生活截然不同的世界。

冰岛，面积为 10.3 万平方公里，全国总人口 33.43 万 (2016 年)。冰岛的领土位于大西洋中脊之上，岩浆活动活跃，全国有活火山多达 30 座，是世界上最活跃的火山地区之一。

冰岛黄金瀑布

我们到冰岛的首站是“黄金瀑布”。瀑布，我们见到过很多，有石破天惊的、有精美涓流的、有高耸入云的、有低眉颔首的，但与冰岛自冰山而下的湛蓝的冰瀑仍然有所不同。

冰瀑完美地展现了水的刚与柔、力与美，又从雪山而降，顺势而下，似冰又水，似水皆冰，与多彩的天空交相辉映，让人不得不赞叹大自然的神奇。

对我而言，听故事与看美景同样重要。这个瀑布之所以能够保留下来，让我们看得见大自然的另一层瑰丽，冰岛人认为离不开一位可敬的女士的坚持与反抗。

20 世纪初，英国人想在这里修筑大坝发电，有位叫做 Sigriur 的女孩百折不挠地保护这个瀑布，自费聘请律师打官司，甚至威胁自己要投身瀑布以示抗议。这个故事仍然留有疑问，却为今天冰岛人的津津乐道。人们更希望听到能够抵抗强权和金钱诱惑，敢于仗义执言的有完美结局的故事。冰岛人一直记得她，很多冰岛人称 Sigriur 为冰岛的第一个环保主义者。

说到人大制度，不得不说在分割北美板块和欧亚板块的裂谷附近，世界上最古老且存在至今的议会。这个议会可以追溯到公元 930 年，被称之为 Alping。它有一个与其他国家议会明显不同的特征：建立之初，这个议会由集体讨论形成共识，而不是由国王召集或组织，所有自由民都可以参加，这让冰岛人引以为傲。

我随口问及是否会影响效率。他们说，这个议会曾经挽救过人的生命。今天，学校仍然会带孩子们来这里参观和学习，让孩子们永远记住议会的作用与价值。

冰岛现行的议会毗邻雷克雅未克市政大厅，没有站岗的，后面的小院可以随意玩耍；但如果要进入议会大厅内，仍然需要有正当理由并登记。

冰岛蓝湖温泉

“清水出芙蓉，天然去雕饰”。这句话用在冰岛再合适不过，这也吸引了全世界大量游客前来观光游览，造就了冰岛高昂的物价，也验证了习近平总书记所说的“绿水青山就是金山银山”。

冰岛是个文明安全法治的国度，良好的法治环境不仅体现在有良好的社会治安，还有很多体现在生活中，比如在旅游景区的价钱不会与其他地方有明显的区别，不会因为“看看雪就有一种被宰的感觉”。

蓝湖温泉被世人公认是最有意境的温泉，在世界温泉排行榜上拥有一席之地，但是食物的价格并不比其他地方高多少，这种感觉很不错。

读万卷书，行万里路。感受到的是国与国的不同就像没有两个完全相同的人，没有两片完全相同的树叶，但他们还是国家、还是人、还是树叶，在本质上又是相同的。

冰岛是个小国，搞不好就可能“破产”。冰岛夏季白天长、冬季夜间长，多火山多冰川，很多地方都不适合居住，还面临着气候变暖带来的冰山融化及以火山爆发、海水侵袭等各种危险。

但他们利用自身的独到之处，化腐朽为神奇，开发旅游业，每年吸引大量游客来旅游，成为重要的收入增长点。

实际上，没有哪个地方注定贫穷，大自然关上一扇门，往往会开另一扇窗，关键在于当地政府有多大的动力发掘自身的优势，去寻找这样的经济增长点，而这又与激励和保障机制分不开。

原载《悠行远方》2018 年 1 月 15 日

一半是火焰一半是海水
——古巴见闻录[①]

古巴，面积 109884 公里，人口 1123.9 万（截至 2015 年）。国名源自泰诺语“coabana”，意为“肥沃之地”“好地方”，一个神秘而令人向往的遥远国度。某年的 4 月下旬，本人有幸在古巴“国家与政府干部高等学院”进行了为期一周的讲学与访问。

初到古巴，一切似曾相识，我的思绪也是“一波三折”。

古巴的开放程度相当高，下了飞机，机场里各国来古巴旅游的人排着长长的队。古巴还专设一个机场与美国通航。

出了机场，破旧是第一印象，满眼都是老爷车。老爷车多数归私人所有，由于实行计划经济，老百姓的收入微薄，大部分人买不起新车；新车绝大多数都是国家购买，政府使用。

① 本文在收录时略有删节。

一位优雅的女士向我们简单介绍了古巴的概况。

讲课后的第二天，我们进行了细致的调研，我要解决一个问题：为什么在这个物资匮乏的国家，社会还秩序井然呢？

我们发现，分配正义和矫正正义的社会制度供给丰富且有效或许是重要原因。古巴共产党作为执政党，同样努力做到“总揽全局，协调各方”。在他们看来，加强党的领导，执政党主要是把握住执政的方向，确保执政的地位。

党对政府主要的领导方式是政治领导、思想领导。在组织方面，政府由人民选举产生，产生的领导不需要一定是古巴共产党的党员，但要对选举他的老百姓负责，执政党把握大政方针不偏离轨道。民众的诉求可以通过这种方式得到表达，在分配领域里也确实具有普惠的性质。

一些立法也很现代，卡斯特罗本人认为，革命不是为了搞个人崇拜，不能把人造成“神”。因此立法中明确规定，为防止个人崇拜的蔓延，禁止为卡斯特罗立任何形式的雕像或纪念碑。

再如立法明确禁止社会车辆随意鸣笛，因此在古巴几乎听不到有人频繁在你的身后鸣笛；人行横道车让人也有明确的规定及罚则。老百姓遇到纠纷，可以通过多种形式的社会组织进行调解。

特别是司法机关能够作为社会公正的最后一道防线，依法独立行使职权。党内的所有机构都不会影响司法裁决，树立了值得信赖的公众形象。

在民众心目中，司法机关有很强的中立性、终局性和权威性。古巴基层政府工作时间向社会全面开放，由于法治化解社会纠纷，绝大部分人不需要围在政府期待解决纠纷。因此，在古巴，民众盼望富裕的诉求多，期待公正的诉求少。

哈瓦那海边，我们看到年轻人正在举办一个 party，全市各地的年轻人纷纷赶来参加，享受音乐和舞蹈。他们特别向往、甚至艳羡隔洋相望的美国年轻人的“自由、快乐与富足”。

特别是看到旅游者所带来的手机、相机等先进设备，促使他们反思为什么外国人可以这样生活？许多年轻人购买通过私自携带等方式进入古巴境内的国外娱乐节目、电影等。他们正在成为古巴社会向前发展的巨大推动力。

古巴现在的经济制度是以计划经济为主，适当考虑市场经济因素。计划经济、平均分配虽然看起来很美，但由于没有将人的本性考虑进来，社会经济发展缓慢。

社会保障仍然处于低水平，所谓的全民医疗只是保证最基本的用药，想用好药还得给医生好处。人们的大部分收入都用于食物的支出，还是有人吃不饱，很多家庭的恩格尔系数超过 90%。

计划经济的特点是以想象中的国家权力善性代替人民自我利益的追求，结果往往是人们自发从事生产的动力不足，创造性受制，得过且过，国家的、企业的东西能拿就拿。

古巴商业街上的商店大部分都属于国有，商品品种单一，物资匮乏，质量粗糙，价格昂贵。在古巴的外国企业，其发给工人工资的近乎 95% 都被国家拿走，工人劳动的积极性差，效率低下。人们“靠山吃山，靠水吃水”。有资源分配或者拥有某种物资的人往往是“香饽饽”。厨子总是人群中的胖子。国内网络也极其不发达，给用惯了网络的游客带来了极大不便。

在古巴国内，计划经济也引起了很大的争论，并开始着手改革。

虽然古巴在国家宏观制度上做出了有限的调整，但仍激起了人们的利益心，法治尚未健全，转型的通病已经显现。

古巴社会也出现了一些欺骗、盗窃等行为。

我们打车出去吃饭，司机把我们拉到了他的朋友开的饭店，并告诉我们要去的饭店关门了，在我们的再三要求下，才给我们拉到我们预定的饭店。

古巴街景

当地一个开餐馆的中国人讲了一个有趣的故事：当地人不知从哪儿偷

来一个垃圾桶，五块钱卖给了他，过了一段时间就丢了，结果又有人拿着这个垃圾桶再次卖给他，因为这个垃圾桶被烧了，有一道深深的印记，所以他认出来了。

此外，社会还没来得及富裕，环境已经开始污染。由于各种原因，地下水和空气质量正在遭到破坏。

现在的古巴正处于改革的特殊时期，是否走市场经济、是否需要开放互联网、是否坚定法治道路等，虽然仍有踌躇，不过可以预见，这些仍会是解决古巴当前诸多社会问题的必然选择。

古巴有一批人也在锐意改革，为了保证领导集体能够注入新的思想，新的活力，在他们的中央政治局规定了年龄的限制，并不断引入年轻人成为中央委员。

古巴人民热情、勇敢、坚定，富有爱心，有着很强的不服输的精神，正如海明威所著的《老人与海》中描述的那样，“一个人可以被毁灭，但不能被打败”。这也是他们引以为傲的民族写照。

他们非常尊重知识、尊重教师。活动中我们没有坐下之前，他们都站着。上课时他们的宽容度很高，能够感受到他们对人由衷的尊重、对知识由衷的尊重。能够这样做的民族一定不会差。

古巴有一定的社会治理基础，相信随着社会现实的推动以及对社会规律认识的不断深入，古巴必将成为一个名副其实的令人羡慕的社会主义强国。

原载《中国法律评论》2017 年 5 月 13 日

游走于中西之间的澳门

澳门是中国领土不可分割的一部分。澳门人也是中国人，从自己国人那里更容易获得经验，为我们所用。

澳门，全称为中华人民共和国澳门特别行政区，人口 50 余万，与珠海、香港对望。澳门是一个国际自由港，是世界人口密度最高的地区之一，是世界四大赌城之一，也是赌博与文明、行车效率与行车礼仪、人多车多与拥堵不严重，游客较多与市容整洁，政府稳定与人民自由，西方文化与传统文化并行不悖的“奇特”城市。

澳门博彩业十分发达，以我们一般的理解，既然经济以博彩业为重要支柱，那么一切都应该为它让路。我们知道很多人喜欢边赌博边抽烟，但澳门明确规定，在室内抽烟要罚款 600 澳门元，现在的澳门议会正在讨论是否应采取更为严格的禁烟措施，如吸烟室开关门的时间等细节问题。

澳门明确制度 1

澳门明确制度 2

澳门人多车多，曾经一度拥堵严重，近年来政府锐意改革，通过增设电动车、摩托车车道，增加停车位、停车费，加强停车管理等一系列方法，有效地缓解了交通拥堵。澳门的公交车站台与多数国家一样，都设计了一个凹口，公交车停车要开到凹口里，避免了因公交车停车而导致整条路拥堵。

澳门游客较多，可以想象，如果每个人都随地乱扔垃圾，这个小城将会有多乱。与之相反的是，澳门城市干净整洁，这既源于环卫工人的辛勤劳作，更重要的原因是没有人敢随便乱扔垃圾。因为随地乱扔垃圾将会被罚款 600 澳门元，写着这样规定的标语随处可见。

我们在吃饭的路上看到了澳门法务司长陈海帆女士，周末不能用公车，更没有人陪同。当地人讲，即便是特首也不是高不可攀的领导，而是平易近人的路人。人们觉得这才正常，当地人感觉自己的行为言论都十分自由，除了认为房价上涨较快以外，上课的多数学员及问到的路人都认为比较幸福。

此外，我非常感佩澳门中西交融的文化氛围。这边是大三巴，那边是哪吒庙；这边是圣母堂，那边是观音堂。兼容并蓄，以包容代替敌意，取各自之所长，造就了今天澳门独特的景观。澳门的情况验证了我一直以来的观点，不是种族、民族、血统，而是法治促成了社会的稳定、繁荣与文明。

原载《中国法律评论》2018年4月8日

做副市长的这一年
——漳州挂职有感

2020年7月，经申请，中央党校派我到福建省漳州市挂职人民政府党组成员，副市长。于公，了解地方实际工作；于私，实现不同的人生价值。这一年没敢耽搁，自感丰富而精彩，有些心得、有些“偏见”，当然更多的是收获。

先说说心得：

有的城市魅力大一点，有的城市魅力小一点。一个城市的魅力至少取决于三个因素，即自然环境、社会环境和人文环境。

第一，宜居的自然环境。自然环境是天生的，也有人为的因素，是否符合现代理念决定了城市是否更受欢迎，是否更有幸福感、获得感、安全感。

以公园为例，公园这个词，在古代是指官家的园子，只有官家才能出入；而现代一般是指政府修建并经营的自然观赏区和供公众休息游玩的公共区域。免费开放，才是现代“公园”的本真含义。漳州在中心城区建设了“五湖四海”等公园，全部免费开放，并严格禁止擅自开发建设和改变地块用途的行为。自由是有界限的，在公园的管理上，漳州遵循三个原则：一是不设大标语，二是不跳广场舞，三是不准随地摆摊。享受自然则是无限的，公园的草坪是可以踩的，一家人在草坪上晒太阳、野餐，人与自然和谐共生，公园里没有什么栏杆，人们和景观都可以无缝衔接。公园的椅子数量极多，每个游园人想坐都有位置，设计上也都精心考虑，看上去像一件艺术品横卧公园，与周边景色融为一体，不会显得很突兀。城中有林、城中有花、城中有鸟、城中有湖、城中有山，实现了“有形的风景（生态美）在眼前流动，无形的风景（幸福感）在心中流淌”。

第二，高效、务实、便捷、公平、自由、平等的社会氛围，政府能够及时回应群众关切、及时纠错的社会环境是现代“城市”的精髓和核心要义。一个城市把人管住不是能耐，更重要的是在这个城市里人们活得舒心。

在漳州，当地官员普遍相对温和。我一直有个观点："地方领导的霸气程度往往和他所在的地区富裕程度和老百姓的幸福程度呈现反比例关系。"

漳州是一个旅游城市，我经常和家人在不打扰别人的情况下出门游玩，但没有像以往那样担忧，内心很踏实，用"气定神闲"来形容一点不为过——这种心境真的好极了。其实，现代社会，治理体系和治理能力现代化没有多复杂，对市长对老百姓都一样，都能够实现各项权利，得到内心的安宁就会感到幸福，社会也会少些纷扰。想想古代人愿意当官，我觉得可能很大程度上也有这个原因，未必人人都想要捞钱，但如果不当官，一些基本的公平与合理可能都找不到或许也是古人当官的重要考量因素。哪个地方人们仍然期待当官来解决自己的不公，哪个地方人就难以有正常的心态，人尽其才的理想也就难以实现。

在城市建设中，社会治理体系和治理能力发挥着决定性的作用。哪个地方政府能够为老百姓多些担当，哪些地方老百姓的怨言就会少些。商品房"办证难"一直是老百姓急难愁盼的问题。不够科学的思维方式往往是一刀切，只要不符合规定的一概不给办证；而科学的思维方式则是分清责任，没有责任的业主不该得不到房产证。漳州在处置这类问题上"分类施策、一宗一策"，让无过错不动产买入者不因他人问题而办不了证。对开发企业的自持资产和商品房区别对待，对拖欠规费项目先办证后追缴，将开发建设单位的违法违规责任、规费征缴完成情况与无过错购房人办证的权益相分离。有个楼盘项目验收时存在违建、超容积率、绿地率不足等问题，涉及 4000 多户商品房住户不能办理不动产证，漳州将合规的所有商品房先予验收核实办证；将不合规的项目（业主自持部分酒店、商业店面、电影院等）暂不予验收，待开发商全部整改完成后再办理竣工核实。

企业开办便利度是营商环境的重要组成部分，新设立的企业取得营业执照后，至少需要再办理公章刻制备案、税务涉税事项、银行开户、员工参保登记、公积金单位缴存登记等多个事项后才能开始经营。作为企业开办的重要一环，获得银行账号是办理税务登记、医社保公积金登记的前置和必要条件。由于金融监管的要求，银行开户审批周期最长，有些银行甚至需要两个月，制约了后续开办环节的办理。漳州市银行向省行申请一定数量的账号，预先导入"漳州通"平台，企业在平台自主选择开户银行和开户网点后，即可拥有一个账号，银行账号申请从"先审后批"转变为"先批后审”，实现“秒开户”，有效突破了开户“瓶颈”。

在漳州的时候，有一次凌晨1点多了有人在大声放着音乐，忍受了很久，我抱着试试看的态度，给12345打了个电话，没想到10分钟内音乐就停下来了。漳州110是报警服务电话的发源地，在原有服务的基础上，整合60条政务热线，老百姓打12345，由政府自动分流，还创新微信报警平台，老百姓可以“悄无声息”地报警，一般5—10钟即可出警。

第三，良好的人文环境，是一个城市长久历史形成的独特底蕴。它看不见、摸不着，但却潜移默化地影响着一个地区人们的生产、生活及行为习惯，成为一地区最核心、最宝贵的精神财富，为构建一个城市的灵魂提供强大的精神力量。

人文环境是历史的，需要一定时间的积淀，不过也可以通过共同参与，加速形成一种良好的人文环境。漳州有个叫做腊州的小渔村，至今已经29年“零信访”。之所以没人去上访，不是把老百姓的不满压制下来，而是用民主化的立法、科学的制度体现人民意志、保障人民权利，合理分配好各方利益关系，构建共建共治共享的社会治理的格局。腊州村通过村民代表、户代表、党员、老人协会等共同协商，先后修订完善《环境卫生公约》《移风易俗公约》等村规民约，把环境保护、土地利用、精神文明建设等内容融入村规民约中。

如针对农村重男轻女的现象，规定男女平等，对遗产享有平等的继承权；针对乡村乱搭乱建的情况，规定“全体村民均有保护土地的义务，本村任何组织和个人使用土地都应服从村庄统一规划和调整，不得侵占、买卖或者以其他形式非法转让土地”，制度规定得非常细化和有责任感。如规定“村民建房用沙、石等建筑材料必须具有合法来源，如建筑材料来源不合法，将依法追究当事人的责任”，从源头堵住了建材不合法的漏洞。腊州村现在男女同样受到重视，土地规划合理，村容村貌焕然一新。

再说说“偏见”。

基层可能有滥用手中权力的干部，但绝大部分干部都是很有事业心和责任感的。“上面千条线，下面一根针”，做线不易，为针更难。除了工作压力以外，更在于“婆婆”太多，有的“婆婆”事儿太多。有的时候，干好了好像都是婆婆的功劳让基层难有积极性；有的时候，婆婆朝令夕改让基层工作尤其为难，特别是很难向老百姓解释。比如前两年还支持养猪，突然又告诉不能养猪。这种180度的大转弯，老百姓接受不了，基层官员也难干。后来这个政策改掉了，但“一刀切”这种简单粗暴的习惯却不是一下子就能改掉的。

官员除了实现价值完成工作的自我动力外，还有外在的压力，主要有二：一是考核，如果这些指标都科学，压力可能还没这么大。二是问责，有的问责可能属于决策不当甚至失误；有的则是突发的，或无法判断无法避免的。毫无压力显然不是好事，“井无压力不出油”；但不恰当的压力也会产生负面性，“大炮打蚊子”，“一人得病众人吃药”就无法避免。

在这方面的制度设计上还有进一步优化细化科学化的空间：

第一，追求群众满意率本身是好事，但要更精准科学。比如12345平台对群众投诉处理满意度的要求要超过95%，有个别行业由于工作性质的特殊性，如城市管理局经常需要处理违章搭盖、摆摊，物业与业主、业主与业主之间的矛盾等问题，有些问题很难两全其美，做到双方都满意；而考核机制设置上要求满意度一旦没有达到95%以上，会导致年终绩效考核被扣分，影响到自己的绩效奖金，更有甚者还可能导致自身被处分。再如信访，有的信访很奇葩，纯家事，也要政府管，不管就上访，有人戏称“90%的精力用在了10%不该管的事情上”，信访评价的科学性也有进一步完善的空间。再比如有人自行车丢失，警察尽责去寻找，但最终没能找到，失主自然是不满意的。“挟泰山跨北海”会让人无所适从。这里建议，满意率中有一定的容错空间或者有些领域不宜设置满意率，应使之更加科学。制度的设计不一定是标准越高越好，如对水质要求的指标，达到一定标准，再通过土壤、植被自然过滤实现水质净化，要比添加化学药物对自然环境造成二次污染更加科学合理。建议研究更加科学的水质标准及各领域的标准，使之更符合实际情况。

第二，尽力保持政策稳定性。如在生态环保督察的时候要求大家拆猪圈，不得养殖；猪瘟的时候猪肉涨价就鼓励大家积极养猪。政策的不稳定性容易给地方执政带来压力，也会影响群众对政府的公信力。养猪会不会污染环境取决于怎么养，只要检测合格，达标排放，不污染环境、不影响群众生产生活，就应当允许群众养殖。

第三，切实建构起容错机制。有错必究是法治社会的一条原则，但要分清错误的类型。人非圣贤孰能无过，过分问责，会打击干部担当干事的积极性，导致干工作畏首畏尾。实际上，不少干部都反映很多时候不是不想为，也不是不能为，而是害怕做得多错得多，最后反而出力不讨好。建议在出台考核制度的时候一定要听取执行者和被执行者的意见，坚持从实际出发，根据不同行业的实际情况区分对待，制定出可操作、符合实际的考核标准，或者让老百姓阶段性评价。另外，追责特别是追究法律责任时，要紧紧围绕是否违法犯罪，尽量不要过分纠缠道德领域，否则把人看成完人容易让人们的标准不明确。

第四，防止层层加码。检察机关量刑建议法院采纳率达到 80% 已经不低，各地如果不断追求更高采纳率，那么法院的居中价值就没有了。建议科学分析中央决策，不是所有的指标都需要加码，有些或许是越多或越少越好，有些保持在一个稳定区间最好。

在中央与地方的权责划分上，我没有细致研究。中央很多判断都很有实践价值和意义，比如“绿水青山是金山银山”澄清了一些地方把环境和经济发展对立起来的错误。这些大的原则由中央定调，一些细微的操作层面如何发挥地方、企业、个体的积极性，显然全靠中央不行，活力会降低，过头也缺乏合理性。我大胆试想，中央做一些有争议的原则判断，微观领域让地方自己制定政策，中央对政策跑偏予以纠正，对执行问题予以监督会不会更好些？

结尾再附上这一年的收获和工作：

以前的精力主要放在法治领域，但对经济、公共管理等领域还摸不到门道，现在则有了更深刻的认知。如看到一些关键性数据，就能够对一个地方经济有一定的了解，哪些指标可能有出入，哪些方式可以推进经济社会发展都有了一定的理解，对于提升自己的综合能力有显著意义。

在这一年里，除了调研了解实际情况，也真的希望多干点实事，也看看那些理论知识在实践工作中是不是真的有用？我分管领域不多，集中在科技和大数据，这一年正赶上国内国际局势变化，对科技创新格外重视，如何在像漳州这样有较好的自然社会环境但缺乏科技创新基础和大学等科研机构的中等发达城市能够补短板，强弱项、提质量，是摆在面前的一项重要任务。在这一年里，我与科技和大数据局同仁一起，有针对性地做了一些事情。

一是坚持开门制定政策。调研中发现，一些企业对惠企政策不了解，过去了解惠企政策多是到政府部门去喝喝茶聊聊天，现代年轻企业家不太常用这种方式。我大力推动民主立法，在制定惠企政策的时候，注重广泛征求企业、科研机构和科研人员意见，出台一系列政策文件。让大家参与进来至少有几个好处：各方利益能够在政策制定前得到表达，执行起来熟悉度高，最重要的是可以了解彼此难处更容易形成互信。2020 年全市享受科技惠企政策企业 722 家（次），享受金额合计 2.068 亿元，有效地激发了企业自主创新活力，撬动全市研发投入 70 多亿元。

二是着力建强科创平台。针对漳州科研平台较少，着力搭建政校企三方合作平台，先后带队组织装备制造、钢铁、食品等行业企业赴北京、西安、无锡、厦门等地高校、科研院所开展对接活动，推动市政府与北京科技大学、武汉科技大学形成市校战略合作关系，促成技术成果（项目）对接近百项，有效解决了制约产业发展的技术瓶颈难题。设立技术转移机构，激励引导产业技术研究院开展技术研发、解决行业关键技术需求。

三是持续推进科特派工作。针对农业科技薄弱，实施“科技特派员百企千村工程”为民办实事项目，在全省率先实现“三个全覆盖”，让很多农村老百姓得到了实惠。

四是深入推进创业创新工作。针对众创平台“小、散、重”现象，整合全市双创力量、制定行业规范，探索适合漳州的众创空间孵化器运营标准化流程和能盈利、可复制的双创平台建设模式。在第八届福建创新创业大赛中，漳州获得大赛 12 个奖项中的 5 项大奖，获奖数位列全省第一。

五是注重抓好科普宣传。为厚植科技土壤，组织市科技局每月编发一期科技咨询，介绍当前的最新发明、最新技术、最新创造，并对可能给漳州市产业发展带来的影响进行分析，推送给县区领导干部和科技系统干部及相关企业家，进一步加强领导干部对新科学知识的学习和对最新科技发展趋势的掌握。主张科普资金不要撒“胡椒面”，要更多地向儿童倾斜，由此培养科技创新的未来动能。2020 年度科技工作受到省科技厅来信表扬。

科技创新不能一蹴而就，在数字赋能、科普培养、激发市场主体创新上自己还有一些想法，也专门写了几篇文章进一步总结创新的要素及企业作为创新主体的动能激发，如《科技创新的要素分析及现实路径》（《国家治理》2021 年第 4 期）、《激发市场主体的创新动能》（《科技日报》2021 年 5 月 27 日）等。

除了日常工作，本人还积极参与地方性法规和规范性文件的起草、讨论，认真研究并提出意见建议，多次为市直机关和县（区）、乡镇基层干部授课，增强基层干部的法治观念。其间一有时间就到基层调研，除了自己分管领域的工作，还主动涉猎经济发展、营商环境、乡村振兴、基层社会治理、生态环境保护、文化旅游等领域，在充分调研和深入思考的基础上，提出关于优化人才引进政策、完善自然资源领域审批制度改革等多项对策建议。自觉很有意思的是，还在初中和小学对“何为公正？”进行了研讨式教学，产生了很好的效果，并协助当地中学成功申请了教育部重点课题。在漳期间，也得到不少朋友们的帮助，政府机构、国内知名企业和大学科研机构来漳支持漳州经济社会发展，漳州要整合成立大学，提及纸质书籍不够，陈百顺社长、王斌总经理、廖晓文编辑等代表各自出版集团捐赠40万码洋图书协助漳州大学图书馆建设。在此对各位领导和朋友们的支持表示衷心的感谢！

漳州，青山绿水之间可览江水、徜碧湖、观蓝海、逛古城、赏古建；漳州的季节可以按花果划分，地域可按特产划分，山珍海味、鱼米之乡、清泉煮茶，四时花不断、八节果飘香；漳州人热情好客，宽以待人。林语堂是典型的漳州人，他曾这样讲“如果我有一些健全的观念和简朴的思想，那完全是得之于闽南坂仔之秀美的山陵”。可以说，林语堂笔下“生活的艺术”很大程度上正是漳州人的写照。上得厅堂下得厨房，对知识也十分尊重，见贤思齐是很多漳州人的家训。110报警服务热线、12315消费者投诉热线都发端于漳州……

我在漳州工作得到了很多支持，人们也并不排外。在这一年里，我和当地人一样，都深深地爱上了这片土地，爱上了这里的人，也由衷地希望为漳州做一点事。在漳州的讲课费都直接打到了谷文昌干部学院（纪念谷文昌——一位非常伟大的县委书记而建），鉴于孩子们锻炼的地方还是太少，这笔钱已用于漳州南湖公园，建立了一个免费的儿童锻炼场所，希冀孩子们有更多不以考试为压力，而以娱乐为动力增强体质的地方。高新区副区长蓝磊博士题词：“愿你常怀理想；愿你倍添勇气。”这也是我对孩子们的期望。

原载《法学学术前沿》2021年8月10日

绩效制度不应成为一种“剥削”手段

设立大学的目的是为了教书育人、授业解惑、解决经济社会问题、推动社会进步，搞科研只是其工作职责中的一部分。但现在却由于绩效考评体系过分强调科研，强调要快速出成绩，导致了高校的老师普遍不愿意去教书，而是把大量工作放在多发文章、多主持基金上来；特别是高校越“聪明”的教授，越不愿意去上课，都是神龙见首不见尾，只顾自己做课题出文章。

究其原因，是现在许多高校普遍执行绩效制度，大学对新招进来的教师，只签6年的临时工合同，到了第5年的时候，如果觉得你不行，就不再续聘。这个“不行”主要是论文、课题这些能够量化的指标。这个制度是从美国引进，但在片面追求“高速度”的带动下，这个制度也走了形。比如说，很多学校利用这个本质上就是临时工合同的制度，来要求青年教师们比拼论文，二选一、三选一，乃至几十个人中选一个的情况都有，把本来底线的制度变成了竞争性的无底洞。谁发的论文多，谁就留下，许多青年老师为了能够提升薪酬、评聘职称，不得不把大量的时间和精力花费在发表论文、申请基金项目上。人的精力都是有限的，所以才会导致许多教师发出“教师全心全意投入教学就是自我毁灭”的“肺腑”感悟。“传道授业解惑”本是三尺讲台赋予教师们最神圣的使命，可如今，在绩效考核的“指挥棒”作用下，教师却只能无奈地把主要精力放到科研和课题上，成为安身立命的法宝。

创造性的东西没那么多，也不可能那么快速。学问本就需要“慢工出细活”，教学科研水平，也是个逐步积累的过程。当前“重科研、轻教学”的评价导向，甚至是“重量不重质”的评价机制，逼着教师早出活、快出活、多出活，而不是出好活，使青年教师疲于学术产出，也刺激了很多教师为了完成评职称的科研量化指标，编造出很多没有价值的文字，甚至做出一些学术不端行为。

不仅高校这样，生活中比比皆是。这些扭曲的绩效考核评价体系，实质是在浪费人的时间、精力乃至生命，极致化后就是一种赤裸裸的“剥削”。本不科学的标准被无限放大，所以我们看到医生、大学教师为考核写着很多没有建树、没有思想、没有方案的论文、写完后还要找人发论文；我们看到互联网行业流行的“007”“996”工作模式，无不在“剥削”着“码农”的身心健康；我们看到外卖行业“唯快是图”的考核机制，基于“算法”的派单模式、严苛的经济扣罚模式，正在变相鼓励忽视安全风险，让外卖小哥“拿着生命安全在送餐”……

这种绩效考核的后果是让人感觉人生困境重重、广泛焦虑，甚至身心俱疲，引起心理创伤。如复旦大学教授因六年到期，科研任务考核不达标，被解聘后疯狂报复；因为这种绩效根本达不到而出现广泛的造假，最后不知哪些数据是真，哪些数据是假；一些人选择“躺平”，以消极的心态看待社会和生活，以寻求内心所谓的安宁……这一切对于个人和社会而言都是巨大的危机和浪费。

绩效制度的设计要符合一定的标准，否则绩效就可能成为一种新的“剥削”工具，在现代社会，人应当是目的，而非手段。

一是绩效制度不得违反法律法规。“996”甚至“007”在互联网行业大行其道，成为一种大家不得不遵守的工作方式，而且鲜见相关企业得到处罚，这个也反映了当前一些行业处于企业失控、监管失序、工会失灵的状态。劳动者处于弱势地位，不遵守“996”则可能失业，连饭碗都没有，而且不这么做的话，后面有一大堆的新晋员工随时都会顶替掉自己的位置。这种做法明显违背《中华人民共和国劳动法》，违背现代法治精神。

二是绩效制度不得侵犯人的基本权利。比如一些外卖平台利用算法，“精准”给外卖小哥分配任务。这种做法虽然在一定程度上提高了工作效率，也让平台一年能多赚不少，但这种分派任务的做法，外卖小哥没有自主选择性，基本上都不能好好休息，侵犯了劳动者休息的权利，而且他们工作一旦超时就会被扣钱，外卖小哥为了完成任务只能选择铤而走险，不顾交通安全规则。在利润的驱动下平台想方设法用绩效的方式大量派单，克扣工资，如此逐渐演变成了一种新的“剥削”方式。

三是绩效制度主要应该是底线要求而非竞争性规则。高校流行的“非升即走”制度在美国其实是一个底线要求，只要能够胜任学校教学的基本要求，就可以留下来。应聘者大都会在去应聘之前就衡量自己是否可以在6—7年完成应聘单位的任务，如果觉得自己能够胜任，才会去应聘。这种合同除了对于教学任务有较为明确的规定外（比如需要上多少门课程），对于科研任务并无特别具体的规定。在国外这种制度是一种底线要求，而到国内却演变成竞争性的，变成要在规定的时间范围内发多少篇文章或者主持多少个课题研究才能符合要求，甚至实行末位淘汰制，人为制造内卷。

把原本的一件好事——青年教师可以获得进入“终身教职”的机会——变成了令人恐怖的事情，“非升即走”，这令青年学者徒生紧张，总是被“即走”的严重后果压迫着，难以安心正常工作。这项策略最早在企业中使用，但经年实验表明，在“非升即走”的公司中，那些崭露头角的新星要么早就离开公司去开始新的事业，要么正在酝酿逃跑计划。人的工作能力是有限的，不能对其无度地提出过高要求，形成指标竞赛。绩效的奖勤罚懒主要是底线要求，是激励手段，做不到底线是不值得肯定的，完成了工作任务不宜使用惩罚的方式。

四是绩效制度应注重内在合理性。绩效的设计要精准科学，要有内在合理性，应设置一些人们可为的、通过努力就可以做到的条件，而不是“挟泰山、跨北海”。比如，一些平台对群众投诉处理满意度的要求要超过95%，有个别行业由于工作性质的特殊性，如城市管理局经常需要处理违章搭盖、摆摊，物业与业主、业主与业主之间的矛盾等问题，有些问题很难求全责备，做到双方都满意；而考核机制设置上要求满意度一旦没有达到95%以上，会导致年终绩效考核被扣分，影响到绩效奖金，更有甚者还可能导致被处分。再比如，有人自行车丢失，报警后警察也积极去寻找，但最终没能找到，失主自然是不满意的，因此也不能仅仅为了当事人的不满意而去处罚甚至追责警察。

绩效制度是一种重要的激励制度，但绝不能成为新的“剥削”手段。本文不是在抵制竞争，不是否定绩效，更不是为杀人者寻找借口，但任何极端的方式都不值得肯定，绩效制度也是如此。

原载《中国法律评论》2021年6月15日

责任超出权力易诱发不作为

现代社会有一条基本的追究责任的原则，我们称之为权责一致原则。

现代意义上的责任追究是和权力归属紧密联系在一起的。这条原则的内在逻辑是权力是人民的，人民赋予的权力不得滥用。只要在权力范围内出现滥用，必须有人为此承担相应的责任。

权责一致原则要求责任和权力相匹配，保持一种微妙的平衡关系。当责任的范围低于权力的范围时，对行使权力的积极性和主动性影响不大，但增加了滥用权力的风险；当责任的范围高于权力的范围时，增加了权力行使的责任感和危机感，但可能减少行使权力的主动性和积极性。因此权力过大或者责任过大都不是科学制度设计的内在要求。

在人类传统治理中，权责不一致经常发生。

最显而易见的问题是权力过大，责任过轻造成的。因此当这个问题积累到一定程度时往往会把解决办法寄希望于严密制度体系。“摇手举足，辄有法禁”，但又产生了效率低下，遇事久决不断的问题。“人心日柔、士气日惰、人才日弱”（《水心别集》卷十二）。唐朝时期的韩愈曾作《进学解》感慨自己：“跋前踬后，动辄得咎。”如同狼向前进就踩住了自己的颈肉，向后退又会被自己的尾巴绊倒，进退维谷。《清史稿》（徐继畬传）中也有类似的记载：“现行之条，苦于太繁太密，不得大体。尝见各直省州县有莅任不及一年，而罚俸至数年十数年者，左牵右掣，动辄得咎。”

施行的条例，困苦于太繁杂、太细密，体现不出国家大局。常常看见各直属省管辖下的州、县官员有上任不到一年的，而罚薪俸到几年、十几年，左边牵制，右边干扰，只要一做事就会得到过失或罪责。在这种情形下，地方官员即便有抱负也很难得以伸张，甚至不敢有自己的是非判断，造就了更多不愿为、不会为、不敢为的官僚。不为或者等待上级命令成为常态，阿谀奉承一流，干实事的能力有限，毕竟干得多错的机会就大，且语言的多面性加剧了由上至下评价的不确定性。

中国古代的一些思想家看到了问题和症结，也提出过一些方案。争论过究竟是法家好还是儒家好，究竟是分封制好还是集权制好，究竟是道义为本位好还是以功利为本位好，究竟是“圣君贤相”好还是“无为而治”好等等，但都难以切中要害。

中华人民共和国成立后，从某种意义上说也是在探索权责关系的问题。

改革开放以后，极大地激发了各地竞争和发展的积极性，但在责任追究制度的设计和执行等方面有所欠缺。党的十八大以来，对遏制腐败出以重拳，相对中立的监察机构建立与完善，起到了遏制权力滥用的重要作用。

随着制度的不断完善，既要防止追责不力，也要防止追责泛化简单化问题。如果责任过重，不论如何道德激励，都不如权衡后的责任重，很多人容易担忧过多而畏首畏尾，本来那些虽然没有规定，但基于常识和合理性原则就可以办的事情变得似繁文缛节，拖拖拉拉，甚至办不成。

生活中需要运用合理性原则、比例原则来处理的事务一点不比合法性的少，这种积极性如果无法得到激发，效率就会受到很大影响。特别是疫情后需要更大范围地激发各个地方、每个人的积极性。

当然这个平衡点并非那么容易找到，有时过大有时过小都难以避免，但这种平衡追求不能停止。基于此，我认为至少有以下几个方面可以促进权责一致原则的实现。

责任法定，有责必究

只有法律明文规定，才能成为确认和追究违法责任的依据。对违法责任的确认和追究，必须严格依法进行，并严格限制类推适用；同时，有权有责，有责必履、失责必究。

以过错责任为主，无过错责任为辅

现代社会的责任追究不完全是过错责任，即不完全因为行为人主观上有无过错而承担相应的责任。影响过大，也会追究一定的无过错责任。但无过错责任，即便是问责，也一定要有理有据，如同民事责任要十分慎重地运用无过错责任一样，过多以无过错责任来追究，会使人们无法预知自身行为的安全性，容易产生“多做多错，不做不错”的错误信号和心理认知。

正如《中国共产党问责条例》所说的，问责要“综合考虑主客观因素，正确区分贯彻执行党中央或者上级决策部署过程中出现的执行不当、执行不力、不执行等不同情况，精准提出处理意见，做到事实清楚、证据确凿、依据充分、责任分明、程序合规、处理恰当，防止问责不力或者问责泛化、简单化”。

追责要考虑比例原则，避免不当联结

追责要符合比例原则，第一，责任的追究要符合正当性的原则，即追责的原因是违法和有过错，而不是其他什么原因；第二，追责要符合比例，不能拿着大炮打蚊子；第三，追责也要考虑所追究的责任与行使的权力的内在必然关联性。

这既是权力行使安定性的基础，也是现代文明的要求。开车挠痒是否应该罚款罚分？官员发微信朋友圈点赞是否有必要追责？大多数人恐怕难以认同，追责问责要考虑比例原则和内在的合理性。

贯彻人民主权原则

传统治理中，即便加大监督力度，仍然是少数人对多数人的监督，具有射幸性，只对上负责的制度逻辑也很难真正激发官员们对下的责任心。人民主权原则把公务员职务和切身利益勾连得更加紧密，也设计了更加合理的进退制度和承担责任的制度，为人民服务不再仅仅是一种督促或要求，而是治理者现实的利益取向。

自律—监督原则

传统的管制—监督模式难以对全社会进行科学的、有效的、全面的监督，且法不责众有时也在发挥一定的作用。而以道德自省为基础的自律即使在古代农业社会也难以产生普遍真实的效果。以权利为基础的自律更符合人的本性需求，构建和完善以权利为基础的“自律—监督”模式是国家治理体系和治理能力现代化的必经之路。

原载《中国法律评论》2020 年 7 月 16 日

过度的“比”不是社会主义

“比”这个字最早出现在甲骨文中，形象是两人步调一致，比肩而行，没有大小的区分，有“差不多”“并列”等含义。如《诗·小雅·六月》中“比物四骊”，《尔雅·释鸟》中“南方有比翼鸟焉，不比不飞，其名谓之鹣鹣”。虽然也有一点比较的意味，但没有那么强烈。直到秦王朝使用隶书开始，“比”这个字逐渐演化成两个匕首的“匕”组合在一起，左面的“匕”逐渐小于右面的“匕”，有明显超越、高出一头的意思。

能不能“比”？我觉得，这个“比”应该是学习，择善而从之，而不应该非要高出一头。今天，我们经常讲初心。我们党的初心是为中国人民谋幸福，为中华民族谋复兴。社会主义的初心也有废除剥削，实现自由和大同的含义。必须要强于对方的过度的“比”与初心相悖。

过度的“比”至少有以下坏处。

第一，过度的“比”可能带来反向的效果。我曾介绍过信访、调解等由于层层加码，最后要求满意率达到百分之百。有的人自行车丢失，警察也认真找了，结果没找到，当事人说，“我对你的工作满意，但丢自行车我不满意，所以不能给满意”。有的信访纯家事也要政府管，不管就上访，己方利益达不到预期就给信访工作打不满意。因此有的同志戏称，用了百分之十的精力去管那些该管的，而百分之九十的精力却管了那些不该管。这里必须要澄清，追求满意率确实对于提升政府工作态度发挥了重要的作用，但不能简单粗暴地作“比”，可以作为参考，绝不能极端化。现在很多领域都要求“百分之百”，这影响正常工作的积极性，也不是实事求是的态度。

第二，过于急切的“比”不能准确反映实际情况，甚至会变相鼓励弄虚作假。人是趋利的动物，无论如何都难以全面克服。以高校发文数量为例，虽然国家也三令五申不以课题论文数量为指标来判断学术水平，但如果没有了这个“学术 GDP”，在学校看来，似乎就没法证明自己“强于”别人，有没有思想性、学术贡献、课题是否真的解决了实际问题都很难判断，就看发了多少文章，拿了多少课题，因为这个好统计，可以“比”。后果是老师们不管是否真的有思想，皓首穷经是否真的对社会有用，只玩命找人发文章拼命找课题。这种做法有的时候对社会发展还有副作用，因为一个大家共识性的学术观点显然杂志发不出来，“扭曲”常识才可能发出“惊世之言”，专家变“砖家”这个“比”也发挥了一定的作用。当然，也不只是“学术 GDP”。

第三，过度的“比”容易让人产生等级感，激发人潜在的嫉妒心和炫耀意识。只有在压迫社会，才需要证明一个人比另一个强。历史上有石崇与王恺争豪，沈万三炫富……失利一方往往心情郁闷，甚至会做出恶行；而获利一方虽一时得意却难以长久，甚至引火烧身。现代社会，各有其长，没必要非要搞个高低上下，人们才会从容淡定。水平自有公论，过度的“比”则蒙蔽了双眼，似乎“GDP”高了就高人一等，有了俯视的权利和待遇，无谓地增加了等级观念，不利于现代平等意识的形成。

第四，过度的“比”容易产生极大的心理压力且不“人性”。要求完成符合规律的工作量可以理解，但一些企业单位末位淘汰制度，无论多努力，总有一个人会成为末位，这等于要人无休止地工作，才能争取让自己“比”过他人。再如一些高校“非升即走”的规定，若干人被选择但最后只录用发文章最多的那一个，最多是多少？没有头，大家熬白了头伤坏了身，很多还是无用功。这既不符合科研规律，更不符合现代社会的幸福法则，是赤裸裸的剥削。现代社会的终极目标是人民幸福，这也是社会主义的初心。一切与这个初心相比不一致的地方，都应当是改革的目标。

人类一直都有结合自身实际学习他人好东西的愿望和能力，这是人性自带的光芒，“比”要有度，无须也不应强求。

原载《中国法律评论》2021 年 10 月 27 日

疫情防控恪守宪法底线，伤身不能再伤心

这次疫情来得突然，如何避免疫情大面积传播成为当务之急。从上到下、万众一心抗击疫情，采取了很多方式，同时要恪守住宪法的底线，运用法治思维和法治方式开展疫情防控工作。

毕竟，疫情一定会过去，但中华文明还将长久存在。这些年来法治建设所树立起来的一些现代文明的理念与实践绝不能因疫情而被击垮。这些宪法理念是人之为人的内在属性，总书记要求“全面提高依法防控、依法治理能力”[①]。

在这里，我们重申这些理念，既有利于缓和疫情期间造成的一些矛盾，也有利于未来社会继续朝着文明的方向发展。因此要留意和防范以下几个方面的问题。

（一）不能以多数人利益为由漠视少数人的生命权

由于武汉作为疫区医疗资源有限，看到一些病人因没能得到及时确诊或救治，不得不在家自我隔离。有些地方，普通发热、普通肺炎都难以得到救治。

有人认为，武汉治疗不了也要老老实实待在武汉，其实还有其他的办法，除了驰援外，还可以允许这部分人以相对无害的方式转到更有医疗条件的地区等。

另外，从心理上讲，以医疗条件有限而未考虑这部分人的救治，很可能会使人产生疏离感甚至被抛弃感，引起无序“逃离”疫区，或者因自我隔离而听之任之，不注意自我防控或阻断传播。

近来，看到微信朋友圈不少人转发可以为没有得到隔离收治的确诊、疑似、密切接触者以及无法排除的发热者提供救助通道的信息，希望能够有效果。尊重生命权是现代文明的应有之义，也是有朝一日自己成为弱势群体的必要保障。

① 《习近平主持召开中央全面依法治国委员会第三次会议强调 全面提高依法防控依法治理能力 为疫情防控提供有力法治保障》，《人民日报》2020 年 2 月 6 日。

（二）不能以多数人利益为由歧视少数人

我们看到，一些地方出现了一些专门针对湖北的标语，如“湖北回来的人都是定时炸弹”。有的地方公告称，凡是发现来自湖北的，每例奖励200元，凡是发现来自温州、台州的，每例奖励100元。

有一个鄂A牌照的车主，一度在高速路上“漂流”了6天，酒店不让住，饭店不卖吃的，凡是与湖北沾到边的人们被当成“危险人群”。

《人民日报》《光明日报》相继发文，呼吁“‘抗疫’不能变成恐鄂”。我们要牢记，我们是与病毒的战争，不是与自己人干仗。有的人，嘴上虽然没有这么说，但在行动上也有类似的对湖北的歧视，曾出现过暴露他人信息，致使病患遭到歧视甚至人肉搜索的现象。即便严重的传染性疾病，依然不能影响宪法中的平等权。

从现实利益而言，歧视只会让这部分群体感到生病是一种羞耻，而这样的结果会使生病的人刻意隐瞒病情，不去保护他人甚至恶意传播。

试想，如果因你是来自疫区的中国人而被他国歧视，你会不会感到特别的愤慨？恪守宪法中的平等权，防止任何歧视性的语言或行为，也是当前防疫中的一项重要内容。

控制永远不如激发人的自觉性效果好，如果控制是必要的，那么坚守宪法底线，防止任何歧视性做法，激发人自觉对社会的责任感同样是必不可少的。

（三）不能以多数人利益为由对少数人缺乏最起码的人格尊重

能够理解“封”和“堵”对于防止疫情蔓延的意义。

但一些车辆车主在没有任何病兆的情况下仅仅通行也不行，甚至有些运送医疗和救援物质也被封堵。有的小区不让回家直接劝返，有的人堵在路中进退两难；有些执法者对过关人“恶语相向”，把打算过去的人首先假定为逃离的病患；有的小区门前写着“出门打断腿，还嘴打掉牙”。

试问有什么权力做此规定？

我们知道，人的本性中都希望自己比别人拥有更多的特权，都希望颐指气使。但这种现象如果不加以制止，将有把这种无序变成野蛮的可能。

我们知道，法律规定，只有中央人民政府有权进行跨区交通管制，县级以上人民政府可以在辖区内实行必要的交通管制，村委会或居委会需经县级以上人民政府同意，否则无权进行交通管制。“打断腿”“打掉牙”可能还要负刑事责任。

即便封路也要遵循一定的原则，最好能够对不同区域加以界分，毫无区别的一律禁行，不让通行不让回家的做法不但侵害了宪法规定的财产权利和自由权利，而且让他们返回又增加了一层风险。完全可以通过测量体温，居家观察等更为柔和的手段来解决这样的问题。

否则带来的问题会比解决的多。

我们看到，四川正在以市（州）为单元，根据疫情状况分为无现症病例区、散发病例区、社区暴发区和局部流行病区四类地区，采取不同治理手段，既可最大化防止疫情扩散，又能一定程度保障社会经济正常运行，值得学习借鉴。

（四）不能以多数人的利益为由侵犯包括言论自由在内的各项自由与权利

宪法规定的言论自由是最好的避免谣言的方式，当人们看到各种各样的议论，自然会愿意做出更为理性地判断。

如果只有一种声音，一旦错了，将公信力尽失，人们会变得更加不淡定，焦虑往往结果是不出事则已，一出事就是大事。

人们从什么都信到什么都不信，同样可怕。“只要信息基本属实，发布者、传播者主观上并无恶意，行为客观上并未造成严重危害，我们对这样的‘虚假信息’理应保持宽容态度。”①

大疫来了，不是群情的狂欢，不是世界的末日。疫情要控制，不是一朝一夕就能完成，依然要遵循比例原则。恪守住宪法的底线，伤身不能再伤心。我们在关注大事的同时，也要留意那些生活中的小情，让普通人也能够感受到抗疫也有温情的一面。

原载《中国法律评论》2020 年 2 月 12 日

① 《治理有关新型冠状病毒感染的肺炎的谣言问题，这篇文章说清楚了！》，新华网，http://www.xinhuanet.com/2020-01/28/c_1125508460.htm。

禁摩限电不能在“禁与不禁”间徘徊

防范电动车带来的危险难道只有“禁行”与“不禁”两种选择吗？“一禁了之”一般而言都不是现代治理的主要方式，而简单的支持和反对也不是应有的解决问题的态度，解决这类问题的关键应该是让人们遵守交通规则，而不是不让其出行。

近日，深圳掀起了一场史上最严“禁摩限电”整治活动，北京等地在一些路段也准备实施禁行，风波正在全国蔓延，影响还在持续发酵中。政府禁行自然有其道理和法律依据，摩托车、电动车泛滥，已严重影响市民出行安全，存在重大的交通安全隐患。为此，《深圳经济特区道路交通安全管理条例》《深圳经济特区道路交通安全违法行为处罚条例》等做出了相关规定，《道路交通安全法》也进行了宽泛的授权，“依法应当登记的非机动车的种类，由省、自治区、直辖市人民政府根据当地实际情况规定”。

这次“禁摩限电”行动引起了社会上的激烈讨论，也不乏质疑的声音，如这一行动的依据是否符合宪法和法律的精神，制定过程是否符合法定程序，是否符合“比例原则”“信赖保护原则”，等等。

“禁”与“不禁”双方各执一词，显然也都有其道理。生活中，人们在享受电动车带来便利的同时，也时时处处感受到电动车逆行、超速、闯红灯带来的危险。我们要问的是难道防范电动车带来的危险只有“禁行”与“不禁”这样的两种选择吗？摩托车、电动车主要的问题不是它们的存在，而是车主不遵守交通规则，很多行人也是如此。因此，笔者建议：

在广泛参与的基础上制订统一的摩托车、电动车甚至自行车的速度、改造、车牌、车灯等规定，明确必须安装车灯，必须拥有车牌照才能上路（主要目的不是为了限制数量，而是为了便于依法追究责任），违法成本必须足以让车主不愿第二次再违反交通规则。

设计、划定摩托车、电动车、自行车道路，并明确只能在规定道路行驶。

依法惩治不遵守交通法规的摩托车、电动车。交警不可能将所有违反交通规则的相关车辆全部查处，也不需要一一惩治，只要形成随机性查处的执法环境，即只要看见违反交通规则的摩托车、电动车或者被举报并有

从 2016 年 3 月 21 日开始，号称史上最严厉的“禁摩限电”集中整治行动在深圳开展，该行动重点打击在地铁口、公交站点、口岸和商业区等聚集非法拉客违法行为。

充分证据就予以惩罚，形成遵守交规的社会氛围。

利用好媒体进行充分的法治宣传，以现实的案例使人们充分了解遵守交通规则的利益和不守规则所带来的实质上的利益损失。久而久之，摩托车也好、电动车也好，甚至行人就会在制度的引导下渐渐养成遵守交通规则的习惯。交通安全了，出行便利了，人们的生活也会更加舒适和幸福。

原载《学习时报》2016 年 4 月 22 日

稀缺或创造稀缺是万恶之源

本次宪法修改，完善了我国的根本任务，修改为“推动物质文明、政治文明、精神文明、社会文明、生态文明协调发展，把我国建设成为富强民主文明和谐美丽的社会主义现代化强国，实现中华民族伟大复兴”。

“富强、民主、文明、和谐、美丽”诠释了中国梦的内涵，也是未来一段时间的奋斗目标。

在这里，我想结合在德国观察的一些情况讨论一下如何实现的问题。

中国社会有两种争论由来已久，一种观点认为贫穷是社会不和谐、不文明、不公平的源头，因此，万事要考虑中国自己的家底、本土的情况，努力把经济搞上去；走向极端的认为发达国家的东西不符合中国实际，我们学不来也不必学。一种观点认为权力不受监督才是问题产生的原因，因此，监督权力、控制权力是根本办法；走向极端的认为全面学习西方可以解决所有问题。

我们在这里简单回顾一下历史，看看到底是什么影响了人们的幸福、社会的稳定以及国家的繁荣。

我们的祖先很早就发现了一条规律：贫穷的时候，人们很难顾及文明礼仪，很难重视自身荣誉、维护个人尊严。而且历史一遍又一遍地告诉我们，人们物质的极端匮乏往往是造成社会动荡的重要原因。可以想见，如果能够吃饱饭，恶性事件显然就会少很多。因此，我们很容易得出结论，物质的稀缺是社会不稳、人心不静的根源。

随着人类社会每一次巨大变革，生产力都会发生一次飞跃，都会带来物质的不断丰富。从每时每刻要打猎才能填饱肚子到生产工具的广泛运用，人类有了更多的闲暇，特别是进入现代社会后，市场经济的规律被充分认识，使得人们能够自主地进行生产，社会产品更加丰富。

我们知道，基于人的属性，资源完全满足人的欲望是不可能的。但多数人、普遍意义上的物质充裕会更倾向于减少社会动荡。这正是中国实行市场经济后所形成的社会状态。

随着市场经济的不断发展，物质的不断丰富，资源供给的大幅度提升和中产阶级的增加，“有鞋穿的”越来越多，对社会稳定是好事。不过我们也看到，当前还没有达到理想的社会状态。“我们面对的改革发展稳定任务之重前所未有，矛盾风险挑战之多前所未有。”[①] 虽然“仓廪实”，却没有带来全面的“知礼仪”，焦躁争抢一定范围仍然存在，活得舒心还没有普遍实现，还有什么原因影响了人民的外部和内心世界呢？

显然，物质匮乏是万恶之源！但不是唯一的原因。

从人类古代开始，权力就在有意地创造稀缺性，这是影响社会繁荣稳定的另一个原因。在古代社会，权力几乎意味着想怎么干就怎么干，权力本身就是稀缺资源，从争抢权力开始，几乎所有的资源分配都不是公平的。

即便资源够用，历史上权力也有很多办法故意创造稀缺性，以加重自

① 《习近平关于全面依法治国论述摘编》，中央文献出版社 2015 年版，第 4 页。

己的话语权。只有创造出稀缺性，才能够寻租，才能够拿权力交换到现实的利益。

创造稀缺性，给国家和社会造成的最大损害不是经济上的，而在于人心，当然对于经济的损害也是不言自明的。

正当获得资源是非常态，因此不择手段地追逐权力，苦心孤诣地营造“人脉”，千方百计地争夺资源就特别重要。人们发现没权没钱不争不抢得不到应该拥有的资源，或者说，不正常的手段可能得到不该拥有的资源。

后果是人们都变成了“聪明人”，排队多傻，维护自身利益哪需管别人的死活？那些鸟兽花草甚至人都是手段和工具，不要指望对自然有什么敬畏之心，也不要对他人和社会的利益有什么考虑之意。

顺便提及的是，这不是哪个国家特有的，18 世纪康德提出“人是目的”的论断在当时的欧洲有很强的针对性。社会分配不公的后果是，一旦某些人存在着特殊的权利，就会像石子扔进池塘，不安不满层层传导，进而加剧“官”“民”矛盾，而这正是不文明不和谐的源头。

党的十八大以来，权力的笼子日益扎紧，有权不能滥用渐渐成为社会通识并应用在实践中，过去那种“简单粗暴”地创造稀缺并把资源分给利益关系人的方式已不多见。但由于惯性依然还存在着各种各样不易察觉的、间接的缔造稀缺性的方式，而这些方式仍然阻碍“中国梦”的实现。

其中之一是把本来不太充裕又十分重要的资源进行评比、评优，并依据经济或政治优势赋予某些特殊阶层，将其分为三六九等，比如医院、学校、幼儿园，等等。这就使优质资源更加稀缺。

这种办法在过去给管理者带来了不少好处，想要上好学校、好幼儿园……钱和权能够发挥一定的作用，也造成了虚荣与社会攀比、不安和不满。

还有生活中从高校到小学、从机关到企业的各种评审，并非说不能评审，只是给权力创造了太多的机会，还加重了人与人之间的敌视。如果以小政治的格局，或许认为不是坏事；如果用大政治的胸襟，对社会正常发展不是好事。

当然时至今日，可以寻租交换的空间越来越小，但这些制度依然存在，结果人心还是不能淡定下来。为什么孩子要找一个比别人差的学校或幼儿园，产生低人一等的心理？很多家长仍然想方设法谋求改变。

此外，达到一定级别的领导同志可以享受不同的医疗服务，孩子可以接受特别的学校教育，甚至食品、水等生活用品来源不同。一方面，使他们很难了解民众的诉求，缺乏改革的动力；另一方面，使人们产生畸形的追求和弥补不平等的虚荣心。

我们注意到，德国人明显淡定很多。我的体会之所以如此，在于与民生相关的各个领域没有明显的差别，更没有特权的医院和学校。虽不能保证强人有多好，但可以保证底层不会太差。

垄断或者企业依附于权力是经济领域里制造稀缺的一种重要方式。不仅造成经济领域的无效率、创造力差，更重要的是排斥了其他更有能力和创造性并能提供更好服务的企业进入这一领域。近来鸿茅药酒使用公器抓捕质疑者，乡镇干部威胁调查污染的央视记者等，也是制造或维护稀缺性的方式。

还有更为常见的层层繁复的审查制。以坐火车为例，过去人们生活不富裕，加之火车等交通工具供给不足，不能完全满足人们的交通需求，逃票者众，对于逃票的审查环节也比较多。我们都知道，日常乘坐的火车，进站查一次，上火车前查一次，在火车上查一次，下火车依然要拿出来票再查一次。这或许能够解决铁路公司人员有事干的问题，但既增加了乘坐火车的成本，又带来了消费者的不便，更影响了社会的效率。

当下依然延续了这种审查制。记得一次出北京南站，找火车票嫌麻烦，嘟囔了一句，“一路查了三四回还不放心呐？”当时查票人呵斥的倨傲神态仍然历历在目。赶火车我们至少要提前一小时到火车站；而在德国，你只需要提前五分钟。火车上查一次票，如果逃票或者上车买票，会被处以重罚。这个问题就解决了。

当然，每个问题的解决方案都各有利弊，但哪种方式利大是显而易见的。

事前审查制是古代社会权力制造稀缺的一个变种，事前审查很多时候没有真正解决问题，却造成了更多的问题，比如效率的浪费，更该进入市场的企业或产品被卡住进不去，责任不清等。当然，关于是否进行事前审查的争议很大，有必要对现行的所有事前审查进行一次全面或抽样评估，看看到底解决了多少问题，带来了多少问题。

我们注意到，去年上海取消房屋建筑工程施工图审查抽取选定制度，改由建筑单位自己选择审图公司并自行负责质量。业内人士曾揭露这种审查制度的弊端，“破坏行业竞争，为质差企业保驾护航，审查师并不一定审查得更好，反而使施工企业逃避责任，怠于管理和监督等”。

其实，事前审查可以考虑改为进入市场后的随机性抽查、可追溯机制加上更为严格的追责机制，既确保违法无处可逃，又保证形成有效的震慑。德国的食品安全性高于中国，但他们的把关更多强调的是自己要对自己的企业负责，政府随机抽检，中立机构预防和监督，出了事不藏着掖着的透明沟通机制，以及让人长记性的惩罚机制。

谁也不能保证没问题，但让自己对自己的行为负责是一条基本的原则。有个德国非常有名的面包公司因质量丑闻被曝光，最后被迫破产。这给整个社会食品安全质量保障都敲了警钟。

防止创造稀缺与去特权的道路其实是完全一致的。

生活中维护或创造稀缺性的现象还有很多，不胜枚举。如利用不公开透明的制度漏洞选择性审批、选择性执法，有人可以提前知道信息逃避惩罚，有人则不能。制造稀缺性的不仅仅是权力机构，我们每个人也在不自觉地制造着稀缺，这与整个社会没有形成普遍的去特权和防止创造稀缺性的社会环境与有效制度有关。

当前我们的改革力度很大，方向正确，解决这些细节问题，将为我们成功转型升级，突破发展瓶颈起到至关重要的作用。

举个例子，我们在超市里会看到各种“进口食品”，他们独特的展柜、高昂的价格给人一种质量有保证的“错觉”。当然我们进口的食品可能多数是考虑质量的，所以平心而论并不太差，但中国比他们质量好价格低的产品仍然很多，但似乎我们的东西不够“高大上”。

在德国，大部分食品均是进口的，他们只区分哪些是生态的 (Bio)，哪些不是，决定产品价格的主要因素不是产地而是是否生态。尽量不人为地制造地域、人种、肤色、性别、年龄等领域的任何歧视或者稀缺，这是国家繁荣、社会稳定、公民幸福的基石。

中国的两种争论，都只看到了事物的一面。稀缺性以及创造稀缺性是人心不淡定的根源。资源稀缺，特别是创造的稀缺越多，离文明就会越远。

在现代社会，打破审查制的壁垒，减少或杜绝民生领域的评级，取消特权，把资源更加公平合理地分配，人们不再活在差异、攀比和歧视中是当下发展的当务之急。而这一切又因其与既得利益及特权意识密切勾连，也将成为进一步全面深化改革中的难点。

原载《中国法律评论》2018 年 5 月 6 日

“人的劣根性”是压制性社会的产物

鲁迅曾抨击中国人的劣根性，诸如见到权贵的奴性心理，只有活着才是最高目的的狗苟心理，“各人自扫门前雪莫管他人瓦上霜”的旁观心理，以及精神胜利法，狭隘保守，故步自封等等。但这些所谓的劣根性是中华民族与生俱来且不可更改的吗？

“劣根性”归根结底是长期的压制型社会资源匮乏、规则缺位、救济无效、无处发泄而促使理性人形成的一种自我保护的策略。

在漫长的专制社会，“听话”往往是暂时利益最大化的选择并深刻印刻在一代又一代人的记忆之中。在古代社会里，能活着已是不易，更别提有尊严的幸福生活。

国家的公立救济往往不好使，司法机关与行政机关合体，无法有效解决公民对于来自权力的侵犯，抗争的结果往往是身败名裂，又没有其它的发泄途径，莫不如精神胜利求得一时之安慰。

社会无法形成公平公正公开的氛围，“管闲事”往往容易“落不是”，国家社会与个人的利益没有挂钩的机制，人们没有动力和能力管别人的“闲事”。社会还没有习惯遵守普遍性的规则以及感受到形成规则后所带来的利益。更多的是，制定规则者不用遵守规则；遵守规则者不参与制定规则。

因此，遵守规则往往被看作是没能力的表现，有权的用特权，有钱的花钱，没钱的靠抢才能得到某种不该得到的利益，争抢正是资源匮乏、规则缺失后最理性获得资源的方法。加之农业社会本身的不开放性和国家有意识地阻止多元和开放，渐渐地形成所谓的“劣根性”。

但压制型的社会既非稳定型社会，也非幸福和效率社会。压制性社会无法避免历史周期率。在那个时代，拥有权力、追逐权力往往是大部分人的追求。毕竟得到权力就意味着得到特权，可以享受与大部分人不一样的人格尊重和得到不公平的利益。

不过我们也注意到，在那样的时代，无论高层还是底层，人们要么被权力所压迫痛苦；要么为攫取权力或维护权力而备受煎熬。

这样的社会既无效率也无幸福。

可以说，社会上的大部分人通常都只是权力的附庸，而不是为自己“生活”。特权意识所滋生的机会主义，使人们发现万事“赶早不赶晚”，“会哭会闹才有奶吃”，整个社会就会焦躁不安、急功近利。拥有权力的人随意地行使权力，人们得不到人格的平等和处理问题时的公平对待，生活得不舒心，大部分人就没有那么强的社会责任感。

“劣根性”是那个过去时代的产物，不是哪个民族固有的，更非不可移除。

改革开放以来，国人已不再是见到官员退避三舍，又爱又怕。前段时间几个官员打伞看孩子做操被网络一片批评。特别是“八项规定”后，“官老爷”的作风得到了明显改变。

可见不是不能变。

当然，我们看到生活中还有一些现象让人感到不满或不安。比如随地吐痰、不愿排队、到处争抢、和稀泥的执法或判决等等。治理体系和治理能力的现代化能够解决“劣根性”的问题。

民主是社会责任感的前提，是相互合作的基础。生活中，我们看到很多人随地吐痰，但一般人不会在自己的家里随地吐痰。人们感受到家是自己的家，也要让人们深刻认识到，国家也是自己的国家，自己或者代表是规则的制定者。规则能够反映自身的利益，促成了人的社会责任感。

历史上，人们把眼睛都盯在拥有权力的人身上，因为只有他们才是资源的分配者，而唯有媚上才能获得最大的利益。而身边的人的利益考虑与不考虑，尊重与不尊重都没有关系。媚上者必压下，人的尊严是个很奇妙的东西，总要找回平衡。而层层压下的后果到最底层没人可压，就可能精神胜利或形成互害社会。

民主让人们不再像历史上那样，随着大量自治性团体的出现，每一个人都拥有自己的权利与声音，只有相互合作才能达到目的和实现利益。

人类的资源永远是有限的，资源分配合理，会消解一部分不满。但人们仍然会追求特权，希望得到更多资源。

闯红灯有什么坏处？被撞到的概率极低，车绝对不敢故意撞，因为司机也要承担责任，闯红灯成本很低，而收获了时间和效率。有什么理由不闯？随地吐痰怎么了？既节省了纸又省了事！为什么要排队，耽误自己的时间！所以，有科学的规则特别重要，科学的规则让人们做出明确的利益衡量，促使社会文明更加文明。吐口痰包在一张纸里会节省很多成本自然不会再随地吐了……

当规则变成铁律，人们渐渐习惯并感受到利益，就会发现许多事情不需要着急，因为规则已经明确了，合理的事情就是能办，不合理的事情抢也办不成。当然规则科学特别重要，规则不能成为制度设计者刁难他人的手段，故意“强人之不能，禁人之必犯”，进而有选择地进行利益交换。这不但不能形成法治思维，反而进一步虚化了法治。

因此制度设计者一定应当接受某种形式的监督和约束，既包括制定过程需要相关利益人的参与，也包括其他程序的约束和多种形式的监督。

如果大多数人在制定制度或形成多数意见后要求执政者只顾及自己的利益，不考虑国家和社会长远发展怎么办？这就需要司法机关甚至合宪性审查机关有条件对此进行判断，综合进行考量，把社会危机纳入规则的轨道并予以化解。

即使运用法治思维和法治方式，解决劣根性的问题还需要一段时间。在这个适应期和过渡期，不仅仅从制度上着手，也要重视孩童的教育。

在德国，每个刚入学的孩子都会有一个更高年级的孩子与之为伴，并带他们熟悉新的学校和环境。

大学里也经常要求集体完成某项任务，各司其职、各尽其能。既激发了人相互关心的天性，也感受到了合作能够创造更大价值的道理。

此外，从小进行过马路不闯红灯、垃圾分类等现场教育，效果也很明显，当孩子都做到了，对成年人也是一个触动。

近来在德国访学，看到今天的德国人不疾不徐，随处排队、产品品质要求高等情形，想到一百年前的德国被看作次品制造国。

根本原因，是进入民主法治的社会，权力不再那么重要，也不能那么任性，公民的权利不会被包括立法在内的任何权力所随意侵犯，越来越多的人开始恢复本真，不需要都成为政治人，开始把工作和生活分清，开始不玩虚的，集中精力干好本职，开始寻求生活的真谛，开始享受生活，开始热爱自己生活的土地，开始热情包容地对待身边的人……

所以说，民主法治与人们的幸福紧密相关，劣根性随着时代的向前发展，认识的不断深入正在离我们远去。

原载于《中国法律评论》2017 年 12 月 9 月

何为公正？一节法治实验课

在调研道德与法治课时，我发现有的讲授者仍是旨在告诉同学们如何应对考试。比如当问及如何“关爱他人”时，考试应当做如下回答：“第一，要树立道德与法治意识……”这样的做法既不能激发人性中的潜质，也无法真正培养未来所需要的社会责任感，并非“道德与法治”课真正的意旨。听完课后，我想设计一节课，尝试激发出人性对于道德与法治的需求。

公正是社会主义核心价值观的重要内容，也是现代法治的灵魂和生命线。而什么是公正，却是个很难界定的概念。不容易定义是否就意味着极大的不确定性？若果真如此，法治将建立在沙土之上。

基于如上考虑，我设计了下面一节课。

我选择了初中二年级的学生来上这节课，为了消除拘谨，先与同学们做了一分钟的微运动。

我们并未给出任何关于公正的定义与例子，而是让同学们在一定时间内（20 分钟）通过提问或采访其他同学收集信息，形成、强化自身对于公正的直接或间接认识，并试列举出 1—3 条关于公正的社会现象和 1—2 条不公正的社会现象。我们请每位同学讲述自己认为的公正与不公正的现象（第二次课 6 人一组，1 个组员代表全组发言，效果更好），并通过在场学生掌声的热烈程度和老师的意见发放 1—5 张卡片，课程结束后，同学们可以拿着这些卡片兑换小礼物（铅笔或者笔记本）。

关于何为公正，同学们回答较多的有：

不偏袒他人；付出与回报成正比；执法中一视同仁（如交警执法、对考试作弊的处理等）……

关于何种情况不公正，多数集中在不平等（如不该因性别、种族、肤色、残疾、艾滋病等造成不平等，不该因是老师家的孩子待遇不一样）；家长批评时应当就事论事，不该扯到别的事情；不该抄袭别人的漫画；不该插队……

其间有几个问题，有学生提出来，但是有其他学生提出了质疑，我觉得很有趣也让同学们加以讨论。

1. 有的同学提出，根本没什么公正。

绝大多数学生认为公正感是存在的。从大同小异的关于公正的回答中，我们可以得出，公正还是根植在人类的认知能力中的。这个实验做完后，这个同学也同意了大家的看法。

2. 有的同学提出，律师为罪犯（犯罪嫌疑人）辩护是不公正。

一些同学提出了不同的意见，犯罪嫌疑人也可能没犯罪或者也有他的理由，有权利请律师为他做辩护。在这个环节的举手表决中，多数人认为律师辩护不属于不公正。公开场合下的异见不断地促进了人们对于真理的讨论与认知，平等讨论后个别有偏激看法的同学逐渐趋向理性。

讨论结束以后，我设计了两个实验，以此探究同学们对于公正的认知及制度纠偏的可行性。

第一个实验，针对同学们手中现有的卡片，有一次再分配的机会，有如下四个选择：A. 大家平均分配；B. 维持现状；C. 把数量多的与数量少的互换；D. 全部还给老师。请大家举手表决，绝大多数同学（95% 以上）选择 B 维持现状，个别同学选择 A，平均分配。

第二个实验，我拿出另外一套不同卡片，请同学随意给大家发放 1—5 张，把上述四个选择再向同学们询问一遍。85% 以上同学选择 A 平均分配，少数同学（得到的比较多）选择 B 维持原状，个别同学选择 C。

通过这个实验，可以初步得出以下结论：

1. 公正虽常讲是“普罗透斯”的脸，但在同学们的话语中没那么复杂，人的本性中拥有对公正的理解，或者说公正本来就是人性的需求。这种认知能力，在孩童时期就已经拥有。正是这种能力，使得人们自发地遵循了一些基本维系社会秩序的规则。

2. 从孩子们的视角来看，他们不认同非基于个人能力获得的财富；相反，能够认同依靠自身的能力获得的财富或收益。程序公正对于实体公正的实现具有一定的作用，特别是民主制度。

社会的发展离不开公正，一方面，公正是个人生存和发展的重要保障；另一方面，公正也是社会稳定和进步的重要基础。这堂公开的讨论课帮助我们探知了孩子们眼中的公正，孩子们也通过自己的探索感知了什么是公正及如何实现公正。此外，通过公开的讨论，使得孩子们走出了自己的信息孤岛，学会了相互合作、交流表达、审慎对待异见，以及理智从众、避免极端……

课后，学生可拿着第一轮获得的卡片兑换相应数量的礼物，第二轮卡片无论多少每个人仅可得到一个礼物。

原载《法学学术前沿》2020 年 12 月 28 日

从“排队插队”看法治中国实现

前段时间排队体检，队伍前方有人插队，引起一点骚动。因离我较远，我表达了一下不满，站在我前面的一位女士认为插队不要紧，我为她的“胸襟”表示钦佩。随着队伍的前行，快要排到我们时，前面的这位女士接了一个电话，有位“早有预谋”的朋友想插进队伍来，估计怕我说“闲话”，请我站在了她的前面……

这个“插队事件”实际上是法治中国建设的一个缩影。

规范化排队是绝大多数人的内心需求，也是法治中国实现的根本动力。但是我们看到，有机会插队并获取额外好处的人及其亲友不愿排队并为之寻找到了各种各样的借口。现实生活中插队的机会有可能来源于权力、暴力，也有可能仅仅来源于“机会”。通过反腐败力度加大，权力滥用的成本不断提升;“扫黑除恶”有助于解决暴力产生的机会，那么剩下的广泛的“机会主义”该怎么办?

杜绝插队，构建既生机勃勃又井然有序的法治秩序，建设法治中国，首先应该树立一个理念，即法治社会的治理模式不是“管制—监督”模式，而是“自律—监督”模式。

我们要清醒地看到，依靠“管制—监督”管理社会，不断地增加管制监督者的数量，既提高了社会管理的成本降低了社会活力，也总有人监督不着。只有大部分人都自律了，再辅之以监督才会容易得多。

因此我觉得，当下法治中国建构的视野要转向如何形成“自律—监督”的模式。

我们发现，支持插队者的说辞有“人要宽容无争”;“插队可以为有紧要事务的人争取到更多时间，提升效率”;“插队可以实现传统文化中的尊老爱幼”……并把插队问题解决不了归结为“历史原因”“宗教原因”“插队者素质不高”“排队者普遍对公共事务漠不关心”等。

除了这些言论混淆视听外，我们还注意到，插队常态化及获得插队机会的人很乐意享受这种“与众不同”，而当我们普通人遇到插队时看者众、纠者寡，这些都使按照秩序排队显得“困难重重”，甚至导致一些人悲观失望。

但从人类发展历程来看，没有哪个民族是天生会排队的，插队也不是哪个民族固有不可更变的，排队形成习惯不是不能实现。

首先，经济的发展，特别是市场经济对秩序和平等等价值的需求已经在人们心中埋下了文明的种子。

其次，有能量插队的人并非都保守顽固，故步自封，其中不乏有社会责任感或有危机意识（怕干起来）的会逐渐转向支持排队或以身作则，可以显见，常态化插队的人数在不断减少。

再次，有些机会主义者在这次排队中可能有个机会插了队，但在下次排队中就可能没有，甚至被别人插了队，因此不是插队的坚定支持者。更为重要的是，坚定不移地相信插队有好处的人毕竟是极少数。

所以排队等按秩序或者是按法治办事情有群众基础。把插队这个“锅”甩给排队者的漠视只说对了一半，负责任的制度设计者要考虑如何激发排队者的公共意识而非听之任之。培养群众对公共事务的广泛参与的意识和能力是“自律—监督”模式的必要条件。

此外，还需要做到以下几点。

一、自律的前提是了解自己和他人的自由和权利，在此基础上才能知晓自己权利的界限，形成有权利且权利在合理的规则时止的普遍意识。

二、营造排队不是“有意为之的稀缺”，而是“随机性稀缺”的社会环境，即便如此，国家也要不断地设计更为明确的预约等可预期性制度，尽可能化解“随机性稀缺”造成的资源紧张。法治本身的可预测性可以淡化人们争抢资源的冲动。

三、公共意识的培养和民众参与，社区、社团实践也会促进人们处理排队等公共事务的能力和水平。

在公民法治意识的基础上，立法有必要对此做出明确的利益衡量，不能简单地诉诸“修心”，甚至像古代那样通过消灭欲望来解决这个问题，更不能在人们尚未自律时表现得束手无策。

当然这对立法能力和立法自信是个挑战，而立法能力和立法自信仍然是个结构问题，有效的立法者的来源、组成与立法程序能够解决这个问题。

另外，司法机关合适的裁决可以对整个社会“排队是王道”形成明确的指引，要确保裁决机关与插队者没有利害关系，从而提高裁决机关的公信力，形成有问题找司法而不找政府的生活习惯。

而滥执行的问题也可以通过监督强化予以部分阻止，引入公众对执行行为的阶段性评估或许是解决选择性执行或者不执行成本最低的手段。“撸起袖子加油干”，再有点耐心，给点时间，形成习惯，排队不是难事。

再往前走一步，文明没有想象中的那么难。

原载《中国法律评论》2019年6月22日

科技创新的要素分析及现实路径

科技创新是一个国家和民族发展的不竭动力。从历史经验来看，影响科技创新的要素包括理性宽容自由的社会环境、重视基础科学研究和基础科研结构的构建、重视长远规划、重视制度的引导、重视人才的培养和市场主体的实践创新能力等。基于此，提升中国科技创新能力要结合实际找准定位及发展战略，打牢基础研究根基，激活企业自主创新活力，营造全社会支持创新的浓厚氛围，抓好科技人才的培养和储备，积极发挥政策的强有力指导作用。

一个国家经济社会发展到一定阶段，人口红利、资源红利逐渐式微，往往会遇到发展瓶颈，再取得跨越性发展难度较大。我国突破瓶颈的方式一般有三：一是商业扩展，如推行“一带一路”建设，构建双循环新发展格局；二是充分挖掘未开发地区潜力，如实施乡村振兴战略；三是创新驱动，依靠先进科学技术提升生产力，转变经济发展方式。习近平总书记指出，“要突破发展瓶颈、解决深层次矛盾和问题，根本出路在于创新，关键要靠科技力量”①。一个国家科学技术发展水平是多方面因素相互交织、综合作用的结果，为进一步推动科技创新，有必要总结中外历史经验教训，深入研究制约科技发展的症结，剖析促进科技发展的各个要素，走出一条符合我国实际的科技创新之路。

（一）中国科技发展的经验及启示

前现代社会的科技发展速度远没有今天日新月异、突飞猛进，主要有

① 《习近平关于科技创新论述摘编》，中央文献出版社2016年版，第3页。

以下几方面制约因素：一是封建统治思想妨碍人们对科学的探索。统治阶级只推崇有利于维护统治地位的文化思想，特别是西汉时期的“罢黜百家、独尊儒术”，以及传统封建社会“学而优则仕”的功利观和“仕农工商”的等级观，在很大程度上妨碍了人们对科学的探索，到明朝八股取士和清朝文字狱，更进一步禁锢了思想，使得知识分子远离科学，创新的意识和动力不强。二是研究方式方法的缺陷，注定无法取得长足的发展。中国古代的科学成就主要来自于应用科学，实用性很强，主要采用传统的典籍整理与经验总结，对事物发展的规律探索不够，没有形成系统性的理论探究。三是功利文化倾向太重，影响创新的氛围。从科学的角度来说，一切创造性的发现和研究本质上是非功利的，保持一颗超越功利之心才能进入创造状态。中国古代的学术研究功利性太强，祖冲之费尽千辛万苦才把圆周率的小数位算到了第七位，在那个年代已实属不易，但在当时他的成就并不被周围的人所认可，觉得这个研究发明对于巩固皇权统治用处不大。

改革开放以来，随着对科技认识的转变和体制机制的改革，中国科技发展取得了长足的进步，主要有以下几个方面的转变，一是科技与经济结合越来越紧密。坚持把发挥科技对经济的带动支撑作用作为改革的主线，推动科技与经济的关系从“面向、依靠、服务”到“融合、支撑、引领”的历史性转变。1978 年，我国科技进步贡献率仅为 16.5%，2020 年科技进步贡献率超过 60%。二是企业自主创新动力越来越足。改革开放之前，我国主要的科技创新活动集中在高等院校和科研机构。改革开放以来先是将重心调整为构建以企业为中心的国家创新体系，再到进一步聚焦企业创新发展的市场环境，逐步建立完善以企业为主的创新体系，有效激发各类创新主体活力。三是政策引导越来越有力。改革开放后，我国坚持科技创新和制度创新双轮驱动，通过及时调整和完善政策，不断激发科技人员创新创造的积极性。不过对比发达国家，我国科技创新由于时间和周期较短，虽然取得了重大进展，但仍存在基础研究投入不足、关键核心技术受制于人、科技创新体制机制不够完善等问题。

（二）促进科技创新的要素分析

纵观古今中外科技发展历史，我们可以从中归纳总结出科技发展的一些基本规律以及影响科技创新的一些基本要素。

一是重视理性宽容自由精神的培养。新思想、新技术的发明和创造需要有一个理性、宽容、自由的社会环境，这样的社会环境包括：普遍相信科学、尊重科学，推崇科学法则和科学方法；思想行为上具有相对的独立性，人们可以从事自己感兴趣的事情，职业的选择多样化且受到同等尊重；社会可以容忍适度的冒险和创新，既赞美成功也宽容失败。理性宽容自由的环境是绝大多数人可以基于自己的兴趣爱好进行创造创新的社会基石，这也正是人类科学研究和技术创新迅猛发展的关键原因。

二是重视基础科学研究和基础科研结构的构建。重视基础研究是现代掌握前沿科技国家的共同特点。日本从 20 世纪 60 年代起，逐步转向注重基础研究，从政策、计划、财政、金融等方面，政府不断加大引导和支持高技术产业应用研发力度，其研发经费占 GDP 比例、由企业主导的研发经费占总研发经费比例、核心科技专利数三个指标均名列世界第一。美国为保证更多的基础研究得以发展，积极为基础研究提供资金，并对科学家采取不干预的政策，由其自主决定研究的方向和深度。此外，美国科技的腾飞还离不开其种类齐全、数量繁多的研发机构，特别是一些非营利性研究机构，如巴特尔实验室等发挥了重要的作用。

三是重视长远规划。一个国家的崛起，离不开坚定科技发展的决心和长远战略规划的支撑。爱沙尼亚是一个人口只有 130 万的欧洲小国，1991 年才获得真正意义上的独立。从 20 世纪 90 年代到现在，爱沙尼亚在促进科技创新方面致力于三件事：网络基础设施建设、培养科技人才、鼓励创新创业。在新基建方面，爱沙尼亚从独立以来就在大力推动互联网基础设施建设，1997 年左右实现了绝大部分国土的网络覆盖，到 2002 年实现了绝大多数人口居住区域免费 WiFi 覆盖。有了高速运行的光纤网络，爱沙尼亚开始推行数字办公，极大地解放了劳动力，提高工作效率，营造了良好的政务环境。在教育方面，爱沙尼亚推出“程序老虎”（ProgeTiger）计划，成为全球首个让小学生学习编程语言的国家。在鼓励创新创业方面，爱沙尼亚积极营造良好的科技创业氛围，公司可以在线成立、注册和管理，企业在分红前无需缴纳企业所得税，甚至还创造了“最短时间注册新企业法人”的吉尼斯世界纪录。现在，仅爱沙尼亚首都塔林的科技经贸园区，就聚集着 150 多家科技创业企业，为爱沙尼亚贡献着税收和新技术。如此，爱沙尼亚仅用 20 多年时间，就已经翻身成为科技信息大国，5G 网络、可见光无线通信（Li-Fi）、网络政府、电子报税等各方面的数字化都处于世界领先，还孕育出了 Skype、Hotmail 等高科技企业，成为高度数字化的国家。

四是重视制度的引导。科技创新需要制度的保驾护航，美、日等科技强国很早就运用法律和制度保障科技创新及创新企业利益，以激发科研机构和科研人员的积极性。知识产权在美国受到宪法保护，在其建国之初就颁布了专利法，极大地调动了发明创新的积极性。从19世纪后期制定“不公平竞争法”和“反托拉斯法”，到20世纪中期之后，为加快研究成果向应用技术转化，美国先后出台了《国防航空和宇宙航行法》《购买美国产品法》《拜杜法案》《小企业创新法》等法案。其中1980年通过的《拜杜法案》是美国科技发展史上一部最具影响力和激励性的法律，它通过对大学科技成果权属进行改革，明确了科技成果的所有权和使用权问题，极大地激发了大学以科技成果服务社会经济发展的动能，满足了发明人的利益诉求，奠定了美国在随后40年以生物医药和信息技术两大支柱产业为代表的科技优势地位。

五是重视人才的培养和市场主体的实践创新能力。人才是创新之源、发展之基。一切创新的动力，都源于人才的活力。世界上任何一个科技创新高地，都是高端创新人才的聚集地。企业一直是美国技术创新的主体，企业的研发经费占全美研发经费75%以上，企业既是研发活动的最大投入者，也是重要创新活动的承担者和成果占有者。美国工业企业从事创新研究的实践探索较早，在19世纪末期就开始通过建立自己的工业研究实验室从事研发活动，如通用电气公司成立了研究实验室专门进行技术创新，通过在研发人才、技术和制度上的积累，公司在核能开发、航空发动机、军用雷达和电视广播技术等领域均取得多项重要的创新成果，类似的还有IBM、思科以及苹果公司等。市场主体对研发创新的重视和实践，直接导致了越来越多的重要创新由企业研发机构来完成，研发活动变得更有针对性和计划性，科技成果的转化速度和转化率也在日益提高。

（三）新发展阶段推进我国科技创新的几点思考

结合实际找准定位及发展战略。当前，我国经济已由高速增长阶段转向高质量发展阶段，产业发展也处于转型升级的关键时期。新一轮科技革命和产业变革将为我国转变经济发展方式、优化产业结构、转换增长动力提供新机遇，同时也有可能带来差距被进一步拉大的严峻挑战。我们要实现全方位高质量发展超越，必须找准科技创新的主攻方向，以关键共性技术、前沿引领技术、现代工程技术、颠覆性技术创新为突破口，不断完善技术创新体系，提高技术支撑能力，努力实现关键核心技术自主可控。既要强化战略导向和目标引导，健全科技创新体系，加快构筑支撑高端引领的先发优势，还要瞄准世界科技前沿，抓住大趋势，下好“先手棋”，打好基础、储备长远，实现前瞻性基础研究、引领性原创成果重大突破。特别是要着重在技术创新、产业创新、人才建设上加大布局力度，打好关键核心技术攻坚战，积极围绕产业链部署创新链，实施高水平科创平台建设行动，打造一批制造业创新中心、工程研究中心、企业技术中心等高水平研发机构，促进我国产业迈向全球价值链中高端。

打牢基础研究根基。建设科技强国，提升科技创新能力，要一步一个脚印地走。目前我国全社会研发投入占 GDP 比重还不高，尤其是基础研究投入只占到研发投入的 6%，而发达国家通常是 15%—25%，要建设高水平自立自强的科技强国，必须重点加强基础研究和前沿技术研究，加快培育提升原始创新能力，夯实持续创新发展的科技基础。同时，要发挥好高校作为科技创新桥头堡的作用，建立健全国民教育体系，积极发展中等和高等职业技术教育，建设一批高水平的研究型大学，不断提高全民科学文化素质，大力加强基础研究人才培养。

着力激发企业的自主创新活力。企业是技术创新的主体，在实现科技自立自强中发挥着不可替代的作用。一方面，要立足当前产业发展需求，深化产学研合作，通过完善各类创新平台技术转移功能，培育发展专业化技术转移机构，鼓励企业加强对引进技术的消化吸收再创新和已有技术的集成创新。另一方面，要着眼长远，把握科技和产业发展新方向，对重大前沿性领域及早部署，瞄准核心技术和关键环节，高标准组建企业创新研究室、企业研究中心，特别是要发挥大企业的引领支撑作用，加强共性技术平台建设，推动产业链上中下游、大中小企业融通创新。在欠缺足够科研条件的地区，政府可以积极创建平台，促进企业与高校科研院所产学研用互通。通过“揭榜挂帅”发布企业技术需求清单，推动重大科技项目技术攻关，持续增强企业创新力和竞争力，力争在未来科技和产业发展中占得先机。在鼓励大企业科技创新的同时，尽可能保持对小企业的支持，使小企业的创新活力得到维持和发展。

营造全社会支持创新的浓厚氛围。良好的创新氛围是创新人才、一流科研成果产生的前提。应切实加强和完善知识产权保护制度，使科技创新的价值、市场价值和创新者的人力资本价值都能得以充分实现。大力提倡科学上的冒险精神、创新精神和竞争精神，逐步形成鼓励研究开发上的冒险和容忍失败的文化。此外，要从小抓好科普教育，把科学普及放在与科技创新同等重要的位置，激发青少年探究科学知识的热情，着力营造相信科学、热爱科学、学习科学、运用科学的良好氛围和自由、理性、宽容的社会文化土壤。

抓好科技人才的培养和储备。高校资源缺乏的地区，可通过校地合作、建立知名高校分校或者引进符合产业发展需求的高端研发机构等方式，引导和鼓励各地依托行业领军企业、相关高校或科研院所，共同建设一批产业协同育人平台、新兴产业人才培养和发展基地；资助科技企业赴各大院校招揽互联网、工程类等急需紧缺人才，定期组织高校学生到企业参观访问、实习锻炼，支持企业引进人才；通过提高待遇、股权激励，做好教育、医疗、住房等生活配套，减轻员工后顾之忧留住人才，为经济社会高质量发展储备一批发展潜力大、专业水平高、创新能力强的高素质人才队伍，让科技创新和人才驱动同频共振。

积极发挥政策的强有力指导作用。科技政策对科技创新具有明显的导向作用，是科技创新的“催化剂”和“加速器”，尤其是在基础研究等方面，更应该发挥政府在财政资金支持方面的作用。积极发挥政策的宏观调控作用，引导企业持续加大研发投入、撬动更多社会资本投入科技研发。同时，把更多财政资金投入到企业不能为、不想为的基础研究和源头创新上去，弥补市场短板，提高创新整体效能。不断创新政策供给方式，推进治理体系和治理能力现代化，借助人工智能算法等方式，综合运用标签化匹配、智能化展示等精准推送方式，自动为企业精准匹配政策，减少申报程序，实现“不见面”申报，根据企业条件自动做到符合条件即享受。

新时代推进科技创新工作，既要在重要领域和关键环节精准发力、重点突破，更要注重从全局性和系统性出发，全面协同推进；既要立足当前、解燃眉之急，更要着眼长远、做好顶层设计，始终保持战略定力和改革韧性，不断推进以科技创新为核心的全面创新。

原载《国家治理》周刊 2021 年 4 月 29 日

法治思维让社会变得更好

法治思维是以公平正义为目标，运用科学的制度来解决社会问题的思维习惯。而法治方式是制定并遵循科学的制度，实现人们普遍的情感，让我们有所作为，使社会变得更好的一种方式。

人类社会一直在探索改变世界到底应该用什么样的思维习惯，什么样的治理方式。古代社会有人信奉武力勇冠三军，强力压制反抗。虽然武力可以包打天下，也可以压制一时的反抗，但正如同马克思主义者常讲的那样，哪里有压迫，哪里就有反抗，这也是为什么前现代社会各个朝代不能持久执政的重要原因。古代社会有人开始反躬自省，希望上到最高统治者，下到君臣百姓，都能够加强自律，做到“圣人”的境界，然而这种理想状态由于忽略了人性因而在人类社会没能普遍实现过。马克思讲，人们奋斗所争取的一切都同他们的利益有关。无论是为金钱还是为名利，归根到底都是一种利益。简单要求自律通常都是制度漏洞较多、合法性欠缺时统治者所采取的一种策略，在历史上效果一直不明显，特别是统治者自己通常也做不到。在柏拉图反复思考找不到理想中的“哲学王”后，他也不得不转而投向法治国。遵从符合人们普遍利益的可预期的制度而不是人治社会的“灵光一现”，已经成为现代社会治理的主要方式，被认为是人类社会利益最大化的选择，“国无常强无常弱，奉法者强则国强，奉法者弱则国弱”成为通识。

法治的思维方式不是简单地对社会进行解释说明，更不是对不合理、不平等、不公正的现象予以简单认可，绝不会把社会看成僵化不变的，更不会轻易得出“生在此地，命该如此”的结论，而是把现实中遇到的每一个问题都当成社会进步的契机，在肯定人性的基础上，推动社会向前进步和发展，以可预期的制度的治理方式着力使人权得到保护，使人们生活得更加幸福。可以说，法治思维是以公平正义为目标，运用科学的制度来解决社会问题的思维习惯；而法治方式是制定并遵循科学的制度，实现人们普遍的情感，让我们有所作为，使社会变得更好的一种方式。

发展必然带来问题，有问题不可怕，可怕的是不敢面对和解决问题。党的十八届四中全会报告提出，从法治上为解决党和国家事业发展面临的一系列重大问题提供制度化方案。哲学社会科学的科学性就在于它能够利益最大化地解决现实中存在的问题，围绕解决问题来进行研究，问题导向也避免了把精力浪费在无法得出结论的争论上。

过去有的同志说，法治是个好东西，但中国做不到。我们现在已经看到，中国在法治道路上迈出了坚实的步伐。生活中其他许多问题也是如此，不能简单地说中国做不到。再举几个例子，今天我们要做垃圾分类，这是个利国利民的好事情，北京已经开始给一些住户分发家庭分类垃圾桶，现在很多路边的垃圾桶也都是分类垃圾桶，但现在推进的效果不明显。有个德国学者跟我说，你们中国人注定做不了垃圾分类。我对他说，不对，你们德国人最早做垃圾分类时也是明确规定不分类不拉走垃圾，不分类就罚款，后来才逐渐养成分类习惯的。每个国家都有自己的问题，外国的月亮不是必然圆，中国的月亮也不是总有缺；反之亦然。取长补短，借鉴成熟的经验是成熟、理性的国家的做法。

我们经常看到满地的矿泉水空瓶，这在德国几乎没有看到过。为什么呢？我从德国回国后曾经有收集矿泉水瓶的习惯，占着厨房一块地攒了一大兜子，结果一个瓶子七八分，总共卖了一块多钱，于是我再也不攒矿泉水瓶了。在德国，一个矿泉水瓶卖两三毛钱(欧元)，十来个水瓶够吃一顿简餐的了。回收矿泉水瓶的操作也很简单，几乎每个超市都有一个矿泉水瓶回收机器，把水瓶放入机器内一扫码，就会吐出一个变现的纸条，直接可以在这个超市购物，所以德国街道上有矿泉水瓶就等于捡到了宝。可见，好习惯没有好的法律制度保障也能变没了。

还有一次我坐火车，由于雪下得很大火车晚点了，一位女同志非常焦急，反复追问乘务员如果赶不上下列火车怎么办？乘务员被问急了，回答“我不知道，出去问外面的乘务员”。这位女同志就一直焦躁地在火车上走动，搞得整个车厢都有一种不安的情绪。这时我想起我在德国火车上也遇到一次晚点，那些德国人竟然纹丝不动，继续在座位上看书看报。过了半个小时后，乘务员出来给每个人发了一张表，填写好哪趟列车，晚点多长时间，他们就会按照规定赔偿，由此造成赶不上火车的衔接他们也会有保障措施。不安的坏情绪依然是制度没有做出明确规定造成的。

法治不能解决一切问题，却是解决一切问题的主要抓手，通过不断深化认识，变革知识，更新观念，中国一定会变得更好。

原载《学习时报》2016 年 6 月 10 日

结语

宪法的世界不是完美的世界，却是人类历史上从没有过的更好的世界。

宪法是历史教训的总结，是生活常识的提炼，是市场经济的基础，是公民幸福的基石，是国家秩序的保障。

在宪法的世界里，人的权利得以伸张，国家的权力得到抑制，弱者不会因为弱而遭受欺侮，智者可以更充分发挥自己的聪明才智，人们独立而自律，社会自治而文明，国家外刚而内柔……当然，构筑理想的宪法世界需要一些时间，需要逐步推动由熟人社会、遇事找关系逐渐向契约社会、遇事按照规则办转变；由国家权力至上，人人朝着金字塔尖拼搏逐渐向公民权利至上，社会多元，共同治理转变；由经验主义至上、迷信古人、机械团结、感性思维、道德立国逐渐向相信科学，着眼当下与长远、有机团结、理性思维、依法治国转变；教育方式上由重传承、重服从、重个别学科向重创造、重“权利—义务”、重全面发展转变。

如果说今天的中国，建设法治国家、推动国家治理体系和治理能力现代化还有一段路要走，那么，根本性的困难不在于几千年专制传统，也不在于没有宗教……在于我们是否按照社会发展和人的本性的逻辑持续地推动改革，自我革命。

具体而言，应逐步减少对市场、对社会的控制，提高市场、社会的积极性与主动性，自发填充漏洞；应把重点集中于科学的制度引导，奖优罚劣，逐步建立、强化决策者与公民间的连通机制，立法和制度设计能够体现各方利益，改变立法和制度设计中宜粗不宜细的做法，以调研为支撑，立法进入深耕细作的阶段。在决策上应把公众参与、专家论证、风险评估、合法性审查、集体讨论决定落到实处，重塑社会公平正义的形象，发挥律师在司法制衡中的作用，树立司法机关的权威与公信力。要健全可行有效的宪法实施制度，提升行政机关科学合理的执行力，减少中间环节，精简机构；要树立事后监督、事中审查，严格执法、违法严惩等比事前审批更有效的理念和制度，建立健全社会保障制度，推进宪法文化的共识和价值认同。要以宪法价值和精神为出发点，从小培养形成平等、自由、合作、自立、乐于讨论而不偏执的宪法意识；要普及职业技术教育，把大部分人引导向职业技术工作者，增加职业技术工作者收入，与白领基本持平。应在现有的已经搭建完成的大的框架和理念的基础上，增强制度的衔接机制和细节考量……

在路径上，“法治—民主”可以避免类似“希腊式综合症”的结果，防范执政者仅仅基于选票的考虑，不顾国家社会的长远发展；也可避免类似西班牙一些地区的分离主义倾向，通过宪法和法律保障民主始终在公共理性的轨道上。正如亨廷顿所说，人类可以无自由而有秩序，但不能无秩序而有自由。必须先有权威，然后才能对它加以限制。但特权不会自然消亡，人民主权是遏制特权唯一有效的药剂，从集权向分权、减权、限权转变，确立市场决定性地位，加速社会结构转型，补强管理漏洞；公民意识从基础教育抓起，需注重务实教育、常识教育、自律教育等，培养自由理性精神的公民意识等，从而以增量方式而非激进方式推动中国宪法实践。

中国在人口、土地等方面有得天独厚的优势。改革开放 40 余年的实践释放出了巨大的生机与活力，中国一跃成为世界第二大经济体。中国经过几十年的建设，在物质资本和人力资本积累方面都有长足的进展，打下了相当深厚的基础，但在旧有体制和政策没有完全转型的情形下，许多地区和行业经济领域仍呈现低效增长和无序增长的态势，没有形成最有效率的产出模式，教育、就业、社会保障、医疗、住房、生态环境、食品药品安全、安全生产、社会治安等关系群众切身利益的问题仍然不少。从实践宪法的角度来讲，也说明中国潜在的生产力与现实生产水平之间的差异依然巨大，进一步的宪法实践将会呼应公民对美好生活的追求，从源头化解社会矛盾，防止社会熔断式裂变，激发社会活力，调整结构性问题，促进生产力再次飞跃，最终实现中华民族伟大复兴的中国梦。

总而言之，依宪治国，建设社会主义法治国家，没有那么难。国家任务适量，各司其职就行；公民活得好，管好自己就成。